马克思主义研究文丛

马克思哲学思想研究论稿

朱传棨◎著

中央编译出版社
Central Compilation & Translation Press

图书在版编目（CIP）数据

马克思哲学思想研究论稿／朱传棨著． —北京：中央编译出版社，2018.8
ISBN 978-7-5117-3583-6

Ⅰ．①马…

Ⅱ．①朱…

Ⅲ．①马克思主义哲学－研究

Ⅳ．①B0 -0

中国版本图书馆 CIP 数据核字（2018）第 116510 号

马克思哲学思想研究论稿

总　策　划：葛海彦
出　版　人：
出版统筹：贾宇琰
责任编辑：杜永明
美术编辑：王洪广　吴成英
责任印制：刘　慧
出版发行：中央编译出版社
地　　址：北京西城区车公庄大街乙 5 号鸿儒大厦 B 座（100044）
电　　话：(010) 52612345（总编室）　　　　(010) 52612339（编辑室）
　　　　　(010) 52612316（发行部）　　　　(010) 52612346（馆配部）
传　　真：(010) 66515838
经　　销：全国新华书店
印　　刷：三河市华东印刷有限公司
开　　本：710 毫米 ×1000 毫米　1/16
字　　数：289 千字
印　　张：19.5
版　　次：2018 年 8 月第 1 版
印　　次：2018 年 8 月第 1 次印刷
定　　价：80.00 元

网　　址：www.cctphome.com　　　　邮　　箱：cctp@cctphome.com
新浪微博：@中央编译出版社　　　　微　　信：中央编译出版社(ID: cctphome)
淘宝店铺：中央编译出版社直销店(http://shop108367160.taobao.com)
　　　　　(010)55626985

本社常年法律顾问：北京市吴栾赵阎律师事务所律师　闫军　梁勤
凡有印装质量问题，本社负责调换，电话：(010) 55626985

五月五

前言：纪念马克思诞辰 200 周年

2018 年 5 月 5 日是马克思诞辰 200 周年纪念日，应为全世界追求没有剥削、没有奴役和压迫，建立起自由、平等和正义的和谐社会的人士，都要举行纪念活动。因为，马克思创立的马克思主义学说，"在人类思想史上，就科学性、真理性、影响力、传播面而言，没有一种思想理论能达到马克思主义的高度，也没有一种学说能像马克思主义那样对世界产生了如此巨大的影响。这体现了马克思主义的巨大真理威力和强大生命力，表明马克思主义对人类认识世界、改造世界、推动社会进步仍然具有不可替代的作用"[①]。在纪念马克思诞辰 200 周年之际，应积极学习马克思为追求真理和创造真理的坚定理论信念和伟大共产主义精神，特别是马克思的理论研究和实践活动的特点，是深入学习的着重点。

一、没有哲学就不能前进

马克思的一生是伟大的一生，是说他是伟大的革命家，同时也是伟大的思想家和科学家。马克思从事研究和创造理论的最引人注目的特点，即他最喜欢做的事，就是"啃书本"。但不是死啃书本。即不是为研究而研究，也不是为著述而著述，而是为寻求人类解放的真理。马克思的始终不渝的目标，就是揭示资本主义制度的产生、发展和必然为新的社会主义所

---

① 习近平在中共中央政治局第四十三次集体学习时讲话，载《光明日报》2017 年 9 月 30 日。

代替的规律性。所以，"啃书本"，对马克思来说，则意味着要知道一切，从书海里去汲取尚未知晓的一点一滴真理；"啃书本"，对马克思来说，则意味着在认识过程中进行创造；"啃书本"，对马克思来说，还意味着是他繁重的"两班"工作日的暂时停顿，在"为了休息而读书"的书页中间找到避难所。同时，"啃书本"，对马克思来说，意味着能解除各种痛苦。他把图书称为自己的奴隶，但他本身又是被它们征服的奴隶。图书对他的医治胜过一切医生。马克思曾说："在这一段完全不能工作的时期里，我读了卡本特尔的《生理学》、洛德的《生理学》、克利克尔的《组织学》、施普尔茨海姆的《脑和神经系统的解剖学》以及施旺和施莱登关于细胞的著作……"① 这里表明：马克思如饥似渴地阅读、研究、著述的坚定信念和伟大目标，就是寻求最大限度地造福全人类的道路和方法。他在中学毕业论文中写道："如果我们选择了最能为人类而工作的职业，那么，重担就不能把我们压倒，因为这是为大家作出的牺牲；那时我们所享受的就不是可怜的、有限的、自私的乐趣，我们的幸福将属于千百万人，我们的事业将悄然无声地存在下去，但是它会永远发挥作用，而面对我们的骨灰，高尚的人将洒下热泪。"②

马克思在读大学时，是专修法律学的，但他始终把研究哲学放在第一位。他认为，哲学可以解决现实世界和应有世界之间的矛盾。他指出，当时流行的一些法哲学都是虚假的，"在实体的私法结尾部分，我看到了全部体系的虚假，体系的纲目近似康德的纲目，而执行起来却完全不是那样。这一次使我明白了，没有哲学我就不能前进"③。这时表明，马克思已经意识到哲学应该解决现实的矛盾，而且相信哲学是能够积极影响现实世界的一股力量。因此，他在准备博士论文的《关于伊壁鸠鲁哲学的笔记》中指出，哲学"象普罗米修斯从天上盗来天火之后开始在地上盖屋安家那样，哲学把握了整个世界以后就起来反对现象世界"④。其中，马克思特别

① 《马克思恩格斯全集》第 30 卷，人民出版社 1975 年版，第 410 页。
② 《马克思恩格斯全集》第 1 卷，人民出版社 1995 年版，第 459—460 页。
③ 《马克思恩格斯全集》第 40 卷，人民出版社 1982 年版，第 13 页。
④ 《马克思恩格斯全集》第 40 卷，人民出版社 1982 年版，第 136 页。

关注哲学辩证法研究。他认为，哲学应该承认主观和客观之间的矛盾，反对不承认矛盾的"适度"的观点。在他研究伊壁鸠鲁关于自由的思想中，显示出他关于辩证法是对立统一的思想。马克思指出："死和爱是否定的辩证法的神话，因为辩证法是内在的纯朴之光，是爱的慧眼……于是关于辩证法的神话就是爱；但辩证法又是急流，它冲破各种事物及其界限，冲垮各种独立的形态，将万物淹没在唯一的永恒之海中。于是辩证法的神话就是死。"① 马克思注重哲学辩证法研究，是与他的政治抱负、寻求在批判旧世界中发现新世界的目标决定的。因而，他强烈提出"没有哲学就不能前进"的要求。即马克思曾具体地说明："科学绝不是一种自私自利的享乐。有幸能够致力于科学研究的人，首先应该拿自己的学识为人类服务。"② 他最喜欢说的名言之一是"为人类工作"。

二、理论研究与革命实践相结合

马克思从事理论研究的全部生涯，始终是和参加革命实践活动结合在一起的。他认为："如果一个有学问的人不愿意自己堕落，就决不应该放弃积极参加社会活动，不应该整年整月地把自己关在书斋或实验室里，像一条藏在乳酪里的蛆虫一样，逃避生活，逃避同时代人的社会斗争和政治斗争。"③ 马克思大学毕业后，从 1842 年投身于政治斗争起至 1883 年逝世的 40 年间，除了多次主编报刊，为多种刊物撰稿和著述一系列著作的同时，始终积极地参加了莱茵地区、巴黎、布鲁塞尔和伦敦等地的政治斗争和各地的工人团体的政治活动，并组织领导了共产主义者同盟和第一国际。特别是他和恩格斯"参加 1848—1849 年的群众革命斗争的时期，是

---

① 《马克思恩格斯全集》第 40 卷，人民出版社 1982 年版，第 144—145 页。
② 转引自［法］拉法格：《忆马克思》，见《回忆马克思》，人民出版社 2005 年版，第 187 页。
③ 转引自［法］拉法格：《忆马克思》，见《回忆马克思》，人民出版社 2005 年版，第 187 页。

他们的一生活动中最令人瞩目的中心点……"①

1847 年秋冬之际，马克思为筹建世界上第一个共产党组织，他同恩格斯共同进行了紧张的组织工作和思想政治工作，把"正义者同盟"改为"共产主义者同盟"，并起草制定了新的章程，即后来的《共产党宣言》。正当《共产党宣言》在伦敦印刷的时候，革命运动在巴黎已酝酿成熟，马克思密切关注法国事态的发展。在巴黎"二月革命"起义前五天，马克思突然从布鲁塞尔郊区的住处迁到市中心的圣杜尔广场住，以便很好的根据法国革命形势的发展，指导和组织德国共产主义者侨民和比利时民主协会的革命活动。当时，马克思拿出仅有的遗产费，为德国工人购买武器。为此遭到比利时政府的逮捕，夫人燕妮也遭诱捕。燕妮写道："当时，革命的乌云越来越浓密……德国工人决定，他们必须武装起来。他们得到了短剑、手枪等等。卡尔愿意出钱，因为当时他刚得到一份遗产。政府认为这一切都是阴谋、犯罪的打算，因为马克思有钱买武器，所以必须把他弄走。一天深夜，有两个人闯进我们的家，他们说要见卡尔，当他走出来时，他们像警士一样，拿着逮捕和传讯卡尔的命令，当晚就把他抓去了，我惊慌地随着出去，找有势力的人们打听这是怎么一回事……突然，一个巡警抓住我，把我逮捕起来，关进黑暗的监狱……"② 3 月 3 日比利时政府宣布把马克思驱逐出境的命令。马克思于 3 月 5 日到了巴黎，并在《改革报》上发表了揭露比利时政府的反动丑恶的文章。4 月 10 日马克思同恩格斯回到德国科伦，发起筹办大型日报《新莱茵报》，以发表指导和影响德国和法国的革命运动。《新莱茵报》出版了一年，是马克思的工作极端紧张的一年。《新莱茵报》于 1849 年 5 月 31 日被迫停刊；同时，马克思被德国政府驱逐出境，回到巴黎。随着巴黎工人六月革命的失败，马克思又被法国政府勒令到布列塔尼半岛的偏僻处居住，并规定不得擅自离开。实在无奈，马克思举家离开大陆，到达伦敦。同时致函在洛桑的恩格斯即刻到伦敦，以商讨下一步的革命实践活动。马克思的一生就是这样紧张战斗、过着颠沛流亡的困苦生活，但他的理论研究、理论创造，一刻也

---

① 《列宁选集》第 1 卷，人民出版社 1995 年版，第 748 页。

② ［德］燕妮：《动荡生活简记》，见《回忆马克思》，人民出版社 2005 年版，第 154 页。

没有停顿。所以，他是举世公认的既是伟大的革命家，同时也是伟大的思想家、理论家和科学家。

三、重视理论宣传和传播给工人阶级

马克思十分注重将理论研究同伟大的共产主义事业密切结合在一起，故对理论宣传工作、把研究成果传播给工人阶级，是极为重视和尽力实践的。这对于提高工人阶级的政治自觉，为世界无产阶级革命运动奠定科学理论基础，都是十分必要的和具有巨大历史意义的。正像拉法格的《忆马克思》中所说："马克思研究人类社会的政治经济发展并不抱任何成见，他从事著作却有一定确定的目标——传播他的研究成果，坚决地为还在空想的迷雾中徘徊的社会主义运动奠定科学的基础。"① 马克思重视把研究成果传播给工人阶级及社会主义运动，早在同恩格斯合作著述的时候就开始做了。这在 1844 年 10 月和 1845 年 1 月和恩格斯的通信中说得十分清楚和具体："只要我的原则还没有从以往的世界观和以往的历史中逻辑地和历史地作为二者的必然继续用几部著作阐发出来，那就一切都还会处于半睡半醒状态，大多数人还得盲目地探索。"②

马克思除了积极著述许多理论读物外，在布鲁塞尔、伦敦等地还亲自到工人群众团体中作讲演，传授科学社会主义和政治经济学。马克思的名著《雇佣劳动和资本》就是 1847 年在布鲁塞尔向"德国旅比协会"多次宣讲政治经济学的讲演稿。马克思对每次的讲演，事前认真准备，仔细思考如何使讲演效果更好。所以，每一次讲演都得到广泛听众的热情称赞。德国的裁缝工人、共产主义同盟的盟员列斯纳回忆马克思的讲演时说："马克思是天才的人民领袖。他发表的简洁而有条理，逻辑性很强；他决不浪费笔墨，一字一句都有深刻的含义，都是整个论据中不可缺少的一环。在马克思身上嗅不到一点空想家的气息。我对魏特林时期的共产主义

---

① ［法］拉法格：《忆马克思》，见《回忆马克思》，人民出版社 2005 年版，第 187 页。
② 《马克思恩格斯文集》第 10 卷，人民出版社 2009 年版，第 17—18 页。

和《共产党宣言》的共产主义之间的差别了解得越深刻。就越明确地感到马克思是成熟的社会主义思想的代表。"他还说："在 1847 年听到卡尔·马克思的演说，读懂了《共产党宣言》之后，我才明白，仅凭个人的热情和善良的意志是不足以改造人类社会的……"① 正因为马克思把研究成果不断地传播给工人阶级组织，到 19 世纪 40 年代末，马克思主义在工人运动中占据了统治地位，并巩固下来。到 19 世纪 70 年代，"马克思主义已经绝对地战胜了工人运动中其他一切思想体系"②。

四、勤于做笔记和摘录

马克思平生在他阅读书籍、研究和创造理论中，非常重视和习惯做摘录笔记。在他青年时期即 1839—1843 年间，就有按写作地点编为三组重要的读书笔记，即柏林笔记、波恩笔记和克罗茨纳赫笔记。在柏林笔记中，就有他为写《博士论文》的七大本笔记。1839 年写的《关于伊壁鸠鲁哲学的笔记》（以下简称《笔记》）中，包括一些古代哲学家有关伊壁鸠鲁的论述的摘要。马克思对这些摘要作了评注，并对古代和当时的各派哲学家的观点，发表了独自的深刻见解。《笔记》中指出了哲学和宗教是对立的，哲学是一种影响世界的积极力量，宗教则不能，表明了他的无神论原则。《笔记》中还阐述哲学科学的认识论观点，驳斥了不可知论的思想观点，其中特别注重伊壁鸠鲁关于自由问题的观感。由此表明，马克思对读过的书作摘录和笔记的习惯。当时，马克思在《给父亲的信》中写道："这时我养成了对我读过的一切书作摘录的习惯——例如，摘录……"③ 因此，1843 年马克思在度蜜月时，还作了克罗茨纳赫笔记。其中对法国大革命前历史以及英国、德国、瑞典等国的历史著作中的国家问

---

① ［德］列斯纳：《1848 年前后》（一个共产主义者的回忆），见《回忆马克思》，人民出版社 2005 年版，第 247、242 页。

② 《列宁选集》第 2 卷，人民出版社 1995 年版，第 2 页。

③ 《马克思恩格斯全集》第 40 卷，人民出版社 1982 年版，第 14 页。

题和城市制度等方面的法律问题做了摘录评注，这是与《黑格尔法哲学批判》手稿有密切关系的。后来，即使在紧张地撰写《资本论》中，为了理论批判、捍卫和发展唯物史观问题，仍及时作了阅读笔记和评注。如马克思的《巴枯宁〈国家制度和无政府状态〉一书摘要（摘录）》和《摩尔根〈古代社会〉一书摘要》。1884 年 2 月 16 日，在恩格斯致卡尔·考茨基的信中说："这本书当然也是马克思发现的，这就是摩尔根的《古代社会》（1877 年版）。马克思谈到过这本书……看来，他是很想回头再研究的，因为从他所作的十分详细的摘录中可以看出，他自己曾打算把该书介绍给德国读者。"① 马克思晚年的两个笔记——《人类学笔记》和《历史学笔记》，是留给我们的理论宝库。这两个笔记的发现，一方面表明，马克思在其晚年身体多病的情况下，进行了大量的研究工作；另一方面表明，马克思对唯物主义历史观基本原理的运用和深化——唯物历史观基本原理，既适用于资本主义社会和未来的共产主义社会，也适用于资本主义史前社会，更能适用研究俄国农村公社的发展问题——，从而深刻表明了唯物主义历史观的普遍性、科学性和实践性。在马克思的诸多笔记、摘录中，我们发现，在马克思的摘录方法中，要在纯粹的摘录笔记与作为准备著作的笔记之间划一条界线，这是要着重关注的。在马克思留传给我们的大多数摘录笔记中，即使它们不包括马克思的论述，那它们也是紧密地围绕一定的问题，从而可以把它们看作是有计划地和思考周详地进行研究的准备著作。在许多笔记中加进了或多或少的简短注释，而在其他的笔记中马克思的思想得到自由发挥，从而在作摘录过程中产生了长篇解说，表现为马克思独立思考的产物。这些摘录笔记方法的特点，在马克思博士论文的准备著作的大多数笔记中体现得最显明。因而，我们进行学习和研究时，要深刻体会马克思研究不同著作进行摘录的目标和科学理念，一定要和马克思为创立新哲学的坚定理念联系起来，进行学习和领悟。

---

① 《马克思恩格斯文集》第 10 卷，人民出版社 2002 年版，第 512—513 页。

五、坚定的理论信仰　伟大的共产主义精神

马克思这个伟大的革命家、思想理论家和科学家，他的建树在人类思想史，就科学性、真理性、影响力、传播面而言，没有一种思想理论能达到马克思主义的高度，也没有一种学说能像马克思主义那样对世界产生了如此巨大的影响。但是马克思及其家人，却长期处于反动当局的监视、威胁和不断被驱逐、迫害的境况下，过着极端困苦的流亡生活中，如 1845年 1 月 16 日，法国反动政府应普鲁士政府的要求，下令驱逐在巴黎出版发行的《前进报》的编辑和撰稿人，马克思一家被迫离开巴黎而迁往比利时的布鲁塞尔。到达布鲁塞尔没有几天，比利时内政部长指令“社会治安机关”对马克思进行监视，并指示该机关头目于 3 月 19 日召见马克思谈话，强迫马克思签署不得写文章评论比利时政局的保证书。但普鲁士政府仍不放松对马克思的迫害，要求比利时政府驱逐马克思于布鲁塞尔。无奈，马克思只好宣布脱离普鲁士国籍。从此，马克思一直没有取得任何国籍。同时在布鲁塞尔的经济生活也非常困难，居住问题也不能很好地解决，仅靠写作的稿酬收入难以维持全家生活，不得不以借债和典当衣服勉强度日。但是，马克思却以坚定追求真理的理论信念和坚强的意志和毅力，积极组织“布鲁塞尔共产主义通讯委员会”，进行政治斗争的同时，在与恩格斯的合作中，完成了《德意志意识形态》、《哲学的贫困》、《共产党宣言》三部著作的著述，科学地阐明了历史唯物主义的观点，初步创建了历史唯物主义基本原理并公之于世。这就是说，马克思从 1845 年 2月 3 日到 1848 年 3 月 4 日流亡在布鲁塞尔期间，以坚强的毅力，投入政治斗争实践活动的同时，奋力撰写并完成上述三部著作的著述，和恩格斯共同创立了历史唯物主义基本原理。

1848 年席卷欧洲的资产阶级民主主义革命浪潮的高涨，比利时反动当局极端恐惧，到处搜捕外国流亡者，下令驱逐马克思一家。马克思只好于3 月 5 日迁到革命在法国取得胜利的巴黎。在此期间，马克思出席了在巴

黎召开的德国工人大会，为德国工人俱乐部起草了章程，并被授权在巴黎重组了"共产主义者同盟新的中央委员会"，当选为中央委员会主席。在法国二月革命胜利的影响下，德国开始了三月革命，马克思同到达巴黎的恩格斯一起返回德国，直接投入斗争，出版了《新莱茵报》。普鲁士政府以"煽动叛乱罪"为名驱逐马克思，迫使报纸停刊。马克思于 1849 年 6月 3 日迁回巴黎，在动身前，多方借钱和变卖私人财物，以偿还拖欠工人、编辑人员的债务。在巴黎马克思与工人运动的活动家建立了秘密联系，共谋革命斗争的方略。不料随着工人六月革命的失败，马克思在巴黎仅一个多月，就被法国政府下令驱逐到难以正常生活的一块沼泽地的小地方。马克思被迫离开巴黎，前往伦敦定居。马克思 31 岁时在伦敦找到了政治庇护所，直到 1883 年 3 月 14 日逝世，他在伦敦的生活极其贫困，多种疾病缠身，始终未能彻底解决经济困难问题。逼债的债主和传达驱逐令的法警成了马克思和夫人最厌恶而又无法回避的人。由于没有钱为孩子及时治病，他们有三个孩子夭折。马克思的夫人燕妮曾在一封信中叙述，他们住在伦敦最贫穷的居民区时，不得不向一位法国移民乞讨两个英镑，为小女儿弗兰齐斯加买棺材。马克思的儿子埃德加八岁时死在他的怀里，马克思为此悲痛欲绝，要跳进孩子的墓穴，被人拉住。当时，马克思唯一的定期收入就是他为《纽约每日论坛报》撰稿的稿酬。要不是恩格斯定期的经济援助，马克思无法养活全家。但是，马克思在这样的贫苦生活和险恶的政治处境中，对他追求真理的信念，丝毫没有动摇，而以常人难以想象的顽强毅力，从事政治斗争和理论研究活动。

当时，1848 年革命失败后，马克思和恩格斯面临的新情况和新任务，既有理论的，也有实践的。一方面，要及时总结革命失败的教训和经验，直接为无产阶级革命运动指明前进的方向和斗争策略；另一方面，要从理论上科学地回答世界革命运动的前途问题，以便从理论上武装国际无产阶级革命者。实现这一理论任务，需要着手研究政治经济学，对资本主义社会制度作深入的剖析和研究，以期发现资本主义生产方式发生、发展和走向灭亡的规律性。因而，马克思从这时起在身患多种疾病的情况下，把研究政治经济学的任务，重新提上日程。马克思早在 1843 年为了对"市民社会"进行分析研究，就已经着手研究政治经济学，后因参加 1848 年革命活动而中断。这时在恩格斯的配合下，对英国工人阶级进行了研究，并且对曼彻斯特工业区进行了考察，特别是在大英博物馆的图书馆度过的几千小时，博览了大量经济学资料，对他研究政治经济学起了十分重大的作用。马克思本人曾说："到 1850 年我才能在伦敦重新进行这一工作，英国博物馆中堆积着政治经济学史大量资料，伦敦对于考察资产阶级社会是一个方便的地点。最后……这一切决定我再从头开始，批判地仔细钻研新的材料。"① 这样，就进一步从理论上和现实上对资本主义生产方式发展规律进行了详细的研究。马克思在伦敦研究资本主义生产方式，撰写《资本论》是在他平生身患重病、生活贫困时期。在大英博物馆从早晨九点到晚上七时紧张地进行查阅、分析和研究有关资料。由于长期通宵达旦的工作，劳累过度，马克思不断患病，而且日益严重。1858 年 4 月 29 日，马克思在致恩格斯的信中说："我长久没有写信，可以用一句话向你解释，就是不能执笔。这不仅是就写作而言……给《论坛报》一定要写的少数几篇文章，我是向妻子口授的，但就是这一点，也只是在服用烈性兴奋剂之后才做到的。我的肝病还从来没有这样厉害地发作过，一度曾耽心肝硬化。医生要我去旅行，但是……总是渴望着手工作而又不能做到，结果倒使得情况恶化了……我焦急地盼望这种状况到下星期能结束。这事来得太不是时候了。显然是我在冬季夜里工作过度所致。"② 这是马克思时隔一个月第二次向恩格斯说他重病发作的状况了。当时，马克思不仅重病时常很厉害地发作，而且生活也十分贫困，以致邮寄挂号函件的邮资和买纸张的钱，都拿不出来。为维持每月的生活，不得不把外衣典当给当铺。因而既不能外出，也不能购买肉食。即便如此，马克思为追求真理、创造理论的写作，没有任何放松，仍争分夺秒地为完成《资本论》的写作，忘我工作。1867 年 4 月 30 日，马克思在致齐格尔弗里德·迈耶尔的信中说："您的来信不仅使我**非常高兴**，而且在接到信的这段极端困苦的时期中对我也是一种**真正的安慰**……那么，我为什么不给您回信呢？因为我一直在

① 《马克思恩格斯文集》第 2 卷，人民出版社 2009 年版，第 593 页。
② 《马克思恩格斯全集》第 29 卷，人民出版社 1972 年版，第 310 页。

坟墓的边缘徘徊。因此，我不得不利用我还能工作的**每**时**每**刻来完成我的著作，为了它，我已经牺牲了我的健康、幸福和家庭。"① 所以，马克思认为："可能从来没有一部这样性质的著作是比这更艰苦的条件写成的。"② 这里，深深启迪我们要以马克思追求真理的坚定理论信仰、忘我工作的共产主义精神和严谨的治学态度研读这部伟大的经典。

---

① 《马克思恩格斯文集》第 10 卷，人民出版社 2009 年版，第 253 页。
② 《马克思恩格斯〈资本论〉书信集》，人民出版社 1976 年版，第 234 页。

目 录
CONTENTS

第一章　青年马克思、恩格斯科学世界观形成的逻辑进程

马克思和恩格斯不是天生的无产阶级哲学家，马克思主义学说也不是他们头脑中所固有的。马克思和恩格斯的思想观点，在他们的生涯中是不断变化和发展着的。他们在青年时代最初形成的世界观是不科学的，是属于唯心主义的，他们的政治态度是属于激进的革命民主主义的立场。在他们依据理性主义原则进行社会实践活动的过程中，逐步由唯心主义的世界观转变为唯物主义的世界观，在政治上也逐步从革命民主主义转向共产主义。只有在他们的世界观转变为唯物主义的科学世界观之后，才能探索创立新的哲学理论。

一、青年马克思初始的世界观和人生观

青年马克思最初的世界观是在接受家庭和学校教育，特别是在青年黑格尔派影响下形成的革命民主主义和唯心主义世界观。

卡尔·马克思于1818年5月5日生于德国莱茵省特利尔市。其父亨利希·马克思是特利尔市的著名律师，是信仰和崇拜法国启蒙学者提出的理性原则的人，并常以理性主义精神去影响和教育马克思。这为青年马克思追求民主自由和为人类谋幸福的人道主义精神奠定了思想基础。

马克思于1830—1835年在特利尔中学受教育中又进一步得到启蒙学派思想的影响。特别是他的历史教师维滕巴赫对马克思的理性主义思想影响更

为深刻，使他积极走向反对普鲁士政治制度，为人类谋幸福的决心，更加坚定和明确。因而，马克思在中学毕业时，就把"为人类谋幸福"看作是"自我完善"的保证，而职业就是"为人类谋幸福"和追求"自我完善"这一崇高目标的手段。他认为："在选择职业时，我们应遵循的主要指针是人类的幸福和我们自身的完美……如果一个人只为自己劳动，他也许能够成为著名学者、伟大的哲人、卓越的诗人，然而他永远不能成为完美的、真正伟大的人物。历史把那些为共同目标工作因而自己变得高尚的人称为最伟大人物。"① 马克思这时的思想是一种模糊的、抽象的、伦理的人道主义思想。

1835 年 10 月，马克思考入波恩大学攻读法学。但他入校后对浪漫派文艺产生了兴趣，所以他在主修法学课以外，还选听"文学和艺术史讲座"。并为满足对诗歌的爱好，他还加入了一个文学协会。但这时，他对哲学与政治尚未产生特别的兴趣。在 1936 年秋转入柏林大学之后，对哲学与政治才感到其重要性，便接受其父亲的意愿，准备致力于法学和法哲学。

在柏林大学学习期间（1836—1841）是青年马克思思想发展的重要阶段。因为柏林的社会政治和思想状况比波恩有许多新的现象，促使马克思的思想有许多新的思考和变化。从他《给父亲的信》（1837 年 11 月）中可以看出这样几点变化：第一，断绝了以前的一切交往，专心致志于科学和艺术，从诗歌转向法学和哲学。第二，从发现"现实的东西和应有的东西之间的对立"中，批判自我的先验论法学观，到意识到批判康德和费希特的先验论原则本身。尤其重要的是，第三，从不喜欢黑格尔哲学"那种离奇古怪的调子"到投入它的"怀抱"，他认为，黑格尔哲学深刻地解决了应有的东西和存在的东西的统一问题。同黑格尔一样，马克思这时也认为，思维不应该把任意的部分带进对象中去，而应当在对象的发展中认真地考察对象本身。因此，马克思就全力投入黑格尔哲学的"怀抱"。在他患病期间，"从头到尾读了黑格尔的著作，也读了他大部分弟子的著作"。在爱德华·甘斯、鲁滕堡等人的影响下，结识并加入了"博士俱乐部"。由此可见，1837 年马克思在读大学二年级时，是他青年探索时期的一个

---

① 《马克思恩格斯全集》第 1 卷，人民出版社 1995 年版，第 459 页。

转折点。"从理性主义，转而向现实本身去寻求思想。"黑格尔哲学是这一转折的诱发剂，因为这个最抽象的哲学，却是当时德国社会现象矛盾的理论表现。同年，即1837年，由甘斯编辑的黑格尔的《历史哲学》出版了，为全面评价黑格尔的历史观准备了牢靠的材料。在柏林出现了联合最激进的黑格尔主义者的"博士俱乐部"。这是一个无形的思想学术团体，它聚集着一批重视黑格尔辩证法、向往资产阶级民主自由的青年知识分子，其思想领袖是布鲁诺·鲍威尔。马克思积极参加了青年黑格尔运动，成为"博士俱乐部"有影响的成员。黑格尔的辩证法和理性原则给他以启示，使他从主观唯心主义转向客观唯心主义，推动他去探求真理和注重对社会现实问题的研究。然而，马克思却不是一个正统的黑格尔主义者，他超出资产阶级利益的范围，从同情社会上受苦难的劳动人民，走上反宗教、反封建专制制度的革命民主主义的道路。

1841年，马克思完成的博士论文《德谟克利特的自然哲学和伊壁鸠鲁的自然哲学的差别》（以下简称《博士论文》），这是他参加青年黑格尔派活动的重要成果。《博士论文》就其理论观点说，是属于黑格尔的唯心主义观点。就其论文的题辞和思想内容说，是他作为革命民主主义者的社会政治实践活动的理论准备。从他引用古希腊悲剧家埃斯库罗斯（公元前525—公元前456）的诗中普罗米修斯对海尔梅斯的回话，就表明了在他结束学生时代，正式投入社会斗争前夕的追求个人完全自由，迫切洞察当代发展趋势的激进心情。《博士论文》的黑格尔哲学唯心主义观点是十分明显的，首先，他强调在世界的发展中，精神是决定性的力量，认为自由的理论精神，一定要转向存在于理论精神之外的世俗的现实；其次，相信理论批判的作用是决定性的根本批判，用理念来衡量现实。马克思写道："在自身中变得自由的理论精神成为实践的力量，作为意志走出阿门塞斯（埃及神话中死者和灵魂的居住地——引者注）冥国，面向那存在于理论精神之外的尘世的现实，——这是一条心理学规律……正是批判根据本质来衡量个别存在，根据观念来衡量特殊的现实。"[1] 但是，马克思和黑格尔

① 《马克思恩格斯全集》第1卷，人民出版社1995年版，第75页。

及青年黑格尔派在理论上还是有差别的。第一，在对德谟克里特和伊壁鸠鲁这两位古希腊的唯物主义哲学家的态度上，黑格尔是持非常蔑视的态度，马克思则给予高度的评价，肯定了原子论原则的积极意义。第二，在哲学和现实（思维和存在）的关系上，马克思的根本观点虽然是唯心主义的，但是，他把二者之间的联系理解为相互作用的辩证关系。马克思认为，历史进程是哲学意识同经验世界相互作用的结果。这种观点既超越了黑格尔，也超越了其他青年黑格尔分子，为以后世界观的转变创造了思想前提。

二、青年马克思世界观转变的
开端和重要转折点

马克思世界观由唯心主义向唯物主义的转变开始于在《莱茵报》工作时期，其重要转折点是对"物质利益"问题的研究。

马克思大学毕业后，渴望在大学任教的打算被普鲁士反动当局堵死之后，就决定直接参加现实的政治斗争，于是就转向在报刊上发表些切中时弊的政论文章，并参加了《莱茵报》的编辑工作。《莱茵报》是具有激进思想的资产阶级知识分子在科伦创办的，1842 年 1 月 1 日正式出版，其政治思想与青年黑格尔派接近。马克思于 1842 年 4 月开始为该报撰稿，10 月任该报主编，并从波恩迁居科伦。报刊工作对马克思的世界观的转变起了巨大影响。首先，报社工作要求马克思直接卷入社会政治斗争的旋涡，在进步力量与反动势力的激烈斗争的浪潮中，使马克思当时站到了德国现实斗争的最前列。其次，报社工作不同于书斋研究工作，它每天都有大量的政治、经济、思想等诸方面的问题摆在它面前，必须迅速地作出立场坚定、观点鲜明的反映，发表声明是支持还是反对，或是呼吁，或者抗议。报刊工作紧张而尖锐的斗争生活，迫使马克思面对现实提出的社会政治和其他矛盾问题，要及时作出深刻的分析和研究，并力求弄清楚社会矛盾冲突的背景和人民群众处于被压迫地位的原因。这样，不仅锻炼了马克思的

机智、果断的精神和锐敏的眼光，而且使他能极为深刻地思考现实问题，来检验和改变自己的根本观点和根本原则。《莱茵报》工作对马克思的世界观的变化起了重要作用。马克思本人常常回忆他在《莱茵报》工作期间的思想收获。他说："1842—1843 年间，我作为《莱茵报》的编辑，第一次遇到对所谓物质利益发表意见的难事。莱茵省议会关于林木盗窃和地产析分的讨论，当时的莱茵省总督冯·沙佩尔先生就摩泽尔农民状况同《莱茵报》展开的官方论战，最后，关于自由贸易和保护关税的辩论，是促使我去研究经济问题的最初动因。"① 恩格斯也曾说："因为我曾不止一次地听到马克思说过，正是他对林木盗窃法和摩泽尔河沿岸地区农民状况的研究，推动他由纯政治转向经济关系，并从而走向社会主义。"② 马克思在《莱茵报》上发表了大量的文章，如《第六届莱茵省议会的辩论（第一篇论文），关于新闻出版自由和公布省等级会议辩论情况的辩论》、《第六届莱茵省议会的辩论（第三篇论文），关于林木盗窃法的辩论》、《摩泽尔记者的辩护》等，这些文章的发表，前后虽然不到一年的时间，但马克思的思想却发生了重大变化，从这些文章的内容看，其思想的重大变化有以下表现。

（一）以黑格尔的"理性国家"原则作为批判现实制度的武器

马克思所向往的理性国家，既有黑格尔的绝对精神的影响，也有 18 世纪启蒙思想家的理性原则的影响，并超越了一般民主主义的原则。它与黑格尔的理性国家和 18 世纪启蒙学者的理性原则，是有差别的。黑格尔从理性国家中得出了维护普鲁士国家的反动结论，这是为马克思所坚决反对的；18 世纪启蒙学者的理性原则，是资产阶级国家的自由，不是社会普遍的自由、平等和博爱。马克思谴责这是"被分裂的人类世界"。在"被分裂的人类世界"里，劳动者处于被剥削被压迫的地位，生活境遇悲惨。他所向往的"理性国家"是"相互教育的自由人的联合体"，是"使个人和整体的生活打成一片，使整体在每个个人意识中得到反映"的国家

---

① 《马克思恩格斯文集》第 2 卷，人民出版社 2009 年版，第 588 页。
② 《马克思恩格斯文集》第 10 卷，人民出版社 2009 年版，第 701 页。

社会，在这种国家中，人类的普遍自由才能实现。虽然如此，马克思当时对国家、法和自由的看法还是唯心主义的；他虽然指出资产阶级社会是被分裂的人类世界，但他还不了解人类世界被分裂的经济原因，而且也没有找到消除"分裂"的真正道路。然而，由于他把实现普遍自由的理性国家同被分裂的人类世界对立起来，就为马克思超越一般民主主义、向共产主义转变提供了一个新的契机和思想前提，从而推动他研究社会主义。

（二）自觉维护劳动人民的利益，社会各等级矛盾的根源是物质利益

马克思在关于出版自由的争论中，已经看到争论不是个别人之间的分歧，而是等级之间的冲突，他认为，自由出版物的实质，是自由所具有的英勇的、理性的、道德的本质，是"人民精神的英勇喉舌和它的公开表露"，"是人民精神的慧眼"，就应该维护出版自由。这就表明，马克思实际上为维护劳动人民的利益而站在劳动人民方面了。在《关于林木盗窃法》的文章中，指责林木占有者制定的林木盗窃法是牺牲穷人利益的谎言，把捡枯枝和各式各样的盗窃林木之间的本质区别抹杀了。马克思说："捡枯枝和盗窃林木是本质上不同的两回事。对象不同，作用于这些对象的行为也就不同，因而意图也就一定有所不同，试问除了行为的内容和形式而外，还有什么客观标准能衡量意图呢？"又说："事物的法理的本质不能按法律行事，而法律倒必须按事物的法理的本质行事。"①

马克思在林木盗窃法的辩论中，不仅清楚地看到了基于物质利益上的阶级之间的冲突，而且还初步认识到普鲁士国家是维护特权等级利益的，并不是代表普遍利益的。他说，省议会**"使国家权威变成林木所有者的奴仆……一切国家机关都应成为林木所有者的耳、目、手、足，为林木所有者的利益探听、窥视、估价、守护、逮捕和奔波"**②。

---

① 《马克思恩格斯全集》第 1 卷，人民出版社 1995 年版，第 244 页。
② 《马克思恩格斯全集》第 1 卷，人民出版社 1995 年版，第 267 页。

（三）对社会关系客观性的初始明确，提出哲学的本质和任务是同现实政治相结合

马克思在《摩泽尔记者的辩护》一文中，表明他的世界观又有新的发展，对社会关系的客观性开始有了认识，这篇文章的写作可以说是反动当局逼出来的。1842年12月《莱茵报》发表了两篇报道摩泽尔地区农民的悲惨情况的通讯，抨击了关税同盟成立之后对农民加重了剥夺。省总督冯·沙佩尔则指责报道是"恶意诽谤"，要通讯作者作出答复。在作者拒绝回答时，马克思写了这篇文章。他在文章中义正词严地抨击了反动当局，指出记者报道的内容完全是真实的，报道也是客观的。但是，总督冯·沙佩尔为什么对真实的报道大发雷霆，加以镇压呢？难道是他的个人品质和感情的问题吗？马克思认为不能以当事人的意志来解释国家生活的现象。他说："人们在研究国家状况时很容易走入歧途，即忽视**各种关系**的**客观本性**，而用当事人的**意志**来解释一切。但是存在着这样**一些关系**，这些关系既决定私人的行动，也决定个别行政当局的行动，而且就像呼吸的方式一样不以他们为转移。只要人们一开始就站在这种客观立场上，人们就不会违反常规地以这一方或那一方的善意或恶意为前提，而会在初看起来似乎只有人在起作用的地方看到这些关系在起作用。"① 马克思认为，正是国家管理者和政府机构的官僚关系造成了摩泽尔河沿岸地区农民贫困的根源。因此，报刊应从理性上和感情上批判政府，原封不动地把人民的贫困状况送到国家权力前面，这就需要特殊的出版自由，官方禁止是不对的。由此可见，马克思当时虽然还没有脱离理性原则的思想羁绊，但是，由于他积极认识和总结实践斗争的经验，就使得他的社会历史观的唯物主义因素越来越多。

当时，马克思对《科伦日报》反对报刊发表哲学文章的社论进行了有力的批判。他指出，反对在报纸上谈哲学问题，就是反对哲学和政治相结合。他认为："任何真正的哲学都是自己时代的精神上的精华，因此，必然会出现这样的时代，那时哲学不仅在内部通过自己的内容，而且在外部

---

① 《马克思恩格斯全集》第1卷，人民出版社1995年版，第363页。

通过自己的表现，同自己时代的现实世界接触并相互作用。"① 报纸不仅要谈论哲学问题，而且要谈论现实世界的哲学问题。他针对《科伦日报》的社论说："哲学谈论宗教问题和哲学问题同你们不一样。你们没有经过研究就谈论这些问题，而哲学是在研究之后才谈论的；你们求助于感情，哲学则求助于理智；你们是在咒骂，哲学是在教导；你向人民许诺天堂和人间，哲学只许诺真理；你们要求人们信仰你们的信仰，哲学并不要求人们信仰它的结论，而只要求检验疑团；你们在恐吓，哲学在安慰。"② 这里，不仅表明了马克思当时关于哲学的本质、任务和功能的根本观点，而且也包含了为他后来创立新的实践唯物主义哲学的思想芽床，也是他由唯心主义转向唯物主义的一个重要的思想前提。

马克思世界观转变的转折点，是他退居书斋对黑格尔法哲学的批判。

1843 年 3 月马克思退出《莱茵报》到 1844 年初出版《德法年鉴》之际，是他实现世界观完全转变的时期。马克思不仅是一位政治家，同时也是一位科学家，不容许自己在科学真理上有半点混乱和模糊。《莱茵报》期间的政治斗争的实践，动摇了他对黑格尔理性国家和法的信仰，使他在斗争中注意了被黑格尔和其他哲学家蔑视的经济问题。由于他当时还缺乏这方面知识，不能确切地说明国家与市民社会的关系。于是，就决定研究、清算过去所受黑格尔国家哲学的影响，以解决他遇到的疑团。用他后来追忆的话说："为了解决使我苦恼的疑问，我写的第一部著作是对黑格尔法哲学的批判性的分析。"③ 为了这个批判分析，马克思阅读了大量的历史著作、国家和法的理论著作，并作了大量摘录，积累了几大本资料，这些资料后人称之为《1843 年克罗茨纳赫笔记》。

《黑格尔法哲学批判》是当时写的篇幅较大的重要手稿之一。这个手稿当时没有公开发表，1927 年苏联正式发表时，由编者依据马克思的回忆题为《黑格尔法哲学批判》，有时也简称《1843 年手稿》。其中心内容是关于"国家和市民社会的关系"问题。这是研究马克思摆脱黑格尔唯心

---

① 《马克思恩格斯全集》第 1 卷，人民出版社 1995 年版，第 220 页。
② 《马克思恩格斯选集》第 1 卷，人民出版社 1995 年版，第 222 页。
③ 《马克思恩格斯文集》第 2 卷，人民出版社 2009 年版，第 591 页。

主义哲学束缚，建立历史唯物主义的重要问题。这部手稿对黑格尔的《法哲学原理》的第三编第三章国家的主要部分逐节进行了分析和批判。《法哲学原理》是黑格尔对《精神哲学》的第二部分"客观精神"的具体阐述，他认为国家是"客观精神"发展的顶点，是"客观精神"的最高体现。因此，它必然是社会生活各个领域的决定力量，家庭和市民社会是国家的从属物。国家"是绝对自在自为的理性东西"，是"地上的精神"。这种"精神有意识地使自己成为实在"，即"国家是绝对精神的直接实现"。① 这样，就把国家完全神化了。

马克思在《莱茵报》期间的现实经历同黑格尔的这些玄妙的理论是完全相背离的。莱茵省议会的辩论使马克思清楚地看到：（1）统治者为了自身利益，总是把国家和法当成手中的工具；（2）各等级代表的发言归根到底受他们各自阶级的利益所制约，没有代表去讲抽象的国家，抽象的法律；（3）那些在市民社会中占统治地位的力量总是支配着国家，总是按他们的意愿制定法律或修改法律，而那些在经济上受剥削的农民等级，在政治上总是处于无权的地位，其他一些生活现实，也证明物质利益、市民社会是国家的基础。马克思的这种新认识，是和黑格尔理性国家观完全相反的。正是基于社会实践上的新认识，才能对黑格尔的国家哲学予以切中要害的批判。马克思说，"逻辑的、泛神论的神秘主义"在黑格尔的国家观中"已经很清楚地显露出来"。"观念变成了主体，而家庭和市民社会对国家的**现实**的关系被理解为观念的**内在想象**活动。家庭和市民社会都是国家的前提，它们才是真正活动着的；而在思辨的思维中这一切却是颠倒的。"又说："家庭和市民社会使**自身**成为国家。它们是动力。可是，在黑格尔看来又相反，它们是由现实的观念**产生的**。""整个法哲学只不过是对逻辑学的补充。"② 马克思在批判中得出了和黑格尔法哲学相反的结论，不是国家决定家庭和市民社会。相反，是市民社会和家庭决定国家。正像后来恩格斯所说："马克思从黑格尔的法哲学出发，得出这样一种见解：要

---

① 参阅［德］黑格尔：《法哲学原理》第 261—263 节，贺麟译，商务印书馆 1979 年版，第 261—265 页。

② 《马克思恩格斯全集》第 3 卷，人民出版社 2002 年版，第 10、11、23 页。

获得理解人类历史发展过程的钥匙，不应当到被黑格尔描绘成'大厦之顶'的国家中去寻找，而应当到黑格尔所那样蔑视的'市民社会'中去寻找。"① 马克思当时对黑格尔法哲学的唯心主义实质的深刻认识和初步批判，为以后完全摆脱黑格尔唯心主义的影响，坚定地转向唯物主义奠定了思想基础。因此，《黑格尔法哲学批判》既是马克思主义国家学说的第一部著作，同时也是历史唯物主义发端的重要专著，对于研究马克思的世界观转变和唯物史观的形成，具有重要意义。诚然，当时马克思的世界观的转变无疑有费尔巴哈唯物主义哲学的影响作用，但只是"原则"上的启迪作用。当时对黑格尔唯心主义哲学的批判力，除了来自马克思的积极社会实践，主要是来自黑格尔辩证法的彻底应用，黑格尔哲学自身的矛盾性，是推进人类认识发展的具有积极意义的矛盾。费尔巴哈对黑格尔哲学的理解，马克思是不赞同的。费尔巴哈不仅抛弃了黑格尔哲学积极方面的辩证法，而且逃避了现实斗争。当时他的哲学对马克思克服黑格尔唯心主义哲学的影响并不居于主导地位。

三、青年马克思世界观
向唯物主义的彻底转变

《德法年鉴》时期，是马克思实现世界观彻底转变时期。1843 年马克思退居书斋在批判黑格尔法哲学的同时，与卢格合作积极准备出版《德法年鉴》，以便在国外扎下团结革命力量的根基。为此他在同年 10 月迁居巴黎。马克思在巴黎的生活对他的世界观从革命民主主义转向共产主义、从唯心主义转向唯物主义起了决定性的影响。当时巴黎是世界科学和文化最大的中心之一，也是革命运动最大的发源地之一。列宁曾说过，巴黎政治生活沸腾，大家都热烈地讨论各种不同的社会主义学说。在这里，马克思一方面继续深入研究经济利益在社会生活中的作用；另一方面直接参加

① 《马克思恩格斯全集》第 16 卷，人民出版社 1967 年版，第 409 页。

了工人运动，这是马克思第一次同革命的无产阶级代表建立政治联系之际。如果说在《莱茵报》时期，马克思还把改造社会的希望寄托在理性国家的作用上，而现在却把改造社会的希望转向无产阶级身上了。因为他在法哲学的批判中，已经看到国家是由市民社会决定的，期望理性国家来改造社会是不可能的。巴黎的工人运动使他认识到只有无产阶级才是未来社会的真正创造者和主人，只有无产阶级才会彻底消灭私有制、改造"市民社会"。马克思在《德法年鉴》上发表的两篇文章，就清楚地表明了他在世界观上的重大变化。

　　第一篇《论犹太人问题》是为批判布·鲍威尔的两篇关于犹太人问题的文章而写的。犹太人问题是当时德国的一个很显著的社会问题，其实质是资本主义经济发展同德国政治制度之间的矛盾反映。马克思进一步发展了在《黑格尔法哲学批判》中得出的"市民社会决定国家"的结论，批判了布·鲍威尔在犹太人问题上的唯心主义观点。鲍威尔认为，在对宗教的批判中犹太人和一般人都可以获得解放。犹太人获得解放和自由，必须首先学习和信奉基督教和黑格尔哲学。犹太人要经过比基督徒更长远的艰难途程才能获得自由。因此，他提出基督徒和犹太人解放的问题，必须首先废除宗教，认为宗教的存在和废除是社会问题的根源。马克思指出鲍威尔的观点，是从神学观点看待社会问题的错误观点，是和现实相矛盾的，鲍威尔批判的只是"基督教国家"，而不是"一般国家"，他提出的条件只能说明他毫无批判地把政治解放和全人类解放混淆了起来。马克思说："在我们看来，宗教已经不是世俗局限性的**原因**，而只是它的现象。因此，我们用自由公民的世俗束缚来说明他们的宗教束缚……他们一旦消除了世俗限制，就能消除他们的宗教局限性。"① 这个世俗的基础，就是私有制。人民仅仅从宗教上获得了解放，还不是真正自由的人，因为正如在宗教统治下，是通过基督这个中介物对人的承认，现在则通过国家这个"中介物"来承认人的自由平等。废除所谓宗教特权的政治国家，虽然宣布不受财产、出身等限制，人人在法律面前一律平等，但是，这种对财产资格的

① 《马克思恩格斯文集》第 1 卷，人民出版社 2009 年版，第 27 页。

废除恰恰是对私有制的承认。因为没有所有制上的不平等，便没有所谓废除财产资格的问题。也就是说，没有这种事实上的不平等，也是无所谓"政治国家"。因此，人们摆脱了宗教的奴役，不仅没有从现实的奴役中解放出来，而且使这种奴役更冷酷无情了。

马克思在批判鲍威尔的唯心主义观点的同时，也批判了他混淆两种不同性质的解放，其实质就是以政治解放来抵制人类解放，以资产阶级民主改革抵制社会主义革命，这是十分错误的。马克思说："在我们看来，**政治解放对宗教的关系**问题已经成了**政治解放**对**人的解放的关系**问题。"[1] 并强调指出，从法国资产阶级革命实践中已清楚地看到，所谓一般人权，就是国家对私有制的承认。政治革命只是批判了假象中的不平等，却把真实的不平等当成了社会的"自然基础"。因此，要实现真正的人类解放，就要废除私有制。

综上所述，在《论犹太人问题》中表明：（1）马克思已完全划清了民主主义革命和社会主义革命的区别界限，并对二者的关系作了初步说明；（2）马克思在论犹太人这个社会问题中，坚持了唯物主义，为以后把唯物主义原则彻底贯彻到社会历史中奠定了思想基础；（3）马克思虽然提出了社会主义革命的思想，但是，还未有提出由谁来承担实现这一革命的问题，即没有明确提出无产阶级的历史使命问题；（4）马克思虽然把唯物主义原则贯彻到社会历史中去了，但费尔巴哈的人本主义影响还是比较多的。

第二篇《〈黑格尔法哲学批判〉导言》，对第一篇的基本思想大大向前发展了一步，明确提出和论证了无产阶级的历史使命，标志着马克思的世界观的"两个"转变的彻底完成。正像列宁说的："马克思在这个杂志上所发表的文章表明他已经是一个革命家出现，他主张'对现存的一切进行无情的批判'，尤其是'武器的批判'，他诉诸群众、诉诸无产阶级。"[2] 这篇文章的主要内容是：

（1）对宗教的批判必然转变为对世俗社会制度的批判。马克思首先对

---

① 《马克思恩格斯文集》第1卷，人民出版社2009年版，第27页。
② 《列宁选集》第2卷，人民出版社1995年版，第415页。

德国 19 世纪 30 年代以来所开展的宗教批判运动作了科学的评估。他说，就当时的德国来说，对宗教的批判实际上已经结束。但对宗教的批判是其他一切批判的前提。首先，对宗教的批判是对政治、法律、国家和社会等批判的前提。因为，宗教是对人间谬误的一种天国的辩护，是用上帝的名义为现实的苦难世界加上一道神圣的灵光圈。对宗教的批判剥去了人间谬误的神圣的灵光圈，把人间世界的谬误暴露在人们面前，使人能够"来建立自己的现实性"。其次，"反宗教的斗争间接地也就是反对以宗教为精神慰藉的那个世界的斗争"，因为宗教为苦难世界提供感情上的安慰、道德上的核准和理论上的辩护。批判了宗教的这种社会作用，也就是间接地对现存社会的批判。所以，马克思说："为历史服务的哲学的迫切任务"，就是把对宗教的批判就变成对法的批判，对神学的批判就变成对政治的批判。

（2）在德国的批判任务是双重性的。马克思在《〈黑格尔法哲学批判〉导言》中的一个很重要的思想，就是要站在时代的高度去批判现实的德国。他认为在德国现时的任务，首先应该"向德国制度**开火！一定要开火！**这种制度虽然**低于历史水平，低于任何批判**，但依然是批判的对象"①。通过批判德国现存制度，可以唤起群众，激发人民对现存制度的憎恨和斗争；对德国现存制度的批判，可以帮助英、法各先进国家看清本国的隐蔽的缺陷，听到旧制度的回音，从而促进对旧制度余孽的斗争。但这种批判总不是站在时代高度的批判。因此，马克思提出，要使批判站在时代的高度，就要超出德国的现状，就必须对现代的即资本主义的政治社会制度进行批判。在德国要把批判"针对副本"，即针对黑格尔的国家哲学和法哲学。因为"**德国的法哲学和国家哲学**是唯一与**正式的**当代现实保持在同等水平上的**德国历史**"②。但是，如何实现这个批判任务，马克思同青年黑格尔派的两种主张，即实践派和理论派的观点是不相同的。马克思批判了这两派各执一端的形而上学性，提出应该从理论和实践的结合上着重批判德国的国家哲学和法哲学。因为，黑格尔的"关于现代国家的思想形象"，

---

① 《马克思恩格斯文集》第 1 卷，人民出版社 2009 年版，第 6 页。
② 《马克思恩格斯文集》第 1 卷，人民出版社 2009 年版，第 9 页。

即"理性国家",是"从现实人抽象出来的"。针对黑格尔的国家哲学和法哲学批判,不仅能站在时代的高度,而且还能够提出对资本主义的批判和改造问题。而这个问题的中心,就是进行关于人类解放的共产主义革命。

（3）在德国实现彻底批判的基本前提。马克思在分析德国的批判活动和历史状况的基础上,认为在德国存在着进行人类解放的革命运动的实际可能性。因为,在德国已经形成了彻底革命的理论和彻底革命的阶级。这是实现彻底批判的两个基本前提。马克思首先指出,任何革命运动都需要一定的理论前提,在德国争取人类解放的共产主义革命是彻底的革命,必须是以彻底的理论为前提。马克思说,"批判的武器当然不能代替武器的批判,物质的力量只能用物质力量来摧毁;但是理论一经掌握群众,也会变成物质力量。理论只要说服人,就能掌握群众;而理论只要彻底,就能说服人。所谓彻底,就是抓住事物的根本。但人的根本就是人本身"①,即人的本质。马克思的这些表述,虽然有费尔巴哈的人本主义色彩,但他对人的本质的理解,是和费尔巴哈的理解不相同的。马克思是从社会的角度考察人的本质的,在他看来,要抓住人的本质,首先必须抓住规定和制约人的本质的诸种社会生活关系,即他所说的,"**必须推翻使人成为被侮辱、被奴役、被遗弃和被蔑视的东西的一切关系**"②。新理论的彻底性,就在它主张恢复人的本质。即人作为人来说,首先要生活在不受奴役、不受压榨、不被歧视和污辱,而被当作人来对待的那种社会关系中。生活在德国现存制度和资本主义制度的劳动者,是不被当作人看待的。因此,新理论主张进行彻底消灭私有制的革命,要求恢复人的本质,它就能掌握群众。其次,马克思还指出,革命理论的作用,决定于社会实践的需要程度。新的彻底的理论,要以彻底革命的阶级作物质基础,即马克思说的,"革命需要被动因素,需要物质基础"。就社会发展的一般规律看来,在德国既没有彻底革命的任何前提,也没有必要的物质基础。但是,就德国的特殊历史条件看,新理论的要求是有物质基础的,"现实本身是趋向思想"的。

---

① 《马克思恩格斯文集》第 1 卷,人民出版社 2009 年版,第 11 页。
② 《马克思恩格斯文集》第 1 卷,人民出版社 2009 年版,第 11 页。

德国的特殊历史条件决定了在德国进行毫未触犯大厦支柱的"纯政治的革命"是一种空想，而进行"彻底的、全人类解放"的革命才是实际的。因此，马克思说："在法国，部分解放是普遍解放的基础；在德国，普遍解放是任何部分解放的必要条件。"① 马克思认为，德国普遍解放的实际可能性，就在于形成了一个被彻底的锁链束缚着的无产阶级。无产阶级要完成自己的历史使命，没有自己的哲学是不行的。所以，马克思说："哲学把无产阶级当做自己的**物质**武器，同样，无产阶级也把哲学当做自己的**精神**武器。"② 马克思的这些论断虽然未被德国的历史发展所印证，但他对无产阶级的历史地位和历史使命的认识和论证，所指出的革命理论同革命实践运动必须相结合的原则，至今仍未失去它的普遍意义。

综上所述表明：青年马克思通过理论研究和政治实践的活动，以开创性思维逻辑不断提升自己的认识能力，勇于革新自己对社会现实的研究，从而实现了科学世界观、政治观和人生观的建立。

四、青年恩格斯初始的世界观和人生观

恩格斯 1820 年 11 月 28 日生于莱茵省巴门城的一个纺织厂主的家庭中，他父亲是一个信奉宗教和富有事业心的工厂主。当时，从巴门和爱北斐特城之间相连的一带，即伍泊河谷，是纺织工业的重要中心，青少年时代的恩格斯目睹纺织工厂织工特别是女工和童工终日过着贫穷和困苦的生活情景，在他的意识中留下难以磨灭的印象，为他形成激进民主主义思想起了奠基作用。他在父亲的逼迫下，1837 年中学毕业前的一年不得不到一家商号里学习经商。1838 年 7 月离开巴门，到不来梅他父亲的商行里当办事员，不来梅和巴门城虽然有许多相同处，但由于它和世界许多国家的贸易往来，在经济关系、政治关系和精神生活方面，使恩格斯感到不来梅比起巴门来有很大不同。恩格斯对商行里的工作内心是不满的，其主要精

① 《马克思恩格斯文集》第 1 卷，人民出版社 2009 年版，第 16 页。
② 《马克思恩格斯文集》第 1 卷，人民出版社 2009 年版，第 17 页。

力，不是放在经商方面，而是用在文学和科学研究方面。他到不来梅不久，就与激进的文学团体"青年德意志"联系上了，并从进步文学中唤起了对政治问题的兴趣。在他 1838 年 9 月 1 日致巴门格雷培兄弟的信中和以后的通信中，都表明了他对封建专制制度的反抗和对自由制度的向往。他写道："最近我在一家书店里读了不下七本关于科伦事件的小册子。——注意。我这里读到了一些东西和词句，——我对这种刊物特别感兴趣——，这样的东西我们这儿（指巴门——引者注）是从来不敢印的，十足的自由主义思想等等；关于汉诺威那只浑身是虱子的老山羊（指汉诺威国王恩斯特—奥古斯特——引者注）的论述，也极为精彩。"① 恩格斯当时只是从理性主义原则看到自由和奴役的对立，而并不了解现存的自由和奴役对立的真正根源，当然也就不了解怎样克服这种对立了。但是，由于恩格斯对政治问题的积极关注，就能较快地取得政治思想上的进步，形成了革命民主主义的坚定立场。这在他于 1839 年春发表在《德意志电讯》上的《伍泊河谷来信》一文中鲜明地表现出来。其中以憎恨和愤慨的言词揭露了工厂主的伪善和残忍的本质，以充满同情的思想深刻叙述了劳动者遭受的剥削和奴役。他说："特别是伍泊河谷的工厂工人，普遍处于可怕的贫困境地；梅毒和肺部疾病蔓延到难以置信的地步……厂主雇用童工而不再拿双倍的钱来雇用被童工代替的成年工人……他们借口不让工人酗酒，千方百计降低工人的工资。"② 当时，恩格斯虽然还没有认识到"工厂工人可怕的贫困境地"的经济根源，却认识到了资本主义工厂制度和虔诚主义之间的本质联系，认识到了社会贫困状况同工人的精神道德的堕落之间的关系。这就为恩格斯形成革命民主主义的坚定立场和由宗教的超自然主义向无神论过渡提供了社会前提。此后不久，恩格斯在同"青年德意志"的积极联系中，一方面尖锐批评他们的悲观主义的思想情绪；另一方面，竭力赞同他们作品中的那种捍卫理性和自由、人的尊严、权利和人的创造力的人道主义和唯理主义的思想。用这种人道主义思想抨击虔诚主义的反人道主义的行径。当时，恩格斯为了追求理性和自由，证明人自己有

① 《马克思恩格斯全集》第 41 卷，人民出版社 1982 年版，第 412 页。
② 《马克思恩格斯全集》第 2 卷，人民出版社 2005 年版，第 44—45 页。

能力去认识幸福和创造幸福，他积极进行研究哲学和批判神学，为他以后反对谢林的非理性主义斗争提供了思想基础。在 1839 年年底，他研究了青年黑格尔分子施特劳斯的《耶稣传》，动摇了他对《圣经》的神圣性质的信念，促进他克服把"理性和圣经"并提的思想，同时开始加紧研究黑格尔哲学，特别是黑格尔关于神的思想深深地吸引着他。1839 年 12 月恩格斯在给格雷培的信中说："由于施特劳斯，我现在走上了通向黑格尔主义的阳关大道。我当然不会成为象欣里克斯等人那样顽固的黑格尔主义者，但是我应当汲取这个精深博大的体系中最重要的要素。黑格尔关于神的观念已经成了我的观念。"又说："我正在钻研黑格尔的《历史哲学》，一部巨著；这本书我每晚必读，它的宏伟思想完全把我吸引住了。"① 由此表明，恩格斯借助黑格尔哲学使他摆脱了正统的基督教信仰，为他形成新的理性世界观提供了理论基础，把历史的进程比作螺线。他认为螺线在运行时不时擦过自己的旧路程，又时不时穿过旧路程，每转一圈就更接近于无限。这同黑格尔关于历史发展的进程进到君主立宪制就结束了的观点是不相同的。恩格斯坚信人类历史的进步是无止境的。

1841 年恩格斯作为志愿兵在柏林服兵役，他利用公余时间研究军事科学并到柏林大学听课。恩格斯在柏林看到的情况和巴门、不来梅是大不相同的，他感到柏林充满一种生气蓬勃的精神生活，各种进步的党派同封建反动党派的直接对立和公开论战，在德国其他地方是没有的。在那里，他结识了青年黑格尔派鲍威尔等人，并建立了密切关系，参加了他们的柏林小组。不久他积极投入柏林思想界的斗争，主要是批判谢林哲学的斗争。谢林当时在思想上、政治上已经转到右翼，在哲学上宣扬神秘主义的反动"启示哲学"，并接受普鲁士王国的聘请，到柏林大学讲学。他大肆反对和否定黑格尔哲学，竭力否认人类历史进步的合理性和必然性，为基督的神秘主义作辩护。恩格斯当时站在青年黑格尔派的前列，对谢林展开了批判。从 1841 年冬至 1842 年春，先后发表了《谢林论黑格尔》、《谢林和启示》、《谢林——基督教哲学家，或世俗智慧变为上帝智慧》等三篇论

---

① 《马克思恩格斯全集》第 41 卷，人民出版社 1982 年版，第 544、546 页。

文。恩格斯在《谢林论黑格尔》中，以满腔义愤的心情深刻地揭露谢林对黑格尔哲学的背叛和贬低，并提出保卫黑格尔理性哲学的任务。他说："我们的任务是注意他的思路，保卫大师的茔墓不受侮辱。"① 为此，恩格斯紧接着写了后两篇批判谢林的文章。在《谢林和启示》论文中，又进一步批判了谢林对黑格尔理性哲学的歪曲。揭露谢林以"实证的哲学"取代"否定哲学"的目的，就是要把信仰和知识、哲学和启示调和起来，就是为现存的旧制度作辩护。批评谢林"离开了纯粹思想的道路，沉浸在神话的和神智学的幻境中，这就不由使人想到，他是为普鲁士国王（指威廉四世——引者注）的需要而维护自己的体系"，是"带了一箱装着信仰与知识的调和物来到这里"②。在《谢林和启示》中，恩格斯以相当多的篇幅批判了谢林的"实证哲学"的谬论，深刻指出他的"实证哲学"是依靠神的启示，制造了全部非理性的构想。详尽地分析和批判了谢林把理性仅仅理解为认识的潜能，并且寓于这种潜能之中的非理性的神秘主义观点。恩格斯在批判谢林贬低、歪曲黑格尔哲学的过程中，既维护了黑格尔哲学的进步方面，肯定它在哲学发展史上的作用，也指出黑格尔的"非静止的辩证法"同他政治上保守观点之间的矛盾。恩格斯说："黑格尔本身也是受自己这句名言支配的：任何哲学只不过是在思想上反映出来的时代内容。"③ 同时赞赏了费尔巴哈对理性的说明，他说："……只有费尔巴哈使我们对它有了透彻的认识；这种结论是：理性只有作为精神才能存在，精神则只能在自然界内部并且和自然界一起存在，而不是在完全脱离整个自然界的天知道什么地方以某种与世隔绝的方式生存着。"④ 这里表明，恩格斯在反对哲学的神化方面，是完全赞同费尔巴哈的。同时，也使人们看出恩格斯的无神论思想在起作用。他当时认为，黑格尔的"最年青的继承人"是费尔巴哈。"费尔巴哈对基督教的批判，是对黑格尔创立的关于宗教的思辨学说的必要补充"，从中得出"神学的秘密是人本学"的结论。⑤

① 《马克思恩格斯全集》第 41 卷，人民出版社 1982 年版，第 204 页。
② 《马克思恩格斯全集》第 41 卷，人民出版社 1982 年版，第 216 页。
③ 《马克思恩格斯全集》第 41 卷，人民出版社 1982 年版，第 211 页。
④ 《马克思恩格斯全集》第 41 卷，人民出版社 1982 年版，第 229 页。
⑤ 《马克思恩格斯全集》第 41 卷，人民出版社 1982 年版，第 266 页。

这里，表现出恩格斯有两点认识是不清楚的：一是没有认识到费尔巴哈的人本主义观点和黑格尔关于宗教意识的学说是根本对立的；二是没有认识到费尔巴哈的人本主义观点是唯物主义世界观的一种形式。

总之，当时的恩格斯还是信仰黑格尔哲学的理性原则，只不过是以无神论的思想对这些原则作了解释。但他并不了解哲学唯心主义和宗教之间的联系。他当时还相信观念万能，把观念看作是世界历史哲学的基础。他说："观念，人类的自我意识也就是那只奇异的凤凰，它用世界上最宝贵的东西筑起自焚的柴堆，从化旧事物为灰烬的火焰中恢复了青春，重新冉冉升起。"① 第三篇论文，对谢林的启示哲学作了进一步批判。特别是在同亚历山大·荣克的斗争中，又批评了谢林的启示哲学。荣克在政治上和哲学上对启示哲学都是持调和态度的。他代表了哲学中庸派的那种软弱和渺小的特性，拜倒于谢林脚下，用无限兴奋和虔诚的声调极力称赞谢林的第一篇讲义。恩格斯说，这实际上是对非哲学神秘主义的赞颂。至此，恩格斯的唯心主义世界观和革命民主主义的政治立场，已经完全形成和建立起来了。但时间不久，他的世界观又向着唯物主义和共产主义方面转变。

五、青年恩格斯初始世界观
向唯物主义转变

1842 年 9 月，恩格斯服兵役期满之后，由柏林回到他的家乡——巴门城。当年 11 月受家庭之命到英国曼彻斯特的欧门——恩格斯纺织公司经商。恩格斯在英国期间，对他的世界观的彻底转变起了决定性作用。19 世纪 40 年代的英国是典型的资本主义国家：资本主义生产有了高度发展；资本主义制度的固有矛盾已充分暴露出来；无产阶级反对资产阶级的斗争是社会的主要阶级矛盾，无产阶级已从行会手工业工人分化出来，并建立了自己的组织——宪章派。所有这些在德国还不曾发生过。因此，列宁曾

① 《马克思恩格斯全集》第 41 卷，人民出版社 1982 年版，第 268 页。

说，"恩格斯到英国后才成为社会主义者"，是"在英国曼彻斯特认识无产阶级的"。如果说，马克思的世界观的彻底转变，是在落后的德国，在反对普鲁士封建专制制度的斗争的基础上，通过分析批判德国唯心主义思辨哲学实现的话，那么，恩格斯的世界观的彻底转变，是在资本主义发达的英国，在研究资本主义经济和调查工人阶级状况的基础上，通过分析批判空想社会主义实现的。恩格斯在这一时期发表在《莱茵报》、瑞士《共和主义者》杂志和欧文派机关报《新道德世界》上的一系列文章，充分表明了他的世界观的发展和转变。根据恩格斯发表在上述报刊的文章，可以从两个方面概述其世界观的变化。

（一）曼彻斯特的实践活动是实现世界观转变的社会基础

首先，恩格斯依据对英国资本主义经济状况的分析，看出经济因素是形成阶级对立和各政党之间斗争的基础。在《国内危机》、《伦敦来信》和其他许多文章中，对英国经济问题和社会结构问题的研究占了主要的地位，并依据经济的发展说明英国的现状、英国国内党派矛盾以及英国同其他国家的关系。他认为，资本主义的英国是"完全依靠贸易、航运和工业，并且它也明白借助于这些才达到它现有的高水平。但是按道理应当是这样：一个国家既然走上了这条道路，只有不断提高工业生产才能保持业已获得的高水平；任何停滞不前在这里也会是退步"①。这里，既表明恩格斯对英国资本主义经济发展的分析研究是很深刻的，也表明他意识到经济、工业生产对社会发展和社会存在的作用，反映出他的唯物主义思想倾向。这一点，在他对英国各党派的分析中表现得更加明显。他在《各个政党的立场》这篇短文中，从各党派的财产关系说明各党派的性质及其各种活动。他认为，只有物质利益才能发展为原则，从根本原则看当时英国社会的复杂形势"就显得很简单了。英国只有三大党：土地贵族的党、金钱贵族的党和激进民主派的党"②。在《伦敦来信》中又进一步写道："在英国，各个政党都是与社会阶层和阶级相一致的；托利党是与贵族和高教会

① 《马克思恩格斯全集》第 3 卷，人民出版社 2002 年版，第 408—409 页。
② 《马克思恩格斯全集》第 3 卷，人民出版社 2002 年版，第 413 页。

派中偏执的真正正统派相一致的；辉格党由厂主、商人和非国教徒，总的说来，由中间阶级的上层组成；中间阶级的下层组成了所谓的'激进派'，最后，宪章派则在工人，在无产者当中拥有自己的力量。"① 以上表明：恩格斯已由"哲学共产主义"转向社会实践，转向社会经济关系和政治经济关系的分析研究，而不拘泥于青年黑格尔派的"共产主义"，是十分可贵的一步。

其次，恩格斯从分析英国资本主义经济发展中，说明了工业生产的发展不仅造成了工人阶级的产生，而且造成了工人阶级反抗资本主义的政治斗争。他说："工业固然可使国家富庶，但它也造成了勉强糊口的急速增长着的无产者阶级，赤贫者阶级，一个以后再也消灭不了的阶级，因为它永远也不能获得稳定的财产……大规模的商业危机会使整个阶级都挨饿。如果这种情况出现了，那么这些人除了起来反抗还有什么办法呢？"② 当时，恩格斯一方面对英国工人阶级寄予很大期望；另一方面，又依据工业发展的状况说明这个阶级尚未发展到自觉认识本身力量的程度，还拘泥于守法观念中，把宪章派的"合法革命的思想"作为心目中的唯一指导思想。恩格斯指出，这种合法革命"思想本身就是矛盾，是实际不可能的事，由于想要实现这种思想，他们遭到了失败"③。这也是宪章派的局限性的一个重要根源。

以上说明，恩格斯在曼彻斯特对资本主义经济的研究和工人阶级状况的调查，是促使他向唯物主义转变的根基。他虽然依据资本主义经济发展说明无产者的产生和政治斗争的存在；说明了随着工业经济的发展，无产者就愈进步，愈有远大前途，但这只能表明恩格斯在深入社会实践中具有的唯物主义思想，还不能说是完全科学的认识。因为，这种认识还不是依据对社会生产力和生产关系的矛盾、依据对所有制的具体分析得出来的。同时，对英国各党派的分析，虽然指出了其阶级基础和对财产的关系，但仍然是从一般经济关系上去说明的。从一般经济关系说明社会政治现象，

① 《马克思恩格斯全集》第 3 卷，人民出版社 2002 年版，第 423—424 页。
② 《马克思恩格斯全集》第 3 卷，人民出版社 2002 年版，第 410 页。
③ 《马克思恩格斯全集》第 3 卷，人民出版社 2002 年版，第 411 页。

已为空想社会主义者做过。经济关系是受什么所决定，恩格斯当时并没有认识到。这只有在研究社会物质资料的生产之后，才能达到。

（二）对空想社会主义的批判是实现世界观彻底转变的思想前提

恩格斯在曼彻斯特的实践活动，是他从思想上、感情上认识无产阶级的历史地位的现实基础，并在政治上转向了无产阶级。但是，对共产主义的根本认识，必须在理性上来一个飞跃。恩格斯在认识上的这个飞跃，是通过对空想社会主义的批判实现的。1843 年 11 月，在由欧文学说的信徒组成的欧文派办的机关报《新道德世界》上发表的两篇文章——《大陆上社会改革运动的进展》、《大陆上的运动》，向英国工人介绍了法国、德国、瑞士等大陆国家的社会主义运动；同时，也对圣西门、傅立叶、卡贝、蒲鲁东、魏特林等人的社会主义学说作了有分析、有比较和有批判性的介绍。简要地论述了康德、费希特、谢林等人的哲学，特别是对德国唯心主义哲学达到顶峰的黑格尔哲学作了着重介绍；提出制定论证共产主义的哲学理论，把哲学同共产主义学说联系在一起了。恩格斯认为，在英、法、德欧洲三个文明大国等各自得出相同的结论：在集体所有制的基础上改变社会结构的革命。这说明共产主义不是一个国家的特殊情况造成的，"而是以现代文明社会的一般情况为前提所必然得出的结论"。但是，空想社会主义者却反对共产主义所有制。

恩格斯首先对法国空想社会主义者不主张废除私有制、反对共产主义所有制的观点作了批判。指出："圣西门主义像一颗闪烁的流星，在引起思想界的注意之后，从社会的地平线上消失了。现在没有一个人想到它或谈起它；它的时代过去了。"① 从傅立叶的著作中尽管能看到"真正有价值的东西"，是圣西门派的著作中所没有的东西。但是，他有一个非常重要的不彻底处，"就是不主张废除私有制"。"在关于协作和自由劳动的一切漂亮理论后面，在许多慷慨激昂地反对经商、反对自私和反对竞争的言论后面，实际上还是经过改良的旧竞争制度，以比较自由的原则为依据经

---

① 《马克思恩格斯全集》第 3 卷，人民出版社 2002 年版，第 477 页。

贫法——巴士底狱！"① 恩格斯认为，共产主义和私有制是不相容的。建立在资本主义私有制之上的民主制，实质上是真正的奴隶制，它隐藏着尖锐的矛盾。真正的自由和真正的平等只有在共产主义制度下才能实现。

其次，批判了空想社会主义者和哲学共产主义者提出的社会改良计划。恩格斯指出，法国的社会主义者、德国的共产主义者和英国的欧文一样，为了改变资本主义制度下的无产阶级的状况，消除劳动和享受的分离，实现社会主义，所采取的办法和途径，就是以建立移民区的试验来说服资产者及其代表者放弃剥削。这完全是幻想，"这种试验在法国就不会有什么用处"。因为他们的改良计划是以空想为基础的。缺乏科学理论依据，结果变成人们的闲谈材料。他说："圣西门和傅立叶一点也没有接触到政治，所以他们的计划没有成为全国共有的财富，只成了个人之间讨论的问题。"② 并告诫他们"不要向法国人表明你们的计划切实可行，因为这会使他们变得冷淡和漠不关心"③。恩格斯还进一步指出，法国共产主义和德国共产主义有不相同的地方，前者倾向宗教唯灵论，后者只尚空谈，不务实际。法国共产主义者"最喜欢的一个公式是：基督教**就是**共产主义。他们竭力想用圣经，用据说最早的基督徒生活其中的公社等等来证明这个公式……但是圣经教义的整个精神是同共产主义、同一切合乎理性的措施截然对立的"④。法国共产主义者的这种偏见，"是他们完全不懂历史和政治经济学的必然结果"。德国共产主义是从德国哲学必然得出的结论。恩格斯通过概述德国社会主义发展史，把魏特林的共产主义和"哲学共产主义"区别开来。强调指出，"哲学共产主义"和一切传统的共产主义相反，它是建筑在人类一切知识领域之上的。它既缺乏"有关实践"，又缺乏关于资本主义"社会制度的实际事物方面"的知识。这是恩格斯第一次非常明确地批评了作为"新黑格尔派哲学的必然产物"的共产主义的基本缺陷。表明他从 1842 年年底开始面向实践，面向资本主义社会制度的实

---

① 《马克思恩格斯全集》第 3 卷，人民出版社 2002 年版，第 479 页。
② 《马克思恩格斯全集》第 3 卷，人民出版社 2002 年版，第 479 页。
③ 《马克思恩格斯全集》第 3 卷，人民出版社 2002 年版，第 482 页。
④ 《马克思恩格斯全集》第 3 卷，人民出版社 2002 年版，第 483 页。

际事物方面，在思想认识上的飞跃。这时已经认识到社会历史的发展不是决定于精神力量，而主要是决定于经济的物质力量，把共产主义看作是历史和政治经济学发展的必然结果。

至此，恩格斯的世界观已经转向了唯物主义和共产主义。在这个转变的过程中，费尔巴哈的《基督教的本质》一书出版，给了恩格斯以思想启蒙的影响。

六、青年恩格斯的世界观
彻底转变为唯物主义世界观

1844 年年初，恩格斯在《德法年鉴》上发表了《政治经济学批判大纲》和《英国状况。评托马斯·卡莱尔的〈过去和现在〉》两篇文章。《政治经济学批判大纲》对马克思有重大影响。马克思称这个大纲是"批判经济学范畴的天才大纲"：它奠定了批判资产阶级政治经济学的基础；揭露了资产阶级政治经济学维护资本家所有制的实质；论证了资本主义私有制不是永恒不变的，并第一次指出资本主义私有制必然导致消灭私有制的革命。所以，列宁认为恩格斯的这部著作，"从社会主义观点上考察了现代经济制度的主要现象，视之为私有财产统治的必然结果"。在这部著作中批判的主要问题是：

首先，批判了资产阶级政治经济的阶级实质。恩格斯指出，英国古典经济学家比起重商主义者的学说是进步的，提出劳动是生产的主要因素，是财富的源泉，但是，人的自由活动被他们忽视了。因为，他们都是以资本主义私有制的存在作为必然合理的现象为前提，都是为资本主义私有制的存在和发展而服务的。所以，恩格斯说："在目前的情况下应该把这种科学称为私经济学，因为在这种科学看来，社会关系只是为了私有制而存在。"①论证了资本主义私有制不是自然合理的现象，资本主义社会中的各种不道德的状况，都根源于私有制。恩格斯还深刻指出，资本主义制度本身存在

---

① 《马克思恩格斯全集》第 3 卷，人民出版社 2002 年版，第 446 页。

着不可克服的矛盾，私有制使生产分为两个对立面——土地和人的活动，人的活动又被分为敌对着的劳动和资本两个方面。因而，使私有的三种要素——土地、劳动和资本是相互冲突的，不是相互协作的。而私有制又使这三种要素中的每一种都分裂开来。"一块土地与另一块土地对立，一个资本与另一个资本对立，一个劳动力与另一个劳动力对立。换句话说，因为私有制把每一个人隔离在他自己的粗鄙的孤立状态中，又因为每个人和他周围的人有同样的利益，所以土地占有者敌视土地占有者，资本家敌视资本家，工人敌视工人。在相同利益的敌对状态中，正是由于利益的相同，人类目前状态的不道德已经达到极点，而这个极点就是竞争。"① 这里，既说明了恩格斯当时对资本主义私有制的不合理性揭露是深刻的，对于批判资产阶级政治经济学也是有力的。同时，也表明了恩格斯当时还没有摆脱伦理的、理性共产主义的思想影响，对资本主义私有制的揭露批判，还是以一般人类道德和人道主义的思想原则作主要依据的。但是，从总的方面看，他已转变到唯物主义和共产主义世界观了。

其次，恩格斯具体考察了资本主义社会的无政府状态，分析了资本主义竞争所带来的社会灾难，并进而得出变革全部社会关系的结论。恩格斯在揭露资本主义私有制的不合理中，深刻指出竞争是资本存在的主要手段。建立在资本主义私有制上的竞争带来的社会灾难是多方面的。首先"使生产陷于热病状态，使一切自然的合理的关系都颠倒过来"。生产的目的、劳动的目的都是为通过竞争来对付和战胜自己的竞争者。"卷入竞争斗争的人，如果不全力以赴，不放弃一切真正人的目的，就经不住这种斗争。"② 竞争的发展必然导致生产力大过剩。结果，广大人民群众反而无以为生，人们恰恰因过剩而饿死；使财富和贫困两极化，资本和劳动处于尖锐矛盾中。恩格斯指出，要不采取全面改革社会关系，不消灭私有制，就不可能解决这种利益冲突的矛盾。资产阶级经济学家马尔萨斯提出消除这种矛盾的办法，在于限制工人人口的发展。把资本主义周期性的危机，说成是工人人口过剩造成的。恩格斯批判了这种错误理论。说这种理论是

① 《马克思恩格斯全集》第 3 卷，人民出版社 2002 年版，第 459 页。
② 《马克思恩格斯全集》第 3 卷，人民出版社 2002 年版，第 463 页。

"卑鄙无耻的学说"，是"对自然和人类的恶毒诬蔑"。恩格斯说，事实上，"每一个工人必定能够生产出远远多于比他所需要的东西"。工人之所以陷于贫困和饥饿，是因为他们不能占有由他们生产出来的产品。社会财富不归他们支配，而是为资本所支配。由此可见，恩格斯这时的世界观已完全转变到共产主义和唯物主义的立场观点上了。

《英国状况。评托马斯·卡莱尔的（过去和现在）》是恩格斯 1843—1844 年相继撰写的论述英国状况系列文章中的首篇。1844 年 1 月载于《德法年鉴》上，约在 1842 年年底，恩格斯到了英国之后，日益关注考察英国的经济、社会和政治关系，并为《莱茵报》和《瑞士共和主义者》撰写多篇有关英国的通讯。以《英国状况》为题的系列文章是为《德法年鉴》准备的，后因该杂志停刊，《英国状况。十八世纪》和《英国状况。英国宪法》两文均刊入巴黎的《前进报》上。上述三篇文章发表后，恩格斯因计划撰写《英国工人阶级状况》及《英国社会史》等著作，中断了《英国状况》的系列文章。

卡莱尔的《过去和现在》是在 1842 年 8 月英国工厂工人举行罢工事件后，于 1843 年正式出版。《新道德世界》于 1843 年 8 月开始在书评栏以节选形式刊载此书并附编辑部的评注。因此，这本书就成为当时英国各阶级对英国工厂工人阶级的罢工斗争的原因、后果和最终结论进行广泛讨论的重要议题。这可能是直接促使恩格斯以评析卡莱尔的这本书为开篇撰写《英国状况》系列文章的主要原因。恩格斯在《英国状况。评托马斯·卡莱尔的〈过去和现在〉》一书中，首先以唯物主义和无神论观点批判了卡莱尔的唯心主义和宗教观。资产阶级历史学家托·卡莱尔的《过去和现在》是以 12 世纪的英国和 19 世纪的英国对照，来说明英国资本主义和工人阶级的状况，即从封建贵族的立场来谴责资本主义制度的。其实质是为了复辟和倒退。因此，他以唯心主义的英雄崇拜和宗教观作依据去说明现实的社会，其实质是对"真正贵族"的崇拜和对"英雄"的崇拜，不了解历史的进步和发展不是由"神"或个别人物的力量决定的，而是人民群众一致努力的结果。恩格斯则从无产阶级立场来批判资本主义制度，目的是为革命扫清思想障碍。为此，恩格斯首先批判了卡莱尔的唯心主义和泛神论的宗教观，指出"我们也非常重视反对当代的不坚定性、内心空虚、精神沦丧和不诚实的斗争，我们也和卡莱尔一样，同一切进行着生与死的战斗，但我们取得成果的可能性要比他大得多，因为我们知道我们想要的是什么。我们要推翻卡莱尔描述的那种无神论，我们要把人因宗教而失去的内容归还给人；这内容不是神的内容，而是人的内容，整个归还过程就是唤起自我意识。我们要消除一切预示为超自然的和超人的事物，从而消除不诚实，因为人和大自然的事物妄想成为超人的和超自然的，是一切不真实和谎言的根源"①。恩格斯还进一步指出，卡莱尔不要忽视对历史事实的尊重，历史是有它自身的内容，不是抽象的空洞，不是神的启示。因此，恩格斯说："我们要求把历史的内容还给历史，但我们认为历史不是'神'的启示，而是人的启示，并且只能是人的启示。"② 又说："历史越是'充满神性'，就越具有非人性和兽性；毫无疑问，'充满神性'的中世纪造成人性兽化的完善，产生农奴制和初夜权，等等。"③ 不过，恩格斯对卡莱尔的宗教观的批判，是在人本主义唯物主义影响下进行的。他说："人所固有的本质比臆想出来的各种各样的'神'的本质，要美好得多，高尚得多，因为'神'只是人本身的相当模糊和歪曲了的反映。"他告诫卡莱尔"只有彻底克服一切宗教观念，坚决地真诚地复归，不是向'神'，而是向自己本身复归，才能重新获得自己的人性、自己的本质"④。其次，批判了卡莱尔只尚空谈，而不反对资本主义私有制的观点。卡莱尔不满意"竞争"、"供求"和"崇拜玛门"等资本主义私有制的现象，也不承认土地私有制的合理性，但却不反对资本主义私有制本身。因此，恩格斯指责他对英国的社会主义只字不提。因为，"英国的社会主义者纯粹注重实践，因此，他们也提出建议，采取建立国内移民区等类似莫里逊氏丸的措施，他们的哲学是纯英国式的，怀疑论的哲学，就是说，他们不寄希望于理论，并为了实践起到遵循着他们的整套社会观点赖以为基础的唯

---

① 《马克思恩格斯全集》第3卷，人民出版社2002年版，第519页。
② 《马克思恩格斯全集》第3卷，人民出版社2002年版，第520页。
③ 《马克思恩格斯全集》第3卷，人民出版社2002年版，第521页。
④ 《马克思恩格斯全集》第3卷，人民出版社2002年版，第521页。

物主义。这一切都不投合卡莱尔的心意；但是他和这些社会主义者一样，也是片面的"①。这是对卡莱尔的唯心主义观点和维护资产阶级立场的深刻批判；同时，也是对英国社会主义者作了原则的批判。再次，恩格斯在批判卡莱尔的唯心史观的同时，也表明他从原则上批判了包括黑格尔哲学在内的以往一切哲学派别的唯心史观。他说："历史就是我们的一切，我们比其他任何一个先前的哲学学派，甚至比黑格尔，都更重视历史；在黑格尔看来，历史归根结底也只是用来检验逻辑运算问题。"② 这里，恩格斯鲜明地指出黑格尔的历史观是服务于他的绝对观念。黑格尔把历史看作是绝对观念的外化，历史发展的各个不同阶段及其呈现的纷繁的多样性，都是绝对观念的自我运动和展开。他还为了证明绝对观念发展的三段式，把世界历史分为：古代东方社会——希腊、罗马——日耳曼三个主要历史阶段。因此，恩格斯指责黑格尔把历史看作是"检验他的逻辑结构的工具"。再者，还要看到，当恩格斯指出"比任何一个哲学派别都更重视历史"时，自然包括费尔巴哈在内的"哲学学派"。费尔巴哈虽然以人的本质批判神学，但是他所理解的人是自然的人、是感性的存在物，是与社会生活，特别是人的劳动活动无关的。他不理解人不仅是感性的存在，更是感性的活动，不理解人类的生产活动和争取自由的斗争在历史发展中的重大作用。因而，历史是在他的视野之外，更谈不上重视历史了。由此可见，这时的恩格斯比1842年批判谢林哲学的恩格斯，在思想的发展上有了巨大跃进，由当时维护黑格尔的辩证法和费尔巴哈的无神论，发展到批判他们的唯心主义，把人和人的劳动同历史发展联系起来进行考察，这不能不说是他在历史观上的巨大跃进，从而表明恩格斯完全站到了唯物主义的观点和共产主义的立场上了。

由此可见，恩格斯的世界观的形成、发展和转变，经历了曲折的历史过程。在这个过程中积极投入现实实践活动是促使他世界观发展变化的源泉，对社会主义学说的理论研究是促使他世界观发展变化的途径。只有实践活动，没有理论活动，世界观是不会发生较快的跃进和转变的。同时也

---

① 《马克思恩格斯全集》第3卷，人民出版社2002年版，第523页。
② 《马克思恩格斯全集》第3卷，人民出版社2002年版，第520页。

清楚地表明，恩格斯的哲学思想和政治思想的形成和发展的过程，同马克思的思想形成和发展过程相比，虽然存在着差异，但是，在实质上和转变的结果上是完全一致的，根本不存在西方有些学者所谓的"根本对立"。他们得出的马克思和恩格斯"根本对立"的结论，是完全错误的。

第二章　对马克思为创立
新哲学理论探索的阐释

马克思和恩格斯在各自完成了世界观的彻底转变，进行合作之前，他们为了创立新的哲学，曾从不同的途径进行理论探索。马克思在反对德国现实政治制度斗争的基础上，主要是通过研究批判资产阶级政治经济学和黑格尔唯心主义思辨哲学的过程中，提出了一些新的哲学思想和观点。恩格斯则在英国调查工人阶级状况的基础上，通过研究批判资产阶级政治经济学和空想社会主义思想的过程中，提出一些新的哲学思想和观点。这在他们当时各自的著名手稿和著作中反映出来，如马克思的《1844 年经济学哲学手稿》，恩格斯的《英国工人阶级状况》。1845 年 8 月，马克思和恩格斯在巴黎第二次富有历史意义的会见时，共同商定了创立新哲学的斗争任务。当时迫在眉睫的任务，就是批判阻碍无产阶级革命运动的以鲍威尔兄弟为首的青年黑格尔派的思辨唯心主义哲学，其批判的成果，就是他们合作的第一部名著《神圣家族》。接着，他们为了批判德国的"真正社会主义"和黑格尔以后的德国历史唯心主义哲学，以马克思的《关于费尔巴哈的提纲》为要旨，共同撰写了他们生前未能正式出版的《德意志意识形态》这部巨稿。它标志着新哲学原理的系统确立。

一、对《1844 年经济学哲学手稿》的
异化劳动理论的简释

1844 年 2 月，《德法年鉴》第一、二期合刊出版之后，由于反动当局

的迫害而被迫停刊，导致了卢格同马克思的分离。当年 5 月，马克思声明正式与卢格分道扬镳，就全力进行研究工作。当时，需要他研究的课题很多，如黑格尔法哲学等等。在恩格斯的《国民经济学批判大纲》的影响下，马克思认识到只有研究国民经济学，才能认识资本主义经济发展的规律，才能揭示黑格尔哲学各个部分的本质联系。他在《1844 年经济学哲学手稿》的序言中写道："我在《德法年鉴》上曾预告要以黑格尔法哲学批判的形式对法学和国家学进行批判。在加工整理准备付印的时候发现，把仅仅针对思辨的批判同针对不同材料本身的批判混在一起，十分不妥，这样会妨碍阐述，增加理解的困难。此外……由于这个原因，在本著作中谈到的国民经济学同国家、法、道德、市民生活等等的联系，只限于经济学本身专门涉及的这些题目的范围。"① 也就是说，在马克思准备继续深入批判黑格尔法哲学和国家学说时，发现这种"不是针对原本，而是针对副本"的批判，不能解决问题，于是，改变了原先的计划，着手研究经济学，分析资本主义经济关系。这样，马克思就经过了哲学批判，由政治批判转向了经济批判。其结晶就是经后人整理出版的《1844 年经济学哲学手稿》（以下简称《手稿》）。《手稿》的内容是多方面的和丰富的。主要是批判了资产阶级政治经济学；批判了黑格尔的唯心主义哲学；分析研究了空想主义的学说；特别是通过对异化劳动理论和对象化实践问题的阐述，论述了马克思主义哲学理论的一些重要思想，并从异化劳动的分析中逻辑地说明了共产主义必然实现的思想，这是马克思的世界观转变为唯物主义之后，思想认识发展中的一次新的飞跃。

（一）异化劳动理论及其在马克思主义哲学形成中的意义

异化概念作为一个重要的哲学范畴，是从黑格尔哲学中开始的。但这个概念在黑格尔以前早就出现了。德文"异化"（Entfremdung）和"外化"（Entäusserung）都是由英语"alienation"翻译的。"Alienation"这个词在英国经济学里表示货物出卖、转让；在法国社会契约论者的著作中，被用来表示人的原始自由的丧失，人的自然权利的出让给相对立的"一种

---

① 《马克思恩格斯文集》第 1 卷，人民出版社 2009 年版，第 111 页。

权力"（国家或神权）。"异化"这个概念是历史时代的产物，在不同的思想家使用这个概念时，有它特指的含义，很难对它下一个普遍适用的定义。

黑格尔使用异化概念所指的基本含义是：异化是绝对精神向自然和社会的外化（倒退）；异化是思维、精神的对象化和客观化（物化）；异化是人与人之间的不平等。异化概念被黑格尔用作建立哲学体系的杠杆，是描述绝对精神自我发展的环节，因而其异化过程带有很大的虚构性。

费尔巴哈从唯物主义的立场上批判了黑格尔的唯心主义异化观，建立起他的人本主义的异化观。异化概念在费尔巴哈那里，是指人的类本质异化为上帝。他认为，人并不是上帝创造的，上帝是人的自我异化。"为了使上帝富有，人就必须赤贫；为了使上帝成为一切，人就成了无。"①

马克思的"异化劳动"理论，虽然有黑格尔和费尔巴哈关于异化概念的影响，但是，他不是从抽象的精神和自然的人出发，而是在研究经济关系的基础上，从劳动的角度使用异化概念的。马克思在分析研究了古典经济学的劳动价值论和黑格尔的劳动是人的本质的思想之后，指出他们只看到劳动的肯定方面，而没有看到劳动的否定方面。马克思从对劳动的研究出发，分析研究了私有财产的本质、起源和意义，深刻地把握住了问题的实质。"异化劳动"就是批判研究的结果。对于劳动异化的问题，马克思原来计划从劳动者和非劳动者两个方面进行分析研究的，但从《手稿》里看，在他写完从劳动者方面的分析之后，开始从非劳动者分析时中断了。因而，现在只能从劳动者方面说明异化劳动理论的规定。

（1）从劳动者和劳动产品之间的关系看异化劳动

马克思从资本主义社会的一个普遍的经济事实出发，即劳动者生产的财富越多，他的产品的数量越多和价值越大，劳动者就越贫困，劳动者本身就越变为廉价商品。马克思说："物的世界的**增值**同人的世界的**贬值**成正比例。"这个事实表明，"劳动所生产的对象，即劳动的产品，作为一种**异己的存在**物，作为**不依赖**于生产者的**力量**，同劳动相对立。"劳动的产

---

① ［德］路德维希·费尔巴哈：《费尔巴哈哲学著作选集》下卷，荣震华等译，商务印书馆 1984 年版，第 52 页。

品是固定在某个对象中的，物化的劳动，就是劳动的对象化。但是，对象化表现为**对象的丧失**和**被对象奴役**，占有表现为**异化、外化**。因此，马克思说："工人对**自己的劳动产品**的关系就是对一个**异己的**对象的关系。"①

（2）从生产活动本身看异化劳动

异化不仅表现在劳动结果中，异化还表现在劳动生产活动中。在劳动对象的异化中就包含着劳动活动的异化或外化。马克思说："如果工人不是在生产行为本身中使自身异化，那么工人活动的产品怎么会作为相异的东西同工人对立呢？产品不过是活动、生产的总结。"② 马克思描述了劳动活动本身异化的具体表现：首先，劳动对于劳动者来说是外在的，不是属于他自己的，劳动者在劳动中不是肯定自己，而是否定自己，不是自由地发挥自己的体力和智力的活动，而是使自己的肉体和精神受损伤和摧残。其次，劳动不是劳动者的自身需要，而是满足劳动以外的需要的手段。结果，劳动不是劳动者成为人，而是使人降低为动物。

（3）从劳动者同自己"类本质"的关系方面看异化劳动

马克思从劳动产品和劳动活动中的异化关系，推论出工人同自己的"类本质"发生自我异化。"类本质"是费尔巴哈的用语（如类生活、类意识、类存在等等），他用"类"这个概念来表示人的意识和动物意识的区别，他特别强调人是"类"而不是单个的个人，他所说的"类"就是指抽象的人的本性，即"理性、意志、心"。所以，在他那里"类"还是一个抽象的普遍概念。马克思研究人的本质异化，也肯定人是类的存在物，但他不是从"类"这个概念出发研究人的本质，而是在剖析社会经济关系的基础上，认识到人的真正本质是在于劳动活动。认为人的类生活就是有意识的自觉的劳动生产活动，能动地改造对象世界，是人的类存在的特征。

但是，在资本主义私有制的条件下，劳动变成了异化劳动，从人那里剥夺了生产和生活的对象和自然界，从事生产的人就不能再进行发展自身、肯定自身的劳动，人就失去了自己的类生活和类本质。劳动作为类的

① 《马克思恩格斯文集》第 1 卷，人民出版社 2009 年版，第 156—157 页。
② 《马克思恩格斯文集》第 1 卷，人民出版社 2009 年版，第 159 页。

发展的自由的活动，变成为个人单纯维持肉体存在的手段，即各人都为私利、为谋生而活动，人的类本质就变成了与人异类的本质，人的自由的生产活动，变成为非人的动物的活动。

（4）从人与人的关系方面，考察了异化劳动

异化劳动造成人同自己的类本质相异化，这种异化的直接结果就是人同人相异化。因为人同自己类本质相异化，只有通过一个人与其他人的异化关系才能得以表现。在异化劳动的条件下，个人把自己的劳动和他人的劳动以致类的劳动活动，全都仅仅看作是为个人谋生的手段，而不是个人和类本身的需要和目的。个人同类相异化，必须要表现为具体的人与人之间的异化关系。马克思说："当人同自身相对立的时候，他也同他人相对立。凡是适用于人对自己的劳动，对自己的劳动产品和对自身的关系的东西，也都适用于人对他人、对他人的劳动和劳动对象的关系。"① 这里可以说明，马克思当时已开始透过物的关系，看到了人的关系，看到了劳动者和非劳动者之间的对立关系。他在总结对异化劳动的规定时指出："工人生产出一个同劳动疏远的、站在劳动之外的人对这个劳动的关系。工人对劳动的关系，生产出资本家对这个劳动的关系。"②

综上所述，马克思是从人同自然的关系和人同人的关系这两个侧面，剖析了资本主义生产中的内在矛盾。一方面，表明马克思在实际上接触到了劳动者、劳动对象和劳动资料的问题；另一方面，也接触到了所有制、产品占有以及生产过程中人与人之间的关系等问题，并在分析这种关系中，抓住了劳动者和资本家这一基本阶级关系。

马克思对异化劳动从劳动者方面作了考察之后，接着又从非劳动者方面进行考察，并拟出考察的提纲：

"首先必须指出，凡是在工人那里表现为**外化的、异化的活动**的东西，在非工人那里都表现为**外化的、异化的状态**。

其次，工人在生产中的**现实的、实践的态度**，以及他对产品的态度（作为一种内心状态），在同他相对立的非工人那里表现为**理论的态度**。

---

① 《马克思恩格斯文集》第 1 卷，人民出版社 2009 年版，第 163—164 页。
② 《马克思恩格斯文集》第 1 卷，人民出版社 2009 年版，第 166 页。

第三，凡是工人做的对自身不利的事，非工人都对工人做了，但是，非工人做的对工人不利的事，他对自身却不做。"①

在马克思准备进一步考察这三种关系时，手稿就中断了。总之，马克思对异化劳动的研究，为他打开了新世界观的通途。正如他所说："这些论述使至今没有解决的各种矛盾立刻得到阐明。"② 具体地说，异化劳动理论的意义：（1）为正确理解人类历史的发展和打开整个社会历史的奥秘之门，提供了钥匙，从而为建立历史唯物主义开辟了新的途径。（2）为批判资产阶级政治经济学，建立科学的政治经济学准备了条件。（3）为批判各种空想社会主义的理论提供利器。就哲学方面来说：（1）马克思以异化劳动理论彻底批判了包括黑格尔哲学在内的一切唯心主义观点，以现实的人的劳动异化批判了"精神异化"论。（2）马克思以现实的感性活动的人的本质理论，彻底批判了包括费尔巴哈在内的资产阶级抽象人本主义原则，用劳动及其异化来说明人的本质，以及人的本质异化，就完全同费尔巴哈的人本主义对立起来了。由此可见，马克思的异化劳动理论是他走向历史唯物主义的过渡。这个过渡的桥就是对历史辩证法和对象化实践问题的研究探索。

（二）对历史辩证法和实践观的理论探索

马克思的《手稿》的最后一章是专门分析批判黑格尔哲学的。他认为彻底批判黑格尔哲学对当时德国的革命运动有着极大的意义。但是，这个批判任务青年黑格尔派是无法完成的，费尔巴哈也没有完成。所以，马克思在《序言》中说："我认为，本著作的最后一章，即对**黑格尔的辩证法**和整个哲学的剖析，是完全必要的，因为当代**批判的神学家**不仅没有完成这样的工作，甚至还没有认识到它的必要性。"③ 马克思认为，鲍威尔等"神学批判家"的批判宗教的观点，与其说连语言上都和黑格尔的观点完全一样，而毋宁说是在逐字逐句地重复黑格尔的观点。但是，马克思认为，费尔巴哈是唯一对黑格尔辩证法采取严肃的、批判的态度的人，他在

① 《马克思恩格斯文集》第1卷，人民出版社2009年版，第168—169页。
② 《马克思恩格斯文集》第1卷，人民出版社2009年版，第166页。
③ 《马克思恩格斯文集》第1卷，人民出版社2009年版，第112页。

批判黑格尔哲学中是有功绩的：（1）他证明了黑格尔哲学不过是用思维表达、逻辑论证出来的宗教，绝对精神同上帝一样，都是人的本质异化的一种形式。（2）他奠定了真正的唯物主义和真实科学的基础。因为他从物质的感性的人和自然界出发，并把人与人之间的社会关系看作是理论的基本原则。（3）他以人本主义唯物主义同黑格尔的唯心主义辩证法对立起来。马克思还指出，正是在费尔巴哈作出这些功绩的同时，也正是暴露了他的根本弱点，他只是看到人的感性存在，而不理解人的感性活动。他在批判黑格尔的唯心主义的时候，把辩证法也一起抛弃了。① 马克思则不然，他在批判黑格尔的唯心主义哲学中，阐述了黑格尔辩证法的真实意义。

马克思指出，费尔巴哈只认为他自己提出的基于感觉的自身肯定才是真理，并以此同黑格尔的否定之否定所包含的肯定相对立，是很肤浅的。马克思认为，黑格尔的否定之否定是对人类历史运动的"抽象的、逻辑的、思辨的表达"。黑格尔辩证哲学的意义，就在于它对人类的历史发展、人的自我创造，作出了哲学的表达。这是他的伟大功绩。但是，黑格尔为什么要用精神，并借助于抽象精神来表达历史、表达人的自我创造呢？这就是黑格尔哲学的秘密问题。马克思揭开了这个秘密。他指出："黑格尔的《现象学》及其最后成果——辩证法，作为推动原则和创造原则的否定性——的伟大之处首先在于，黑格尔把人的自我产生看做一个过程，把对象化看做非对象化，看做外化和这种外化的扬弃；可见，他抓住了**劳动的**本质，把对象性的人、现实的因而是真正的人理解为他**自己的劳动**的结果。"② 这是马克思所揭示、并抓住的黑格尔哲学最根本的神秘问题，这也是黑格尔本人所不能明白地理解和清楚地表述出来的问题。因此，这是具有重要的理论意义：（1）黑格尔辩证法的主要成果，是作为推动原则和创造原则的否定性的辩证法，即否定之否定。（2）根据否定性的辩证法，把人看作是一个自我创造的过程。因为黑格尔认识了劳动的本质，劳动成为人的本质和人的自我创造的手段。（3）由于黑格尔把人看作是一个自我创造的过程，就表明了人的自我创造的历史活动的意义，就为深刻地理解现

---

① 《马克思恩格斯文集》第 1 卷，人民出版社 2009 年版，第 199—200 页。
② 《马克思恩格斯文集》第 1 卷，人民出版社 2009 年版，第 205 页。

实的人、现实的历史提供了直接的逻辑前提。

马克思指出，由于黑格尔"认识到劳动的本质"，使他在论述中常常会迸发出耀眼的思想火花，作出一些深邃的论断。但是，也由于他所理解的劳动只是抽象的精神劳动，因而他的哲学仍然是神秘的、以精神为本源的。马克思之所以把人的本质的劳动理解为物质的活动，主要是因为马克思立足于对现实经济关系的研究之上。因此，马克思以实际劳动过程的对象化与黑格尔抽象精神劳动过程的对象化相对立，指出，黑格尔把对象化的主体实际的人，唯心主义地说成精神或自我意识；其次，人的实际的对象活动的物质前提，即"实际的自然对象"的存在，被黑格尔予以抹杀了。马克思在揭露和批判黑格尔的对象化思想的唯心主义实质的同时，提出了唯物主义的对象化理论的观点，即关于实践的观点。马克思认为，人的对象化活动绝不是什么"纯粹的活动"，抽象地"建立"对象的"动作"，或纯逻辑的思维活动，而是现实的人对现实的自然界所进行的一种客观存在的能动活动。在这里，马克思所说的客观的活动，客观的能动性，客观的主体性，都是实践的本质特征。由此说明，马克思在当时对实践已经作了唯物辩证法的分析和说明，并以此来描述人的本质和社会存在与发展的基础，从而为创立历史唯物主义原理奠定了良好的开端。

二、对《1844 年经济学哲学手稿》中的认识论问题探释

关于《1844 年经济学哲学手稿》中的认识论问题，属于马克思主义哲学形成时期的哲学问题。对此，是有纷争的。西方马克思主义研究者认为，《手稿》只有马克思的人学问题，否认其中的哲学或认识论问题。国内马克思主义哲学研究者中也有人持否定性观点的。不过，他们是因为如何规定或定义马克思主义哲学而产生的否定性意见。他们认为，把马克思主义哲学称为"辩证唯物主义和历史唯物主义"是不当的，是斯大林的教条主义表现。他们认为，马克思主义哲学是历史唯物主义一元化。我们认

为，马克思主义哲学形成时期不仅有它的认识论，而且也有它的认识论理论体系的框架。恩格斯在总结以认识论为研究中心的欧洲近代哲学中，提出并规定了"哲学基本问题"及其两方面的内容，其中他最为关注的是思维和存在的同一性问题。他说："思维和存在的关系问题还有另一个方面：我们关于我们周围世界的思想对这个世界本身的关系是怎样的？我们的思维能不能认识现实世界？我们能不能在我们关于现实世界的表象和概念中正确地反映现实？"[①] 这里，恩格斯指出了认识论的三大基本问题：（1）要说明我们的认识和认识对象的关系怎样？即阐明主体和客体的关系问题；（2）"思维能不能认识现实世界"，是主体的认识能力的问题；（3）所谓"表象和概念"能不能正确地反映现实问题，是关于如何使思维形式正确反映现实的问题。这三个问题，应该说是对马克思主义认识论基本内容的高度概括和规定，也可以说，是马克思主义认识论理论体系的基础和骨架。

因此，我们研究马克思主义哲学形成时期的认识论问题，除坚持恩格斯关于思维和存在同一性问题的思想，应从马克思和恩格斯探索新哲学的具体认识条件和他们当时的认识水平出发，着眼于他们的理论和实践的关系认真研究，分析出其特殊性问题。为此，仅就其方法论问题提出几点想法，供大家在研读马克思和恩格斯的早期著作时参考。

（一）关于研究马克思早期认识论思想的方法论问题

第一，我们研究马克思早期认识论问题，如同研究整个马克思主义哲学一样，首先要认识到马克思不是为哲学而创立哲学，而是为了回答和阐明时代的要求和无产阶级的历史地位、历史使命，去创立新哲学的。但是，不能因此就认为，马克思没有自己的包括认识论在内的哲学逻辑体系。事实上，马克思早期的理论活动中关于认识论的问题，是十分有系统的。就马克思的著作与手稿来看，从《博士论文》、《黑格尔法哲学批判》手稿，到《1844 年经济学哲学手稿》和《关于费尔巴哈的提纲》，其认识论原理是丰富的和系统的，否认马克思早期思想没有认识论的系统论述是

① 《马克思恩格斯选集》第 4 卷，人民出版社 1995 年版，第 225 页。

不当的。但是，马克思主义哲学形成时期的认识论问题多是通过对宗教、对政治、对哲学等领域的论辩中，特别是对涉及现实社会的发展、无产阶级和劳动人民的生存等问题的批判，而体现出来。或者说，马克思主义哲学形成时期的认识论问题，多是蕴含在对种种问题的批判中。因而，在研究方法上要有其特殊性，即透过马克思的有关著述，进行逻辑的分析与概括，将蕴含其中的认识论问题剥离出来，予以研究和升华，自成体系。

第二，由于马克思主义哲学形成期的哲学理论，多是表现对社会历史的阐述，因而有些研究者就认为，马克思主义哲学就是历史唯物主义一元化。马克思早期哲学形态，确实主要表现为历史唯物主义的理论形态。他的著作也多是对当时的社会政治问题，特别是对德国当时政教合一的政治制度的尖锐批判，以及与青年黑格尔派和格律恩一类的关于共产主义的论辩等有关社会历史发展的问题而写的。所以，在马克思的早期著作中，多是与唯物史观有密切关系的著作。但是，这并不能说明马克思主义哲学是"历史唯物主义一元化"。不过，从这里启示我们研究包括认识论在内的马克思主义哲学的一个重要的方法论问题。

马克思主义哲学的产生和发展，同任何哲学一样都是服务于一个时代的一定政治任务的。对此，黑格尔论述得很透彻。他说："哲学具有公众的即与公众有关的存在，它主要是或者纯粹是为国家服务的。"又进一步说："哲学的任务在于理解**存在**的东西，因为**存在**的东西就是理性。就个人来说，每个人都是他那**时代的产儿**。哲学也是这样，它是**被把握在思想中的它的时代**。妄想一种哲学可以超出它那个时代，这与妄想个人可以跳出他的时代，跳出罗陀斯岛，是同样愚蠢的。"① 马克思主义哲学的产生和发展，完全是服务于论证和阐明无产阶级的历史地位和历史使命的。因而在马克思早期著作中，其理论形态多为与唯物史观方面的思想有密切关系，是很自然的。同时，我还要进一步说明，学习和研究马克思主义哲学，既要自觉地树立科学的世界观和人生观，更要有马克思主义的政治立场和信念，不能是为哲学而哲学，更不能受那种所谓"形而上学迷雾"的

---

① ［德］黑格尔：《法哲学原理》，范扬、张企泰译，商务印书馆1961年版，第8、12页。

误导，去研究所谓理不清的牛角尖中或金字塔上的迷津。这是其一，即哲学的产生和发展是与一定时代和一定时代的政治的需求不可分离的。

其二，研究马克思主义哲学史的学者都认为，马克思主义哲学的产生是哲学发展史中的变革。这一变革的实质和核心是什么关系？却存在着不一致的回答。多数研究者认为，吸取了黑格尔辩证法的"合理内核"和费尔巴哈唯物主义的"基本内核"，而创立了"辩证唯物主义"是其变革的实质。我们认为，这种回答不完全确切。应该说，马克思主义哲学产生的实质和核心问题是创立了历史唯物主义。当时哲学发展的巅峰是黑格尔的辩证法，而唯物主义的巅峰是费尔巴哈的唯物主义。费尔巴哈的唯物主义之所以未能克服黑格尔辩证法的唯心主义性质，就哲学发展来讲，就在于费尔巴哈未能把唯物主义的原则贯彻到底。马克思、恩格斯则特别注意彻底发展和贯彻唯物主义原则。正像列宁指出的："马克思和恩格斯的天才正是在于：他们在很长时期内，在差不多半个世纪里，发展了唯物主义，向前推进了哲学上的一个基本派别。他们不是踏步不前，只重复那些已经解决了的认识论问题，而是把同样的唯物主义彻底地贯彻（而且表明了应当如何贯彻）在社会科学的领域中。"[1] 这里不仅说明了马克思和恩格斯"所特别注意的不是唯物主义认识论，而是唯物主义历史观"[2]，而且指明了马克思主义认识论的形成，如果没有唯物史观的同时形成，就会是不可能的。因此，考察和研究认识论的形成，必须同整个马克思主义哲学的形成过程相结合着去考察和研究。即谓之视角的整体性。

第三，列宁曾明确地指出："辩证法也就是（黑格尔和）马克思主义的认识论：正是问题的这一'方面'（这不是问题的一个'方面'，而是问题的**实质**）普列汉诺夫没有注意到，至于其他的马克思主义者就更不用说了。"[3] 列宁的这个思想对我们有深刻的启迪，它对研究马克思主义哲学形成时期的认识论问题具有重要的方法论意义。从马克思主义哲学产生的历史过程看，黑格尔的唯心主义辩证法及其在历史观中的应用，是马克思

---

① 《列宁选集》第 2 卷，人民出版社 1995 年版，第 227 页。
② 《列宁选集》第 2 卷，人民出版社 1995 年版，第 225 页。
③ 《列宁选集》第 2 卷，人民出版社 1995 年版，第 559 页。

主义哲学产生的直接理论前提。马克思对唯心主义的改造，把唯物主义原则彻底运用于历史观，都是借助黑格尔的辩证方法实现的。因为，"黑格尔哲学的真实意义和革命性质，正是在于它彻底否定了关于人的思维和行动的一切结果具有最终性质的看法"①。他的思维方式不同于其他哲学家的地方，就是他的思维方式有巨大的历史感作基础，他总是同历史的一定联系来处理材料的。因此，恩格斯说："唯物主义历史观及其在现代的无产阶级和资产阶级之间的阶级斗争上的特别应用，只有借助于辩证法才有可能。德国资产阶级的学究们已经把关于德国伟大的哲学家及其创立的辩证法的记忆淹没在一种无聊的折衷主义的泥沼里，这甚至使我们不得不援引现代自然科学来证明辩证法在现实中已得到证实……我们不仅继承了圣西门……而且继承了康德、费希特和黑格尔而感到骄傲。"② 由此说明，研究马克思主义哲学形成时期的认识论，既要同唯物辩证法的形成联系起来，更要同唯物史观的形成联系起来作综合考察。这种整体性原则是研究马克思主义哲学形成时期认识论的一个重要的方法。

（二）关于形成时期认识论的核心问题

第一，研究马克思主义哲学形成时期的认识论，其核心问题仍是科学地揭示主体的本质特征问题。可以说，哲学史上未能科学地解决主体和客体的相互关系的问题，就其思想理论的原因说，在于未能科学地揭示出主体的本质特征。从古希腊哲学关于"人是具有感性外观的自然物"和"人是神灵的产物"的激烈争论起，到中世纪宗教神学对人的完全否定，再到文艺复兴时期人文主义者的人学观，进而到近代自然主义和人本主义的人学观，都没有科学地揭示出作为主体的人的本质特征。

而黑格尔哲学关于人的思想，却接近于科学地揭示其本质特征的逻辑起点。因为黑格尔的辩证法，作为推动原则和创造原则的否定性的伟大之处，首先在于把人的自我产生看作一个过程。"他抓住了劳动的本质，把对象性的人、现实的因而是真正的人理解为他自己的劳动的结果。"③ 从而

① 《马克思恩格斯选集》第 4 卷，人民出版社 1995 年版，第 216 页。
② 《马克思恩格斯选集》第 3 卷，人民出版社 1995 年版，第 691—692 页。
③ 马克思：《1844 年经济学哲学手稿》，人民出版社 2000 年版，第 101 页。

为科学地揭示主体的本质特征，以及解决主体与客体的辩证统一的关系，提供了直接的理论前提和逻辑起点。

第二，马克思揭示和解决主体的本质特征及主体与客体统一的问题，是经历了一个历史过程的，而且这个历史过程又与他的人学观、实践观及批判改造黑格尔唯心主义辩证法的过程交织在一起来的。因此，对马克思的人学观、实践观形成的历程有了大致的了解，就可以清楚地知道关于马克思主义形成时期认识论的核心问题，以及马克思是如何揭示和解决的。

就马克思的人学观形成的历程看：（1）1841年前，马克思在人的本质上同青年黑格尔派的看法是相同的，把人的本质理解为"自我意识"，认为"自我意识"是存在于整个思想史中的动力，马克思并初步考察了"人同环境"、"自我意识"同存在的关系问题。（2）1842年，马克思进入《莱茵报》工作时，虽然还未抛弃人的本质是"自我意识"的观点，但却强调人的本质是"理性自由"。黑格尔关于"人的本质是自由"的观点成为他的主导思想，马克思把人的本质理解为"理性自由"，是《莱茵报》时期的一大特色，也是他当时理解"社会解放"、"人类解放"的理论依据。（3）1843年，马克思退出《莱茵报》，在批判黑格尔的唯心主义国家观时，也开始批判黑格尔的"人的本质是自由"的观点，提出"国家"是人的本质的表现，并运用"抽象的人"和"现实的人"这两个对立的概念批判了黑格尔关于人的本质的唯心主义观点。并同时批判了黑格尔颠倒思维与存在、逻辑与事物的本质关系的错误思想。可以说，马克思在这时把逻辑摆在了它应有的恰当位置上了。马克思指出：当考察具体的现象时，在黑格尔那里具有决定意义的"不是事物本身的逻辑，而是逻辑本身的事物。不是用逻辑来论证国家，而是用国家来论证逻辑"①。"事物本身的逻辑"这一判断表达了马克思的新观点：逻辑能够而且应该是认识现实的工具，而不是创造现实的依据。不要把现实融化进逻辑中，而要把逻辑转化为"现实的对象"。逻辑作为"实在的对象"，就是表现实在主体即现实世界发展的逻辑。后来马克思在成熟时期用这句话表达了这样的

---

① 《马克思恩格斯全集》第1卷，人民出版社1956年版，第263页。

思想："被逻辑理解的世界是实在的现实的世界。"马克思批评"黑格尔不把主观性和人格看作主体的谓语，反而把这些谓语弄成某种独立的东西，然后神秘地把这些谓语变成这些谓语的主体。"① 这正是对主体与谓语的相互关系的二元论错误。（4）1844 年《德法年鉴》和《1844 年经济学哲学手稿》期间，马克思关于人的本质的思想有长足的进展，从《论犹太人问题》开始到《1844 年经济学哲学手稿》均从社会关系对人的本质的规定加以揭示和说明。特别在现实的政治斗争实践和对黑格尔关于"劳动"是人的本质的思想分析批判中，马克思对"人的本质"的理解和对主体的本质特征的揭示，以及关于主体与客体相互关系的阐述，都更接近科学的理解和论述。

就马克思的实践观形成过程看：（1）1841 年是黑格尔的理性实践观。他在《博士论文》中曾说："哲学的实践本身是理论的。正是批判根据本质来衡量个别的存在，根据观念来衡量特殊的现实。"② 这里是把实践作为一种精神活动，并认为活动的主体是少数具有批判能力的理论家。因为实践既是理论的，又是批判的。（2）1842 年，马克思进入《莱茵报》期间，可以说是"政治实践"时期，由于他积极参加现实的政治斗争，在注重理论与实践结合的前提下，他把实践范畴从理论活动推进到政治斗争活动，以及精神活动与物质活动相结合的批判活动的阶段。（3）1844 年《德法年鉴》时期是"批判实践"时期。马克思把实践范畴从理论活动、政治活动推进到群众的"武器批判"的物质活动，把实践的主体由理论家的个人实践推进到群众的、无产阶级的实践，这是马克思关于实践的思想实质的进展。但是，对实践的含义和实践主体的论述，并没有展开，仍是以人本主义的思想倾向作理论基础。（4）《1844 年经济学哲学手稿》表明，马克思关于实践的思想已摆脱了理论批判的束缚，并过渡到"对象化实践"的思想。因而对实践的社会性、实践的物质自然性、实践的主体性和客观性，以及实践的群体性和个体性及其之间的辩证关系，都涉及或予以详细的阐述。再进一步发展就是提出和论证了马克思主义的科学实践观。从马

---

① 《马克思恩格斯全集》第 1 卷，人民出版社 1956 年版，第 272 页。
② 《马克思恩格斯全集》第 1 卷，人民出版社 1995 年第 2 版，第 75 页。

克思的实践观形成的整个历史过程看，在《1844 年经济学哲学手稿》中提出并阐述了"对象化劳动"的问题是科学实践观创立的关键性的重要一环，也是马克思主义认识论建立的根本性的理论前提。因此，对《1844 年经济学哲学手稿》中关于"对象化劳动"的问题，要有简要的系统了解。

第三，《1844 年经济学哲学手稿》中关于"对象化劳动"的几个问题。

欧洲近代哲学从主体和客体的认识关系出发，经康德哲学到黑格尔哲学达到了顶点。主体和客体的认识关系发展到实践关系和存在关系的层面，并从主体和客体的认识关系、实践关系及存在关系三者统一上去思考和解释世界，因而引起哲学世界图景发生了全新的变化：世界既不是单纯直观的对象，即自在存在，也不是认识的客体，现实世界是主体扬弃其对象而达到的主体与客体的统一。这就是说，对世界的解释既不是纯本体论，也不是纯认识论，而是本体论与认识论、主体与客体相统一的辩证观点。人既是内在于世界，又通过世界来表现自己，人与世界的最高的、真正的统一就是如此。因而，有些哲学家不仅把人看作是实践的主体，而且还看作是存在的主体，并力图从本体论的高度予以论证。这是与马克思的思想观点相悖的。

马克思在分析批判黑格尔的《精神现象学》的过程中，认为要探索人类社会的发展规律，揭示人类解放的道路，必须从人类的"对象化劳动"的活动中去寻找。因为人类的"对象化劳动"，就是人类改造自然、改造社会、改造主体能力的劳动活动，通过这种劳动活动，使人的本质在对象中得到确证。只有在这种劳动活动的基础上，才能真正实现主体和客体的统一。

（1）何谓"对象化劳动"？

首先，马克思认为，"对象化劳动"就是"劳动的对象化"，是劳动主体以第一自然为对象，在对第一自然改造的同时，创造了第二自然，即"人化自然"的过程。马克思说："劳动产品是固定在某个对象中的、物化的劳动，这就是劳动的**对象化**。劳动的现实化就是劳动的对象化。""没有**自然界**，没有**感性的外部世界**，工人什么也不能创造。"①

---

① 马克思：《1844 年经济学哲学手稿》，人民出版社 2000 年版，第 52、53 页。

其次，"对象化劳动"不仅以第一自然为对象，而且也以人本身的社会关系为对象进行改造。马克思说："人在实践上和理论上都把类——他自身的类以及其他物的类——当作自己的对象。"① 在对象化劳动中，人与人不仅结成一定的社会关系，而且要消除"劳动异化"，就必须改造"对象化劳动"中的社会关系。马克思说："人对自身的关系只有通过他对他人的关系，才成为对他来说是**对象性**的、**现实**的关系。"②"在实践、现实的世界中，自我异化"的消除，只有"通过对他人的实践的、现实的关系"被消除，才能真正实现自由自觉的劳动。③

再次，"对象化劳动"还以劳动主体为对象并改造劳动主体的能力。相对物质世界而言，人是劳动主体，而物质世界是客体，劳动主体作为被改造的对象来说，又是客体。作为劳动主体的人在改造物质世界中也改造了自身的能力。马克思认为，在资本主义社会中，人的对象化就是异化，人成为非人，人的主体能力是被"强迫和压制之下的活动"，其发展是片面的。只有到了共产主义，人的主体能力才能得到全面的发展。那时"人以一种全面的方式，就是说，作为一个总体的人，占有自己的全面的本质。人对世界的任何一种人的关系……他的个体的一切器官，正像在形式上直接是社会的器官的那些器官一样，是通过自己的**对象性**关系，即通过自己**同对象的关系**而对对象占有，对**人的现实**占有……人的**能动**和人的**受动**，因为按人的方式来理解的受动，是人的一种自我享受"④。

此外，马克思在《1844 年经济学哲学手稿》中还论述了劳动的基本形式，并把工业生产看作第一种基本形式的劳动实践。他指出："工业的历史和工业的已经生成的**对象性**的存在，是一本**打开了的**关于人的**本质力量**的书，是感性地摆在我们面前的人的心理学。"⑤ 马克思还把与工业生产相联系的科学活动看作第二种基本形式的实践。他说："自然科学却通过工业日益在**实践上**进入人的生活，改造人的生活，并为人的解放作准备，

① 马克思：《1844 年经济学哲学手稿》，人民出版社 2000 年版，第 56 页。
② 马克思：《1844 年经济学哲学手稿》，人民出版社 2000 年版，第 60 页。
③ 马克思：《1844 年经济学哲学手稿》，人民出版社 2000 年版，第 60 页。
④ 马克思：《1844 年经济学哲学手稿》，人民出版社 2000 年版，第 85 页。
⑤ 马克思：《1844 年经济学哲学手稿》，人民出版社 2000 年版，第 88 页。

尽管它不得不直接地使非人化充分发展。**工业**是自然界对人，因而也是自然科学对人的**现实**的历史关系。"①

（2）"对象化劳动"的基本特征。

首先，"对象化劳动"是能动地区别于动物的活动。马克思说："通过实践创造**对象世界**，**改造**无机界，人证明自己是有意识的类存在物，就是说是这样一种存在物，它把类看作自己的本质，或者说把自身看作类存在物。""因此，正是在改造对象世界中，人才真正地证明自己是**类存在物**。这种生产是人的能动的类生活。通过这种生产，自然界才表现为他的作品和他的现实。"② 有些动物也生产，但它是本能的，不是有意识的和能动的类生活。马克思从七个方面分析了人的对象化劳动与动物活动的根本区别：动物只生产它自己或它的幼仔所直接需要的东西，而人则还要生产长远需要的东西；动物的生产是片面的，人的生产是全面的；动物只是在直接的肉体需要的支配下生产，而人则甚至不要肉体的需要的影响也进行生产，并且只有不受这种需要的影响才真正地进行生产；动物只生产自身，而人则再生产整个自然界；动物的产品直接属于它的肉体，而人则自由地面对自己的产品；动物只按照它所属的那个物种的尺度和需要来构造，而人懂得按照任何一个种的尺度来进行生产，并且懂得处处都把内在的尺度运用于对象；人能按美的规律来进行生产，而动物则不懂得美。之所以如此，在于动物没有意识，不能把自己的生命和自己的生命活动加以区别，不能把自己和对象区别开来，人则相反。

其次，对象化劳动是客观的感性的物质活动。马克思认为，在对象化劳动中，自然界是客体的感性的物质对象；人的社会关系也是感性的客观的实践对象；作为主体认识和改造对象的客观意识也是客观物质化了的感性的自然界。没有感性的自然界，就不会有工业和自然科学；没有感性的人，就不会有人文科学。马克思说："全部历史是为了使'人'成为**感性**意识的对象和使'人作为人'的需要成为需要而作准备的历史（发展的历史）。历史本身是**自然史**的即自然界生成为人这一过程的一个**现实**部分。

---

① 马克思：《1844 年经济学哲学手稿》，人民出版社 2000 年版，第 89 页。
② 马克思：《1844 年经济学哲学手稿》，人民出版社 2000 年版，第 57、58 页。

自然科学往后将包括关于人的科学，正像关于人的科学包括自然科学一样，这将是一门科学……自然界的**社会**的现实和**人的**自然科学或关于**人的自然科学**，是同一个说法。"①

再次，对象化劳动是社会历史的活动。马克思认为，个人的活动总是社会的劳动活动，没有脱离社会的单个人的活动。"甚至当我从事**科学**之类的活动，即从事一种我只在很少情况下才能同别人进行直接联系的活动的时候，我也是**社会**的，因为我是作为人活动的。"② 在马克思看来，之所以如此，其根本原因，就在于：个人活动所需要的物资材料是社会的；思想家借以活动的语言是社会的，是作为社会的产物给予个人的；个人的生存活动也是社会的。所以，马克思得出结论："因此，我从自身所做出的东西，是我从自身为社会做出的，并且意识到我自己是社会存在物。"③ 马克思又总是把对象化劳动放在社会发展的历史中去研究，着眼于社会实践活动的历史发展和各个历史活动环节的特殊性。他指出，在社会主义的人看来，"**整个所谓世界史**不外是人通过人的劳动而诞生的过程，是自然界对人来说的生成过程，所以关于他通过自身而**诞生**、关于他的**形成**过程，他有直观的、无可辩驳的证明"④。这里说明，人创造世界和自身，不是上帝创造了人和世界。在社会历史的对象化劳动中，人不断地认识自然和社会，不断地改变自然和社会以及自身的能力，才不断地达到自然和社会、主体与客体的统一。

（3）"对象化劳动"中的主体与客体的辩证关系。

在《1844 年经济学哲学手稿》中，马克思考察和论述了主体和客体之间的辩证关系。

首先，马克思认为，客体是主体活动的基础和对象。他说："没有自然界，没有**感性的外部世界**，工人什么也不能创造。它是工人的劳动得以实现、工人的劳动在其中活动、工人的劳动从中生产出和借以生产出自己

---

① 马克思：《1844 年经济学哲学手稿》，人民出版社 2000 年版，第 90 页。
② 马克思：《1844 年经济学哲学手稿》，人民出版社 2000 年版，第 83 页。
③ 马克思：《1844 年经济学哲学手稿》，人民出版社 2000 年版，第 83—84 页。
④ 马克思：《1844 年经济学哲学手稿》，人民出版社 2000 年版，第 92 页。

的产品的材料。"① 这里说明，客体既是主体活动的基础，又是主体活动的对象；客体既是主体活动的内容，又是主体活动内容的内容。同时，还说明了人的生活不能离开自然界所提供的物质生活资料；而人的活动也离不开作为工具和手段的物质生活资料。所以，马克思又说："在实践上，人的普遍性正是表现为这样的普遍性，它把整个自然界——首先作为人的直接的生活资料，其次作为人的生命活动的对象（材料）和工具——变成人的**无机**的身体……"②

其次，客体决定主体意识的产生。马克思认为，自然客体是主体反映的对象，是主体意识的真实内容。他说："从理论领域来说，植物、动物、石头、空气、光等等，一方面作为自然科学的对象，一方面作为艺术的对象，都是人的意识的一部分，是人的精神的无机界，是人必须事先进行加工以便享用和消化的精神食粮。"③ 社会客体和社会意识的关系，也是如此。马克思说："私有财产的运动——生产和消费——是迄今为止全部生产运动的**感性**表现，就是说，是人的实现或人的现实。宗教、家庭、国家、法、道德、科学、艺术等等，都不过是生产的一些特殊的方式，并且受生产的普遍规律的支配……宗教的异化本身只是发生在意识领域、人的内心领域中，而经济的异化是**现实生活**的异化，——因此，对异化的扬弃包括两个方面。"④ 马克思通过自然科学和社会生产两方面的考察与分析，认为"思维和存在虽有**区别**，但同时彼此又处于统一中"⑤。

再次，马克思认为，在"对象化劳动"的过程中，能动的主体虽然不能脱离客体，但主体绝不是被动地适应客体，而是积极主动地反作用于客体、选择客体、改造客体，把人的本质力量对象化。而且根据人的不同需要和主体能力，决定对象化客体的不同性质。马克思说："随着对象性的现实在社会中对人来说到处成为人的本质力量的现实，成为人的现实，因而成为人自己的本质力量的现实，一切**对象**对他来说也就成为他自身的对

---

① 马克思：《1844 年经济学哲学手稿》，人民出版社 2000 年版，第 53 页。
② 马克思：《1844 年经济学哲学手稿》，人民出版社 2000 年版，第 56 页。
③ 马克思：《1844 年经济学哲学手稿》，人民出版社 2000 年版，第 56 页。
④ 马克思：《1844 年经济学哲学手稿》，人民出版社 2000 年版，第 82 页。
⑤ 马克思：《1844 年经济学哲学手稿》，人民出版社 2000 年版，第 84 页。

象化，成为确证和实现他的个性的对象，成为他的对象。"这就是说人的本质力量在对象中得到确证。又说："对象如何对他来说成为他的对象，这取决于**对象的性质**以及与之相适应的**本质力量**的性质……**眼睛**对对象的感觉不同于**耳朵**，眼睛的对象是不同于**耳朵**的对象的。"这是说人的本质力量的性质决定对象之所以成为主体的对象。马克思还说："只有音乐才激起人的音乐感；对于没有音乐感的耳朵来说，最美的音乐毫无意义，不是对象，因为我的对象只能是我的一种本质力量的确证。"① 这是说主体能力决定对象的选择。具有不同主体能力的人，对对象的选择是不相同的。

因此，马克思认为，主体与客体在"对象化劳动"中达到统一，是在一个历史过程中实现的。马克思说："不仅五官感觉，而且连所谓精神感觉、实践感觉（意志、爱等等），一句话，人的感觉、感觉的人性，都是由于**它的**对象的存在，由于**人化**的自然界，才产生出来的。五官感觉的形成是迄今为止全部世界历史的产物。"②

此外，马克思在《1844 年经济学哲学手稿》中，还考察和论述了"对象化劳动"的重要作用和积极的结果，就不作细说了。但是，要认识到马克思关于"对象化劳动"的考察、分析和论述，是马克思创立科学的马克思主义实践观、人学观和认识论的思想理论的基础。

三、论黑格尔哲学与马克思的
人学观的形成

关于马克思的人学观问题，是从 20 世纪 20 年代以来国际学术界争论的一个热门问题。近几年来，国内理论界对马克思的人学观、人道主义和人性等问题，也开展了热烈的讨论。在讨论中涉及的一个重要问题是，关于马克思的人学观形成的思想发展过程，是否经历过一个费尔巴哈抽象人的阶段。有人认为，《1844 年经济学哲学手稿》就是马克思的人学观的费

---

① 马克思：《1844 年经济学哲学手稿》，人民出版社 2000 年版，第 86—87 页。
② 马克思：《1844 年经济学哲学手稿》，人民出版社 2000 年版，第 87 页。

尔巴哈抽象人阶段的表现，其历史观和世界观是属于人道主义的。但在这之后作为马克思主义创立者的马克思，从来没有把人道主义作为历史观和世界观。因此，他们作出结论：马克思主义和人道主义从来就是根本对立的。这种观点和逻辑推论方法，都是难以成立的。不过，却提出了一个必须回答的重要问题。这就是关于马克思的人学观形成的直接理论前提，究竟是来自黑格尔哲学，还是来自费尔巴哈哲学，抑或来自二者的某些思想观点的结合呢？笔者认为，是来自黑格尔哲学。但是，要说明这一点，必须科学地揭示马克思的人学观形成的历史过程。照传统观点看来，从1841年到1845年间，马克思的人学观的形成，其思想发展经历了三个阶段，即1842年4月至1843年3月在《莱茵报》工作期间，是属于黑格尔的理性人的阶段，人的本质是自由；自1844年1月出版《德法年鉴》至当年8月写成《手稿》期间，是属于费尔巴哈的人本主义阶段，人的本质就是人本身；从1845年春写《关于费尔巴哈的提纲》到1846年完成《德意志意识形态》的写作，是马克思主义的人的本质学说的阶段，人的本质"在其现实性上，是一切社会关系的总和"。在这种观点的许多论据中，有一条比较重要的理论根据，即列宁说的："马克思在1844—1847年间离开黑格尔走向费尔巴哈，又超过费尔巴哈走向历史（和辩证）唯物主义。"①列宁的话是对的，但是，它的真实意思是什么，我们必须作正确的理解，不能从字面上去理解。马克思从1842年4月至1843年3月在《莱茵报》时期开始，直至1847年完成批判蒲鲁东思想的著作《哲学的贫困》这短短的几年中，他的思想发展是处在不断进步、不断更新的过程中，就很难说存在一个截然的黑格尔阶段和费尔巴哈阶段。列宁的话是说，马克思在接受了黑格尔哲学之后，经过在政治活动中的反思，在他批判和摆脱黑格尔哲学的影响，向历史唯物主义转变的过程中，费尔巴哈的唯物主义哲学的影响促进了这个转变过程。其深刻含义是说，马克思的世界观只有从唯心主义转到唯物主义之后，才可能走向和创立历史唯物主义。在列宁的话中，看不出有关转变过程的三个阶段的意思。不然，列宁在读了《神圣家

---

① 《列宁全集》第55卷，人民出版社1990年版，第293页。

族》之后为什么又这样说："马克思由黑格尔哲学转向社会主义：这个转变是显著的，——可以看出马克思已经掌握了什么以及他如何转到新的思想领域。"① 列宁这段话比前面引证的一段话，要深刻得多和具体得多。这里所谓"马克思已经掌握了什么以及他如何转到新的思想领域"，就是指马克思已经掌握了黑格尔辩证法的实质，并把它同现实的社会实践相结合，在社会实践的基础上，通过对思辨哲学的批判转到唯物史观这一新的思想领域。由此可见，依据前面列宁的那段话，把马克思关于人和人的本质的思想发展截然分为三个阶段，是不妥当的。这既不符合思想认识发展的一般规律，也不完全符合马克思在这个时期思想发展和变化的实际过程。应该说，马克思的人学观的形成，始终是在批判改造黑格尔哲学的前提下逐步发展起来的。马克思的人学观的日臻完善化的形成过程，是同他对黑格尔哲学认识的深刻性和改造的彻底性紧密相联的。可以说，这二者之间是一种正比例的关系。

本文根据马克思从 1843 年前开始接受黑格尔哲学的影响，到后来对黑格尔哲学的批判改造，直至 1845 年春彻底批判费尔巴哈哲学期间，有关于人和人的本质的重要论述和思想发展，提出三个问题略作分析，以说明马克思的人学观的形成过程始终是处于黑格尔哲学的积极影响下逐步形成的，马克思的人学观的直接理论前提是黑格尔关于劳动是人的本质的思想和辩证法的"自我创造"的能动性原则，而不是费尔巴哈的人本主义哲学。这三个问题是：（1）在人的本质问题上，马克思从 1843 年开始批判黑格尔法哲学时，就同费尔巴哈的观点有重大区别；（2）马克思在《手稿》中关于人的本质的思想和论述，受黑格尔哲学的影响是根本的和深刻的，受费尔巴哈人本主义哲学的影响是形式上的和词句上的；（3）1845年春，马克思在《关于费尔巴哈的提纲》中，对费尔巴哈人本主义哲学的彻底批判不是偶然的，是他们的思想观点长期分歧的必然结果。

（一）

在 1841 年前，马克思在人的本质观上同青年黑格尔派的看法是相同

① 《列宁全集》第 55 卷，人民出版社 1990 年版，第 6 页。

的，把人的本质理解为"自我意识"，认为"自我意识"是存在于整个世界史中的动力。但由于马克思把哲学上对宗教的批判，同政治上反对封建专制主义的斗争结合起来，不像青年黑格尔派那样轻视实践，回避政治，把对宗教的批判局限于哲学的范围。因而就使得马克思对于人同环境、"自我意识"同存在的关系的理解，远远超过了青年黑格尔派。他从黑格尔的定在的自由这个思想出发，提出了人只有结成一定关系才有可能终止其自然存在的思想。他说："一个人，只有当同他发生关系的另一个人不是一个不同于他的存在，而他本身，即使还不是精神，也是一个个别的人时，这个人才不再是自然的产物。但是要使作为人的人成为他自己的唯一真实的客体，他就必须在他自身中打破他的相对的定在，欲望的力量和纯粹自然的力量。"① 这段论述虽然有些黑格尔哲学的思辨色彩，但他强调了人不只是自然的产物；同时，还表明其思想深处埋藏着从人的现实关系考察人的本质的科学思想的芽床。当然，这种思想苗头是同他立志为人类谋幸福和探寻社会进步的思想有密切关系。

马克思大学毕业后，1842 年进入《莱茵报》社工作，他虽然还未抛弃人的本质是"自我意识"的观点，但他在这时却强调人的本质是"理性和自由"。黑格尔关于"人的本质是自由"的思想成为他的主导观点。他通过在《莱茵报》上发表的辩论文章，反复论证"人类本性的普遍自由"，认为"普遍理性"和"普遍自由"，就是人类的一般本质。他再三论证："自由确实是人所固有的东西，连自由的反对者在反对实现自由的同时也实现着自由"；"自由向来就是存在的，不过有时表现为特权，有时表现为普遍权利而已"；"自由是全部精神存在的类本质"；"哪里的法律成为真正的法律，即实现了自由，哪里的法律就真正地实现了人的自由"②。马克思把人的本质理解为"理性和自由"，这既是他在《莱茵报》社会活动时期的理论特色，也是他当时理解"社会解放"和"人类解放"的理论依据。所以说，当时马克思的人学观和历史观是唯心主义的。

1843 年春，《莱茵报》被查封之后，马克思在批判黑格尔的唯心主义

---

① 《马克思恩格斯全集》第 40 卷，人民出版社 1982 年版，第 216 页。

② 《马克思恩格斯全集》第 1 卷，人民出版社 1956 年版，第 63、67、72 页。

国家观时，也开始批判"人的本质是自由"的观点，提出了"国家"是人的本质表现，并运用"抽象的人"和"现实的人"这两个概念来批判黑格尔关于人的观点的思辨性。马克思在 1843 年写的《黑格尔法哲学批判》中说："黑格尔却不把社会团体、家庭等一般的法人理解为现实的经验的人的实现，而是理解为本身只抽象地包含着人格因素的现实的人。正因为这样，在黑格尔那里才不是从现实的人引伸出国家，反倒是必须从国家引伸出现实的人。因此，黑格尔不去表明国家是人格的最高现实，是人的最高的社会现实，反而把单一的经验的人、经验的人格推崇为国家的最高现实。"① 这里，表明了马克思从社会的角度和具有唯物主义思想倾向的角度，批判了黑格尔把现实的人同表现现实人的本质关系的社会形式国家倒置了。把现实的人看做是体现理性精神的国家的产物，即现实的人是"国家的最高现实"。马克思认为，应该把家庭、市民社会、国家等等"人的存在的这些社会形式看做人的本质的实现，看做人的本质的客观化，那么家庭等等就是主体内部所固有的质"②。就是说，家庭、市民社会和国家等等是人的本质的现实存在形式，是人的本质关系的表现。马克思的这个思想比他在这之前关于人的本质是"理性和自由"的思想前进了一步，是向着现实的和唯物主义的方向走了一步；同时，也是他在这之后提出人的本质"在其现实性上，是一切社会关系总和"的科学思想胚芽。马克思的这个进步，除了他在《莱茵报》社工作期间的政治活动的实践经验之外，主要是他把黑格尔辩证法的能动原则彻底应用于社会现实的必然结果。有些文章说，马克思在《黑格尔法哲学批判》中对黑格尔关于人的本质的思想批判，是直接运用了费尔巴哈的人本主义原则，不是黑格尔辩证法的彻底应用。他们还引证马克思关于"男性和女性构成同一个类、同一种本质——人的本质"③ 的话为佐证。这种看法值得商榷。我们认为，在当时，马克思对黑格尔关于人的本质思想的批判，虽然表现出费尔巴哈的人本主义原则的思想影响，但其主要的批判力是来自黑格尔哲学自身，即

---

① 《马克思恩格斯全集》第 1 卷，人民出版社 1956 年版，第 292 页。
② 《马克思恩格斯全集》第 1 卷，人民出版社 1956 年版，第 293 页。
③ 《马克思恩格斯全集》第 1 卷，人民出版社 1956 年版，第 355 页。

彻底贯彻和应用了黑格尔的辩证法。这是克服黑格尔哲学唯心主义和思辨性的锐利武器，而费尔巴哈的人本主义原则是软弱无力的。马克思在批判黑格尔哲学中，虽然使用了费尔巴哈讲过的"男性和女性"一类的词句，但是，马克思使用这些词句的思想基础是和费尔巴哈不相同的。费尔巴哈是在人本主义的思想基础上，从纯自然人的角度，按照"爱"、"情感"、"理智"的原则去说明"男性和女性"之间的自然联系。马克思是在真正辩证法的思想基础上，依照"男性和女性"之间的本质差别构成真正对立统一的辩证关系，去批判黑格尔在社会政治领域中不彻底贯彻辩证法，采取调和、折中的手法，把任何差别都看作是能够构成矛盾对立的观点。所以，马克思指出黑格尔把推论的两个环节，即"经验单一性"（君主权）和"经验普遍性"（市民社会）看作是真正的对立面，是错误的。马克思认为，君主权和市民社会的差别不是真正的辩证统一的对立面，而是调和与折中的对立面。并指出不是任何差别都能构成矛盾的对立，真正的矛盾对立一定是本质上的差别和对立；这种对立是不能以调和与折中的方法去解决，矛盾对立的解决或克服只能是对立双方的转化。因此，马克思说："黑格尔却把推论的两个环节，即普遍性和单一性，看作真正的对立面，这就正好表现出他的逻辑中的基本的二元论。"① 由此可见，马克思使用"男性和女性"等词句的思想内容是费尔巴哈所没有的。马克思对黑格尔论证君主主权与市民社会的关系所采取的调和与折中的方法进行批判，只能借助并彻底贯彻黑格尔的辩证方法，而不是费尔巴哈的人本主义原则及其形而上学的方法。因此，我们的结论是，马克思在这个时期，对黑格尔的法哲学和人的本质思想的批判，其批判力的基础和根蒂，深藏在马克思的社会政治活动的实践中，批判力的理论和方法是借助了和彻底应用了黑格尔辩证法的真实思想。费尔巴哈的人本主义哲学的思想影响，是次的和词句上的。否则，就难以解释当时马克思和费尔巴哈在考察和分析说明人的本质问题上的重大区别：

第一，在当时，马克思比费尔巴哈更加深刻地理解宗教的政治作用和

① 《马克思恩格斯全集》第 1 卷，人民出版社 1956 年版，第 355 页。

社会本质。他要求"更多地联系着对政治状况的批判来批判宗教，而不是联系着对宗教的批判来批判政治状况"。因为"宗教本身是没有内容的，它的根源不是在天上，而是在人间，随着以宗教为**理论**的被歪曲了的现实的消灭，宗教也将自行消灭"①。费尔巴哈仅仅着眼于宗教作纯哲学的批判，只是致力于从黑格尔的抽象王国回到人的现实感性世界。对人的本质的考察和理解没有超出自然主义的宗教人本主义的思想，把一切归之于自然。马克思则自觉地超出宗教批判的范畴，要求从黑格尔的思辨王国回到市民社会，致力于考察现实的政治问题。

第二，马克思在批判黑格尔的唯心主义国家观的过程中，从人与国家和法的社会政治关系中考察说明人的本质，强调家庭、市民社会和国家等社会形式是人的本质的表现，是人的本质现实存在。他说："国家的职能和活动是和个人有联系的（国家只有通过个人才能发生作用），但不是和**肉体**的个人发生联系，而是和**国家**的个人发生联系，它们是和个人的**国家特质**发生联系。"并说黑格尔"忘记了'特殊的人格'的本质不是人的胡子、血液、抽象的肉体的本性，而是人的**社会特质**，而国家的职能等等只不过是人的社会特质的存在和活动的方式。因此很明显，个人既然是国家职能和权力的承担者，那就应该按照他们的**社会特质**，而不应该按照他们的私人特质来考察他们"②。马克思的这段话，从形式上和字面上看是借助了人本主义原则，从个人的特质去说明国家的职能和权力。但是，马克思的这些话不是从人本主义的角度说的，而是从社会关系的角度说的，这里的个人也不是人本主义意义上的个人，而是处于现实的社会政治关系中的个人。马克思对人的这种理解和说明，远远超越了费尔巴哈仅仅从人与自然的关系上理解和说明人的思想。

第三，马克思在考察和说明人的本质所采用的方法，不同于费尔巴哈从单个人自身去说明人的本质的直观方法，而是借助并彻底应用了黑格尔的辩证方法，即从事物的规定性中说明事物本质的方法。不是从人自身说明人的本质，而是从规定人的本质的关系中，即从人所处的社会政治关系

① 《马克思恩格斯全集》第 27 卷，人民出版社 1972 年版，第 436 页。
② 《马克思恩格斯全集》第 1 卷，人民出版社 1956 年版，第 270 页。

中说明人的"社会特质"和"私人特质"。当然，马克思这时所说的社会的人同他以后所说的社会的人，其含义是不完全相同的。但却说明了借助辩证方法去考察和说明人的本质，可以通向现实的、具体的人的结论；依据直观方法，只能是抽象人的结论。固然，按照旧唯物主义直观的感觉主义也能引出人的社会性的观点，但这种社会性不过是从生物性引申出来的。如费尔巴哈那样，从自然（生物性）人直接引出了"人性爱"的观点，不可能是真正的、具体的人的社会性。

上述事实表明，马克思的人学观的最初形成，就处于黑格尔哲学特别是黑格尔哲学的辩证法的直接影响之下，不是费尔巴哈的人本主义哲学。因为，马克思立志为人类谋幸福，致力于改造社会政治的实践活动，决定了他不能走抽象人的道路。黑格尔哲学是富有历史感的哲学，特别是他的辩证历史观，对马克思来说是有许多养料可以吸取的。因此，马克思在批判黑格尔法哲学的过程，向着现实的、唯物主义方向前进是合乎逻辑的。

（二）

1844 年春出版《德法年鉴》到当年秋写作《手稿》之际，能否说马克思的人学观是属于费尔巴哈的人本主义哲学阶段呢？不能这样说。在这一期间，马克思一方面在巴黎直接参加了工人运动，加强了同工人秘密团体的联系，从法国工人阶级反对资产阶级运动的实践中，看到了工人阶级是实现人类解放的政治力量，从而促使他深入思考人类解放的本质问题。另一方面，由于在理论上对资本主义经济制度和对古典政治经济学的研究，马克思对人的本质问题又有进一步的具体认识。发表在《德法年鉴》上的两篇文章：《论犹太人的问题》和《〈黑格尔法哲学批判〉导言》中，对人和人的本质问题的理解，一方面表现出费尔巴哈的人本主义的影响，使用了费尔巴哈的人本主义哲学的中心范畴"类"、"类本质"；另一方面，在具体地说明人和人的本质问题上，也明显地表现出同费尔巴哈的见解有着重大区别。特别是马克思借助"类"、"类本质"这些人本主义的中心范畴，得出了超出费尔巴哈的政治结论。有人不同意这种分析，他们认为，马克思在《〈黑格尔法哲学批判〉导言》中关于人的本质的思想，属于费尔巴哈的人本主义观点。他们引证该书中关于"人的根本就是人本身"，"德国唯一实际可能的解放是以宣布人是人的最高本质这个理论为立足点的解放"① 等论述作论据。这种看法是难以令人信服的。

　　我们认为，当时，马克思和费尔巴哈对"人的根本就是人本身"、"人是人的最高本质"的理解以及他们使用这些命题的思想目的是不相同的。马克思在黑格尔的理性原则和精神自我运动的思想原则影响下，在批判现实的社会政治制度的基础上，使用这些命题是为了说明无产阶级和其他劳动者处于德国现存制度下不被当作人看待的状况；其目的是用以证明推翻德国现存社会制度是合乎人性的，是符合人的本质的要求的。因此，马克思指出，在德国进行"人的高度革命"，首要任务是要制定出能够掌握群众，为群众所信服的彻底的理论，即能够抓住事物的根本的理论。"但人的根本就是人本身。"他说："德国理论的彻底性从而其实践能力的明证就是：德国理论是从坚决**积极**废除宗教出发的。对宗教的批判最后归结为**人是人的最高本质**这样一个学说，从而也归结为这样的**绝对命令**：必须推翻那些使人成为被侮辱、被奴役、被遗弃和被蔑视的东西的**一切关系**。"② 这里表明，马克思并不是在人本主义的意义上说"人的根本就是人本身"、"人是**人的最高本质**"。而是从规定人的社会关系的角度讲这些话的。在马克思看来，人作为人来说，首先是能够生活在不受奴役、不受压迫、不被歧视和污辱而被当作人对待的国家、社会中，可是，生活在德国现存制度下的劳动者，是不被当作人对待的，劳动者丧失了他作为人的本质。因为，"人不是抽象的蛰居于世界以外的存在物。人就是**人的世界**，就是国家，社会"③。因此，马克思认为，新理论的彻底性，就在于它主张：要恢复人的本质，就必须推翻那些使人的本质自我异化的一切关系，就必须在德国进行彻底消灭私有制的革命。马克思的这些思想和论述，是为人本主义的原则所不能容的。它不仅突破了费尔巴哈的宗教批判的狭隘圈子，而且摒弃了抽象人的观点。费尔巴哈却相反，他在人本主义的思想原则指导下，从批判宗教中得出了"人是人的最高本质"的结论。他认为，上帝是

---

① 《马克思恩格斯选集》第 1 卷，人民出版社 1995 年版，第 16 页。
② 《马克思恩格斯选集》第 1 卷，人民出版社 1995 年版，第 9—10 页。
③ 《马克思恩格斯选集》第 1 卷，人民出版社 1995 年版，第 1 页。

人的本质异化，人的最高本质不是异化出来的上帝，人的最高本质就是人本身。因此，他要求废除神的权威，确立人的权威，把人从宗教的奴役下彻底解放出来。至此为止，费尔巴哈根本未涉及现实的社会政治领域。所以说，认为 1844 年初出版《德法年鉴》到当年秋写作《手稿》期间，马克思的人学观属于费尔巴哈的人本主义阶段的看法，是不能成立的。

有的人认为，马克思在《手稿》中，关于人的本质的思想，以及以人的本质的异化和复归来论证共产主义的说明，完全是属于费尔巴哈的人本主义影响。这种看法是不妥当的，至少是把问题简单化了。我们认为，马克思在《手稿》中，关于劳动是人的本质、人的本质异化表现为异化劳动，以及对异化劳动所作的规定和分析，还有贯彻其中的分析和说明的方法论原则，都十分清楚地表明黑格尔哲学的思想影响是根本的和深刻的。可以说黑格尔哲学既影响着马克思关于人的本质内容的揭示；又为马克思揭示人的本质问题提供了方法论原则。马克思写道："黑格尔的《现象学》（即《精神现象学》——引者注）及其最后成果——辩证法，作为推动原则和创造原则的否定性——的伟大之处首先在于，黑格尔把人的自我产生看作一个过程，把对象化看作非对象化，看作外化和这种外化的扬弃；可见，他抓住了劳动的本质，把对象性的人、现实的因而是真正的人理解为他**自己的劳动**的结果。"① 这表明，由于马克思深入研究了资本主义私有制及其发生的各种经济关系，他能够唯物主义地理解黑格尔的哲学。他首先既肯定和吸取了黑格尔"把劳动看作人的本质，看作人的自我确证的本质"的思想，同时也指出他只看到劳动的积极方面的片面性，和"惟一知道并承认的劳动是**抽象的精神**的劳动"② 这种局限性。但是，黑格尔称颂劳动思想是非常可贵的，它具有导向接近现实、接近唯物主义的意义。其次，马克思揭示出了"否定性的辩证法"的伟大，就在于它要求"在人的自我创造历史的过程中把握人的本质"，即所谓"现实的真正的人理解为他自己的劳动的结果"。可以说，这些思想是马克思在《手稿》中，以真正的人的劳动去批判非人的异化劳动的思想理论基础。这从马克

---

① 马克思：《1844 年经济学哲学手稿》，人民出版社 2000 年版，第 101 页。
② 马克思：《1844 年经济学哲学手稿》，人民出版社 2000 年版，第 101 页。

思对真正的人类劳动的分析和规定中可以清楚地表现出来。一方面，马克思从人和自然界的关系来研究规定人类劳动，提出劳动是人类改造世界的对象性活动，即劳动者把自己的创造能力对象化到某一产品上的过程。人作为有生命的自然存在物，具有生命力和能动的创造力。人通过劳动创造对象，就是自己的本质力量的体现，是自己的生命力表现的对象。人的"**对象性**的产物仅仅证实了它的**对象性**活动，证实了它的活动是对象性的自然存在物的活动"①。人的对象性不是直接呈现出来的自然对象，而是经过人的劳动改造过的对象。人在通过劳动改造外部世界的同时，使自己的本质力量在劳动对象的变化中体现出来，即"本质力量的对象化"。在这个过程中，人自身也得到了改造和发展。另一方面，马克思从人和动物的区别上来研究和规定人类的劳动。提出劳动是人的自由自觉的创造性活动，这与黑格尔的关于人都具有独立自主性的思想有关。人的劳动与动物的生命活动有根本的区别。首先，人的劳动是有意识的。"动物不把自己同自己的生命活动区别开来。它就是**自己的生命活动**。人则使自己的生命活动本身变成自己的意志的和自己意识的对象。他具有有意识的生命活动……有意识的生命活动把人同动物的生命活动直接区别开来。正是由于这一点，人才是类存在物。"② 其次，人的劳动有着自己的尺度。动物的活动"只是按照它所属的那个种的尺度和需要来构造，而人懂得按照任何一个种的尺度来进行生产，并且懂得处处都把内在的尺度运用于对象；因此，人也按照美的规律来构造"③。马克思的这些思想和论述，在某种意义上说，是对黑格尔的关于人的"自由意志"或"主体性"思想的改造、引申和具体化、科学化。黑格尔认为，人都具有"自由意志"或"主体性"，这是人之所以为人的一个特点，动物没有这个特点。他认为，否认人的"自由意志"或"主体性"，就是否认人的独特意义和人的价值。

由此可见，马克思在《手稿》中关于人的本质、人的本质异化表现为异化劳动，以及对异化劳动和人类劳动的分析和规定，是深受黑格尔哲学

---

① 马克思：《1844年经济学哲学手稿》，人民出版社2000年版，第105页。
② 马克思：《1844年经济学哲学手稿》，人民出版社2000年版，第57页。
③ 马克思：《1844年经济学哲学手稿》，人民出版社2000年版，第58页。

的思想影响的。正是在黑格尔哲学的影响下，在现实的、唯物主义的基础上揭示了劳动是人的本质，劳动是人的对象性的创造性的活动，以及人类劳动的某些重要特征，为走向历史唯物主义奠定了基础和科学的出发点。但同时也表明，正是黑格尔哲学的思想影响，使得马克思对人类劳动的理解和规定未达到完全科学的水平。尽管如此，却不能说，由于马克思在《手稿》中使用了"类本质"、"类存在"等人本主义的范畴，就说他关于人的本质、人的本质异化等等思想，全是受费尔巴哈哲学的影响，说《手稿》是马克思的人学观的费尔巴哈抽象人阶段的表现。我们认为，马克思在《手稿》中使用"类本质"、"类存在"等范畴要说明的问题，以及对这些范畴内涵的理解，同费尔巴哈都是有重大区别的：

第一，马克思是在分析无产阶级处于资本主义经济制度的剥削关系的基础上，从人对自然和人对社会这两个方面的能动的改造的关系上，用"类本质"、"类存在"等范畴来说明劳动是人的本质，人的本质力量只有作"类存在"才是现实的、客观的活动，人的本质异化表现为异化劳动。而费尔巴哈使用这些范畴，一向是从人和自然的"直接同一"这一个方面去说明人是自然的一部分，人不是神创造的。仅此而已，没有更深刻的内容。而且他的方法也是形而上学的。

第二，费尔巴哈所说的有血有肉的现实的人，是从生物学意义上讲的。因此，他所说的现实的人仍然是抽象的人，是感性的存在。马克思所说的人和人的本质异化，是处于现实社会关系中的人，是在从事劳动活动中的人。正因为是在劳动活动中的人，所以才有异化劳动。因此，马克思强调的人是感性的活动，是在一定社会历史条件下从事着与自然和社会发生积极关系而活动中的人，不是生物学意义上的自然人。

第三，费尔巴哈在从批判宗教中揭示出人是人的本质之后，把人的本质归结为"爱"、"情感"、"理智"等自然联系，主张建立起"爱的宗教"。马克思在揭示出劳动是人的本质之后，归结为现实的社会关系中的共产主义实践活动：通过这种活动消灭异化劳动的经济根源，即消灭资本主义私有制，使"人的本质复归"，建立起共产主义社会。从以上三点粗略的分析中，已十分清楚地说明，马克思在《手稿》中使用"类本质"、

"类存在"来揭示人和人的本质问题，同费尔巴哈使用这些范畴说明人和人的本质问题，是多么的不同。马克思使用这些范畴说明的问题是深刻的，方法是辩证的；费尔巴哈运用这些范畴说明的问题是肤浅的，方法是形而上学的。

（三）

马克思和恩格斯在 1844 年 11 月写成的《神圣家族》是唯物史观形成的一个重要环节，也是马克思的人学观形成中向着科学化发展的一个重要环节。马克思在《神圣家族》中，对费尔巴哈的高度评价和热情赞扬，仅仅在于费尔巴哈以人本主义的原则对鲍威尔兄弟的自我意识的批判，并非其他。马克思在批判鲍威尔等青年黑格尔派的自我意识的过程中，同时也推进了他在《手稿》中关于人的本质的思想观点，进一步发展了"劳动是人的本质"这个思想。他指出工人所具有的要求变革现实社会制度的革命性，是在他们所从事的生产劳动形成的，并进一步得出"历史是人民群众的事业"这一历史唯物主义的结论。他和恩格斯一致认为："**历史什么事情**也没有做，它'**并不拥有任何**无穷尽的**丰富性**'，它并'**没有在任何战斗中作战**'！创造这一切、拥有这一切并为这一切而斗争的，不是'**历史**'，而正是**人**，现实的、活生生的人。'**历史**'并不是把人当做达到自己目的的工具来利用的某种特殊的人格。历史**不过是**追求着自己目的的人的活动而已。"① 这里，不只是远远超越了费尔巴哈的没有历史的抽象人的观点，也把黑格尔的历史主体的抽象精神，改造为现实的、活生生的人。历史是人的活动的历史，不是绝对精神的自我运动。马克思基于这种思想认识，于 1845 年春拟定了批判费尔巴哈人本主义哲学的提纲，即《关于费尔巴哈的提纲》。在彻底批判费尔巴哈的人本主义哲学的过程中，提出了"人的本质并不是单个人所固有的抽象物。在其现实性上，它是一切社会关系的总和"这一科学说明。这既是马克思继承和发展黑格尔关于劳动是人的本质的思想，实际应用"自我创造"的辩证法能动原则的必然结论；也是马克思同费尔巴哈关于人和人的本质问题长期分歧发展的必然逻

---

① 《马克思恩格斯全集》第 2 卷，人民出版社 1965 年版，第 118—119 页。

辑。如果把马克思的人学观的形成过程，分为属于黑格尔哲学和费尔巴哈哲学两个截然不同的历史阶段，就会把《关于费尔巴哈的提纲》的创作看作是没有思想前提的偶然产物。如果把马克思在《手稿》中关于人和人的本质的思想，完全归之于费尔巴哈的人本主义的影响，那么，时隔数月，在《关于费尔巴哈的提纲》中就彻底批判费尔巴哈的人本主义哲学，这岂不是说马克思对待费尔巴哈哲学态度的转变是突然的吗？这种看法，既不符合人类思想认识发展的一般规律性，也不符合马克思的思想认识发展的真实情况。

马克思在拟定了《关于费尔巴哈的提纲》之后，接着就同恩格斯合作写了批判黑格尔哲学以后的德国唯心主义哲学，其中对费尔巴哈的人本主义的唯心主义历史观作了彻底的批判，剖析了他的直观唯物主义的形而上学方法。他指出，费尔巴哈把人的肉体存在看作是规定人的本质的基础，是直观唯物主义的自然主义观点。把人看作如同动物植物那样的一般自然存在物，不把人看作是社会存在物；把"性爱"、"理智"等人类共同的生理现象，看作是人的本质，不了解人的共同性就是人的社会性。脱离开一定的社会历史条件，脱离了人类物质生活资料的生产活动，谈论人的共同性，只能是生物学意义的共同性，不是真正的人的共同性。脱离了社会历史的人，就不是现实中真正存在的、有个性的具体的人。由于费尔巴哈坚持人是一般自然存在物的观点，他就不能了解人周围的自然界是在不断地被人的劳动活动改造着的，并在改造自然界的同时也改造着人自身。因此，他只能认识到人是感性存在的自然存在物，不知人更是感性活动着的社会存在物。把人这个感性存在和感性活动相统一的关系分割开来，是直观唯物主义的形而上学的必然逻辑，以"感性直观"的形而上学方法去考察和说明人和人的本质，必然导向历史唯心主义的抽象人的观点。所以，马克思指出："费尔巴哈设定的是'一般人'，而不是'现实的历史的人'……他没有看到，他周围的感性世界决不是某种开天辟地以来就直接存在的、始终如一的东西，而是工业和社会状况的产物，是历史的产物，是世世代代活动的结果……甚至连最简单的'感性确定性'的对象也只是由于社会发展、由于工业和商业往来才提供给他的……**樱桃树**和几乎所有的果树一样……只是**由于**一定的社会在一定时期的这种活动才为费尔巴哈的'感性确定性'所感知。"①

马克思在批判费尔巴哈的人本主义哲学的过程中，使自己的人学观完善化和科学化。他认为，不能从人自身去说明人的本质，要从分析规定人自身的各种社会关系中揭示人的本质。因为社会历史并不是一般的自然存在，而是人们物质生活资料的生产活动；人也不是一般的自然存在物，人既是物质资料和生活资料的生产活动的结果，也是物质资料和生活资料的生产活动的主体。或者说，人既是社会历史的产物，又是社会历史的创造者。要研究和说明人和人的本质，必须以物质生活的生产条件为基础，从社会历史发展的客观性、历史性和人类生产活动的辩证关系中去研究和说明。由此可见，要科学地揭示和说明人的本质，必须应用"自我创造"能动的辩证方法，不能采用感性直观的方法。因为，正如马克思说的，人的本质既不是从天上掉下来的神秘的东西，也不是什么单个人所固有的抽象物。在其现实性上，它是一切社会关系的总和。人的本质既是在人的现实社会关系中形成的，又表现在现实的社会关系中。一定的社会生产方式，不仅是决定个人肉体存在和社会再生产的基础，而且也是决定人们活动方式的基础。因此，人是什么样的，这同他们的生产是一致的，既和他们生产什么一致，又和他们怎样生产一致。因而，个人是什么样的，这取决于他进行生产的物质条件。而任何一种社会生产都是社会性的，所以，从事生产活动的人也只能是社会的人，脱离社会而单独存在的个人是不会存在的。

马克思还认为，社会物质生产活动的发展，以及人类自身的发展，是由人们的衣、食、住以及其他东西的需要引起的。在"已经得到满足的第一个需要本身、满足需要的活动和已经获得的为满足需要用的工具又引起新的需要。而这种新的需要的产生是第一个历史活动"②。马克思所说的需要，不是人的纯生理的自然性需要，而是人的社会性的需要。他认为，把人的衣、食、住、性行为看作是纯生理的自然性的需求，并把这种"自然

---

① 《马克思恩格斯选集》第 1 卷，人民出版社 1995 年版，第 75—76 页。
② 《马克思恩格斯选集》第 1 卷，人民出版社 1995 年版，第 79 页。

性"的需求看作是推动人们的生产活动和社会发展的动力的观点，是错误的。他指出，脱离开社会关系，人的自然属性就会变成动物的机能。他说："吃、喝、生殖等等，固然也是真正的人的机能。但是，如果加以抽象，使这些机能脱离人的其他活动领域并成为最后的和惟一的终极目的，那它们就是动物的机能。"① 就是说，把吃、喝、性行为等等"自然属性"看作是纯生理的需要，看作是人的本质属性，就不能把人和动物区别开来，更不能说明，不同历史时期的人为什么有不同的思想欲望和不同的生活方式。只有把"自然属性"放在一定的社会关系中考察，才能得到科学的说明。因为人的自然属性也是社会历史的产物，是随着社会生产的发展而不断变化着的。人们的吃、穿、住等等自然需求，是由人们的物质生活资料的生产及其发展水平决定的，不是纯生理上的需求。

综上所述，可以作出如下结论：

第一，马克思的人学观的形成、发展和科学化、完善化的过程，是同他对黑格尔哲学的批判、改造和继承的深刻性的发展程度是一致的。马克思的科学人学观的直接思想前提，是黑格尔关于劳动是人的本质、人的"主体性"、"自由意志"以及人具有"实体"和"精神"的两重性等思想观点。马克思建立科学人学观的方法，是黑格尔的辩证思维方法。费尔巴哈的人本主义原则，在马克思的人学观形成的过程中，起过某些促进作用。但是，马克思的人学观形成的全过程，从来没有过费尔巴哈的人本主义阶段。

第二，马克思的人学观的形成过程，是同他的实践观和唯物主义的历史观的形成过程结合在一起的。马克思之所以能真正批判、改造和继承黑格尔哲学，之所以能够超越费尔巴哈的人本主义哲学，就在于他积极投入了社会实践活动，深入研究了资本主义制度的经济关系。他对经济事实的研究，使黑格尔哲学中的精华和有意义的成分得到发展、改造，成为认识的科学工具。没有科学的历史观，就没有科学的人学观和实践观；同样，没有科学的实践观，就没有科学的历史观和人学观，没有科学的人学观，

---

① 马克思：《1844 年经济学哲学手稿》，人民出版社 2000 年版，第 55 页。

也就没有科学的实践观和历史观及其二者的统一。这三者，在黑格尔那里是统一在绝对精神的"自我创造"的过程中。而马克思是在现实的、物质生活资料的生产劳动中，把三者统一起来了。前者统一的基础是客观唯心主义，后者则是历史唯物主义。

第三，马克思在1845年前，未形成科学的人学观和历史观之前，曾以理性原则作为考察社会历史现象和进行社会实践活动的理论依据。即曾以传统的人道主义作为历史观的。这一点在《莱茵报》和《德法年鉴》上发表的文章以及在《手稿》中，都表现得十分明显。否认马克思曾以理性、人道主义作历史观，是不符合历史事实的。甚至在1844年9月同恩格斯合作写的第一部著作《神圣家族》的序言开头第一句话，就极为鲜明地以"真正的人道主义"这个词来表示他坚决主张和信仰的科学社会主义。到1846年，马克思同恩格斯合写的批判德国唯心主义哲学的巨稿《德意志意识形态》，标志着马克思的人学观科学化和完善化，并形成了科学的唯物主义历史观。这时，马克思虽然摒弃了作为历史观的人道主义，但人道主义的其他内容，即低于历史观层次的人道主义的内容，如人的尊严、人的权利、人的价值、人的发展等等，则被改造吸收为马克思的人学观内容的有机组成部分。也就是说，马克思的人学观是具有丰富的内容的。由此我们可以进一步地说，马克思主义和人道主义的关系不是"格格不入"的简单关系。人道主义和马克思主义都是意识形态的具体表现形式，是人类思想认识和精神文化发展的不同表现。因而，二者之间的关系，既是互相矛盾，又是互相联系的；既是互相抵制，又是互相影响的；既是互相排斥，又是互相渗透的。总之，既要看到作为资产阶级历史观的人道主义和作为无产阶级世界观的马克思主义之间有着本质区别，又要承认二者之间的历史的和现实的联系。正像资产阶级的平等观和无产阶级的平等观之间的关系一样，既有互相对立的方面，也有不可绝对分割的联系方面。否则，在理论上和思想上都会犯形而上学的错误，不利于科学的发展。

四、青年马克思以时代的高度
审视和批判社会现实

——读《〈黑格尔法哲学批判〉导言》

马克思的《〈黑格尔法哲学批判〉导言》（以下简称《导言》）① 写于 1843 年年底到 1844 年 1 月，2 月发表在《德法年鉴》杂志上，为了说明马克思写这部著作的历史背景，我们简要介绍马克思写作《导言》以前的思想发展概况。

1841 年春，马克思大学毕业后，曾想进入大学谋一哲学教师职务，从事教学和研究工作。但由于当时普鲁士政府采取对一切带有民主自由倾向的刊物作品一律查禁，对待持不同观点知识分子禁止在大学内有讲学的自由，青年黑格尔派的头面人物布鲁诺·鲍威尔就是这样被驱逐出大学讲坛。面对这样的形势，马克思放弃了大学谋职的愿望，决定通过从事学术研究和报刊工作，投入到社会斗争中去。马克思从 1842 年 4 月开始为《莱茵报》撰稿，写一些政论文章，纵谈时事，抨击德国社会时弊。5 月就任该报编辑，10 月受聘为《莱茵报》主编。在这期间，由于马克思直接面对现实的社会斗争，使他具体地接触到社会各个等级的矛盾冲突。为消除社会矛盾，他试图以黑格尔的"理性国家"原则批判普鲁士政府，认为现实的国家应该按照"理性国家"的要求加以改造。为此，他写了《第六届莱茵省议会的辩论》、《摩泽尔记者的辩护》等政论文章。期望普鲁士政府接受和改正。实际结果恰恰相反，普鲁士政府不仅不接受，而且于 1843 年 3 月查封了《莱茵报》。因此，在思想理论上，由于政府查封《莱茵报》这一严峻事实，不仅使他认识到普鲁士政府封建制度的专横暴虐的反动性，而且也从根本上动摇了他对黑格尔的国家理论的信仰，认识到黑格尔的理性国家，不仅不能解释现实的利益冲突，反而为现实的物质利益

---

① 以《马克思恩格斯选集》第 1 卷（人民出版社 1995 年版）所载《〈黑格尔法哲学批判〉导言》文本为据。

所战胜，使马克思遇到了使他苦恼的问题。马克思说："1842—1843 年间，我作为《莱茵报》的编辑，第一次遇到要对所谓物质利益发表意见的难事。""为了解决使我苦恼的疑问，我写的第一部著作是对黑格尔法哲学的批判性的分析，这部著作的导言曾发表在 1844 年巴黎出版的《德法年鉴》上。"①

1843 年 3 月，马克思在退出《莱茵报》之后，一方面从事批判黑格尔法哲学的研究，另一方面积极准备与卢格合作筹办《德法年鉴》的出版。1843 年夏，马克思在克罗茨纳赫他岳母家写的一部未完成的书稿——《黑格尔法哲学批判》，主要是对黑格尔的《法哲学原理》第三篇第三章，即国家部分进行批判分析。它集中地揭露和批判了黑格尔国家观的唯心主义实质，指出"不是国家决定家庭市民社会"，而是社会关系决定国家，不是君主决定国家制度，而是人民创造了国家制度。马克思说："我的研究得出这样一个结果：法的关系正像国家的形式一样，既不能从它们本身来理解，也不能从所谓人类精神的一般发展来理解，相反，它们根源于物质的生活关系，这种物质的生活关系的总和，黑格尔按照 18 世纪的英国人和法国人的先例，概括为'市民社会'，而对市民社会的解剖应该到政治经济学中去寻求。"② 由此可见，《黑格尔法哲学批判》的写作，在马克思的思想发展史上具有非常重大的意义，它是建立和发展马克思主义国家学说的理论基石，是历史唯物主义的发端。

马克思为了同卢格共同出版新刊物《德法年鉴》，于 1843 年 10 月偕同夫人燕妮一起移居巴黎。马克思主张，新刊物不能"竖起任何教条主义的旗帜"，新刊物必须坚持理论和实际相结合的原则。要把理论"批判和实际斗争合起来"，"要对现存的一切进行无情的批判"。它的任务就是要"在批判旧世界中发现新世界"③。《德法年鉴》的编辑出版工作，经过一些曲折和斗争，在马克思的组织和领导下，终于在 1844 年 2 月出版了一期合刊号。其中刊登了马克思的《论犹太人问题》和《〈黑格尔法哲学批

① 《马克思恩格斯选集》第 2 卷，人民出版社 1995 年版，第 31、32 页。
② 《马克思恩格斯选集》第 2 卷，人民出版社 1995 年版，第 32 页。
③ 《马克思恩格斯全集》第 1 卷，人民出版社 1956 年版，第 416、418 页。

判〉导言》，恩格斯的《政治经济学批判大纲》和《英国工人阶级状况》，以及海涅、赫斯等人的作品。《论犹太人问题》和《〈黑格尔法哲学批判〉导言》两篇文章，是《黑格尔法哲学批判》书稿的继续和发展。《论犹太人问题》，是针对布鲁诺·鲍威尔抹杀宗教解放、政治解放和人类解放之间的区别的错误而写的。马克思的这篇文章的中心思想是阐明政治解放和人类解放之间的联系以及二者同宗教解放的关系问题。在阐明这些问题的过程中，首次表露了关于"社会革命是不间断的"思想。但是，这篇文章在探讨社会革命的问题上，还仅仅停留在阐述抽象的人的本质这个概念上。然而，在第二篇文章《〈黑格尔法哲学批判〉导言》中，就深入到社会革命的具体内容上作了实际的阶级分析，揭示了资产阶级民主、自由和人权的局限性和虚伪性，强调进行消灭私有制的社会革命，才能实现人的解放的途径。提出新世界观的核心思想是关于无产阶级历史使命的问题，并把人类解放和无产阶级的历史使命的具体内容结合起来，从而表明马克思的思想发展上升到一个新的阶段，在政治上转向了共产主义，在哲学上转向了唯物主义。我们在学习这篇《导言》时，依照其内容的逻辑顺序，应着重理解以下几个问题。

（一）对宗教的批判必然转变为对世俗社会的批判

马克思在《导言》开宗的第一句话，就是对宗教批判在德国革命中的作用和意义作了科学的说明和评价。他说："就德国来说，**对宗教的批判**基本上已经结束；而对宗教的批判是其他一切批判的前提。"这里讲的"宗教的批判"，是指 1835 年施特劳斯发表《耶稣传》以来的德国进步理论界的重大思想斗争。青年黑格尔派的有影响的人物施特劳斯、布鲁诺·鲍威尔和费尔巴哈是这场思想斗争的主要代表。费尔巴哈的唯物主义是以人本主义的形式出现的，他对宗教的揭露和批判是十分深刻的，他明确指出上帝并不是真实的，上帝只是人的幻想的产物。他把这场宗教批判运动推进到一个新水平。但是，对这场宗教批判运动的意义和作用，青年黑格尔派同马克思的评价是不相同的。施特劳斯和费尔巴哈认为，世界的一切都是由宗教统治的，宗教问题是社会的根本问题，是人类解放的根本问题。因此，他们把宗教批判看作是改变一切的伟大斗争，对德国革命具有决定性的意义。马克思相反，认为对宗教的批判虽有一定的意义，但是它还没有触及德国的反动社会制度。到 1843 年年底，对宗教的批判已不能提供什么新东西了，所以"对德国来说，对宗教的批判基本上已经结束"。那么，这场宗教批判运动的意义是什么呢？

首先，马克思认为，对宗教的批判是对政府、法律、国家和社会等其他一切批判的前提。因为：（1）宗教是对人间谬误的一种辩护，是用上帝的名义为现实的苦难世界加上一道神圣的灵光圈。如果不首先批判掉这种"在天国的雄辩"，人们就不能清楚地认识到人世间的谬误。（2）"宗教是人民的鸦片"，它给人民以幻想的幸福。在剥削制度的社会中，人民由于不了解威胁自己生存的社会根源而感到恐惧和绝望，于是就幻想今世的苦难，就是来世的幸福，只有安于现实苦难生活，到了来世才会升入天堂，从而使人们从幻想的幸福中得到安慰，它麻痹人民的革命斗争，不去打碎现存的不合理制度加在自己身上的枷锁，不去为争取现实的幸福而斗争。因此，"对宗教批判使人不抱幻想，使人能够作为不抱幻想而具有理智的人来思考，来行动，来建立自己的现实"①。

其次，马克思认为，宗教对人们精神的束缚，实际上是现实的统治和被统治的社会关系的反映，宗教里的一切苦难是人世间苦难的表现。人类进入阶级社会以后，剥削阶级需要利用宗教作为麻痹和控制群众的重要精神手段。由于人们受社会的盲目的异己力量的支配而无法摆脱，于是幻想一个无所不知、无所不在的上帝能帮助人们解脱苦难。上帝的全知全能的特性是人在幻想中赋予的，上帝的本质，就是人的本质，也就是人的本质的自我异化。所以说，宗教批判就是要使人们不抱幻想的上帝赐予的"幸福"，而是要建立现实的幸福。于是，**"对天国的批判变成对尘世的批判，对宗教的批判变成对法的批判，对神学的批判变成对政治的批判"**。这种批判，就是新哲学的战斗任务。即马克思说的，"为历史服务的**哲学的迫切任务**"②。

---

① 《马克思恩格斯选集》第 1 卷，人民出版社 1995 年版，第 2 页。
② 《马克思恩格斯选集》第 1 卷，人民出版社 1995 年版，第 2 页。

（二）批判德国现在制度的历史局限性及其应有的意义

马克思说："随导言之后将要作的探讨（即《黑格尔法哲学批判》——引者注）——这是为这项工作尽的一份力——首先不是联系原本，而是联系副本即联系德国的国家**哲学**和法**哲学**来进行的。"为什么批判不针对德国的现存制度，而针对德国的国家哲学和法哲学呢？因为就当时来说，时代发展赋予批判的任务，是要揭露和批判资本主义社会制度的不合理性。19世纪30年代，在英、法先进国家里，资本主义制度不仅早已确立，而且它的各种弊端也充分暴露出来了。可是，在当时的德国，还是一个封建农奴制度占统治地位的国家，资本主义发展得很缓慢，直到1848年革命以后，资本主义才有了较快的发展。因此，如果把批判的矛头局限于德国的现存制度，那只能否定封建主义的所有制和封建主义的国家制度，而不能否定资本主义的所有制及其国家制度。这种批判，就没有站在时代的高度。把批判的矛头指向德国的国家哲学和法哲学，就能够站在时代的高度。所以说，批判针对德国的现存制度，就有它的历史局限性。马克思说："如果想从德国的现状本身出发，即使采取唯一适当的方式，就是说采取否定的方式，结果依然是时代错乱。"① 就是说，对德国现存制度进行批判，是有很大局限性的，是和时代发展不相符的。要克服这种局限性，批判就得超出德国的现存制度，就要把批判的矛头指向德国的国家哲学。但这并不是说，批判德国的现存制度就没有必要和没有任何意义了。不是的。马克思主义认为，对德国现存制度的批判，不论是对德国的国内方面，还是对国外方面，都还有它一定的意义。

第一，就国内方面来说，通过批判德国的现存制度，可以唤起群众，激发人民对现存制度的憎恨和斗争。德国的封建统治者对英国和法国的资产阶级革命是极其恐惧和诅咒的，它竭力帮助各国封建势力向革命反扑，并同各国封建势力结成反动的神圣同盟，妄图阻挡时代的发展。在德国没有民主和自由，威廉四世在登基前曾虚伪地许诺了自由、民主，但在他登上王位之后，就撕去了"自由"的假面具，从各个方面强化了封建专制制

---

① 《马克思恩格斯选集》第1卷，人民出版社1995年版，第3页。

度。正像马克思所指出的，德国"没有同现代各国一起经历革命，却同它们一起经历复辟。我们经历了复辟，首先是因为其他国家敢于进行革命，其次是因为其他国家受到反革命的危害"①。对于这样落后、腐朽、专横的封建制度，德国资产阶级自由派却不敢直接触动它，而法的历史学派则竭力为之辩护。以胡果、萨维尼等人为代表的法的历史学派，在政治上是忠于德国封建专制制度的反动派别。他们反对法国资产阶级革命的资产阶级民主思想，认为资产阶级革命成功后，以"理性"或"人的本性"出发建立起来的法律是不合理的，而以往奴隶社会的法律和封建社会的法律才是合理的，他们的理论依据，就是所谓法律是由"民族精神"中产生出来的。他们说，各个民族都有其潜在的精神力量，即"民族精神"，法律就是由它生长出来的，起初是习惯法，后来由习惯法派生人定法。因此，历史上的法律都是合理的。这种从法律上为现存制度作辩护的行径，马克思称它是"以昨天的卑鄙行为来说明今天的卑鄙行为是合法的"。

德国资产阶级自由派害怕背后站起来的无产者群众，他们向封建制度妥协，才敢直接触动封建专制制度，拐弯抹角地、胆怯地用历史表述对自由的热爱，他们到"史前的条顿原始森林"去找我们德国的自由历史。因此，马克思用讽刺的语言批判道："如果我们的自由历史只能到森林中去找，那么我们的自由历史和野猪的自由历史又有什么区别呢?"② 自由是历史的范畴，不同的历史时代有不同的自由，近代人的自由要求和原始人的自由要求，是全然不同的；绝对不能把现实的自由和原始人的"自由"混为一谈。马克思指出，自由派的行径，如同"在森林中叫唤什么，森林就发出什么回声"一样，是毫无价值的。

马克思认为，对待德国现存制度的正确立场，就是应该"向德国制度开火！一定要开火！"尽管这种制度失去了它的存在的依据，还是要向它开火，并且要以愤怒的感情和强有力的武器进行批判。马克思还指出，对这种制度的批判本身不是目的，而是手段。即通过批判，揭露德国现存制度的落后、腐败、专横、暴虐的丑恶罪行，以唤起群众，激起人民的勇

---

① 《马克思恩格斯选集》第 1 卷，人民出版社 1995 年版，第 3 页。
② 《马克思恩格斯选集》第 1 卷，人民出版社 1995 年版，第 3—4 页。

气，"实现一个不但能把德国提高到现代各国的正式水准，而且提高到这些国家最近的将来要达到的**人的高度**的革命呢"①? 为了达到这个目的，就必须充分揭露"政府制度是靠维护一切卑劣事物为生的，它本身无非是**以政府的形式表现出来的卑劣事物**。"应该无情地批判那些"视为**特予恩准的存在物**"，即封建统治者卵羽翼下的封建集团；还要对那些身价很高而人数很少的统治者进行"**搏斗式的批判**"。"它不是要驳倒这个敌人，而是要**消灭**这个敌人。"②

第二，马克思认为，批判德国现存状况的狭隘内容，对现代各国来说，也有一定的意义。英国、法国等欧洲先进国家虽然已经确立了资本主义所有制，建立了资本主义的政治制度。但是，旧的封建余孽仍然存在着，封建主义的思想意识和传统习惯，在人们的日常生活中还顽强地起着作用。因此，对德国现存制度的批判，可以帮助各先进国家看清自己的"隐蔽的缺陷"，听到自己国内的旧制度的回音，从而对旧制度的余孽采取更加有力的斗争。"因为德国现状是旧制度的**公开的完成**，而旧制度是**现代国家的隐蔽的缺陷**。对当代德国政治状况作斗争就是对现代各国的过去作斗争，而且对过去的回忆依然困扰着这些国家。"③马克思为了使人们更深刻地认清德国政治制度的落后、腐朽、专横、无能的丑恶本质，叙述了历史发展过程中的悲剧形式和喜剧形式的更替和演变的关系。封建主义旧制度在欧洲各先进国家里存在，有它的历史必然性，并曾经具有统治一切的权力。因此，它深信自己存在的合理性，而不相信资产阶级革命会成功。所以，它是带着顽强的自信被消灭的，它的死是悲壮的，是一种悲剧性的灭亡。"相反，现代德国制度是时代错乱，它公然违反普遍承认的公理"④，它的不合理性已为各先进国家的资产阶级革命所完全证明，连它自己也不相信自己的本质。因此，竭力求助于另一个本质假象来把自己的本质掩盖起来，以伪善和诡辩来维持其统治。如威廉四世的虚伪的自由主义

---

① 《马克思恩格斯选集》第 1 卷，人民出版社 1995 年版，第 9 页。
② 《马克思恩格斯选集》第 1 卷，人民出版社 1995 年版，第 4 页。
③ 《马克思恩格斯选集》第 1 卷，人民出版社 1995 年版，第 5 页。
④ 《马克思恩格斯选集》第 1 卷，人民出版社 1995 年版，第 5 页。

改变，就是很好的说明。总之，它的存在已"向全世界展示旧制度毫不中用"，为全世界所嘲笑。因而，它的灭亡就不可能是悲剧性的，而只能是喜剧性的。马克思说："历史竟有这样的进程！这是为了人类能够**愉快地**同自己的过去诀别，我们现在为德国政治力量争取的也正是这样一个**愉快**的历史结局。"①

由此可见，对德国现存制度的批判，是有它的一定意义的，但不是站在时代的高度的批判。因此，马克思指出："一旦**现代的**（即资本主义的——引者注）政治社会现实本身受到批判，即批判一旦提高到真正的人的问题（即人类解放的社会主义革命的问题——引者注），批判就超出了德国现状"②。

（三）批判德国的法哲学和国家哲学的意义

马克思曾说，要使批判站在时代的高度，要超出德国现状，就必须使"现代的政治社会现实本身受到批判"，即批判资本主义的所有制及其政治制度。在德国把批判"针对副本"——法哲学和国家哲学，就能使批判站在时代的高度。

德国的现存制度虽然落后于时代，但是，德国民族的哲学却是和时代一起向前发展的。因为德国古典哲学，不仅仅是德国自身的哲学思想发展的继续，而且是欧洲资产阶级政治革命和思想革命的概括，它是资产阶级的哲学，而不是封建主义的哲学。所以，马克思说："我们是当代的**哲学**同时代人，而不是当代的**历史**同代人。德国的哲学是德国历史**在观念上的延续**。"③另外，德国古典哲学的代表人物，尽管不如 18 世纪法国哲学家们在理论上的鲜明性和政治上的坚定性，但他们终归是资产阶级的思想家。德国的国家哲学和法哲学，从表面上看，是为普鲁士专制制度、为警察国家、为王室司法、为书报检查制度祝福、歌颂；但从实质上看，在他们的笨拙枯燥的词句里面，还隐藏着革命，它宣扬的是资产阶级君主立宪制，它向往的是资产阶级的政治权力的实现。这实际上，是对德国现实政

———————————

① 《马克思恩格斯选集》第 1 卷，人民出版社 1995 年版，第 6 页。
② 《马克思恩格斯选集》第 1 卷，人民出版社 1995 年版，第 6 页。
③ 《马克思恩格斯选集》第 1 卷，人民出版社 1995 年版，第 7 页。

治制度的直接否定。因此，"正像在 18 世纪的法国一样，在 19 世纪的德国，哲学革命也作了政治崩溃的前导"①。由此可见，就德国古典哲学的阶级基础和实质来说，它是德国资产阶级的思想理论体系，它反映的是资产阶级的根本利益和政治要求。所以说，**德国的法哲学和国家哲学**是唯一与**正式的**当代现实保持在同等水平上的**德国历史**。"当批判我们观念历史的遗著——**哲学**（德国的法哲学和国家哲学——引者注）的时候，这样的"批判恰恰接触到了当代所谓的问题之所在的那些问题的中心"②，因为批判反映资产阶级革命思想的德国哲学，就必然引导人们用无产阶级世界观武装头脑，从而认识到无产阶级的历史使命就是解放全人类。这就是说，批判德国的法哲学和国家哲学，就必须站在无产阶级世界革命的时代高度。

当时德国人民批判德国的国家哲学和法哲学，存在着"实践派"和"理论派"两种错误的态度。代表自由主义资产阶级的实践派，要求否定哲学，并想通过直接的行动来影响和改变德国的现存关系。他们要求否定哲学是对的，但是，他们不懂得德国哲学的阶级实质和它所具有的真正水平。因此，他们并不能科学地否定它，他们片面地强调实践，竭力贬低哲学，丢弃哲学，他们不了解，任何实践活动都必须有理论指导，要想否定旧哲学，就必须以新的哲学来代替它对实践的指导。马克思批判他们说："你们要求人们必须从**现实的生活胚芽**出发，可是你们忘记了德国人民现实的生活胚芽一向都只是在他们的**脑壳**里萌生的。一句话，**你们不使哲学成为现实，就不能够消灭哲学。**"③

以青年黑格尔派组成的理论派同实践派一样，也犯了片面性的错误，不过是相反方面的错误。他们片面强调和夸大理论的作用，否定实践对理论的制约作用。他们的理论前提，仍然是黑格尔的唯心主义原则。他们不了解德国哲学虽然超出了德国的现状，但它仍然是德国现实关系的产物。德国哲学的本质特点，正是德国资产阶级的软弱性和妥协性的本质特点的

---

① 《马克思恩格斯选集》第 4 卷，人民出版社 1995 年版，第 214 页。
② 《马克思恩格斯选集》第 1 卷，人民出版社 1995 年版，第 7 页。
③ 《马克思恩格斯选集》第 1 卷，人民出版社 1995 年版，第 8 页。

反映。不批判掉德国哲学的本质特点，就建立不起来新的哲学。理论派对德国哲学不仅完全采取非批判态度，而且把德国人民批判现实的国家和法的制度的要求和结果冒充哲学的直接要求和结果。对此，马克思给予尖锐的批判，指出理论派的"根本缺陷可以归结如下：**它以为，不消灭哲学，就能够使哲学成为现实**"①。

正确的批判态度，应该是从理论和实践的相结合上，着重批判黑格尔的法哲学，因为，"**德国的国家哲学和法哲学在黑格尔**的著作中得到了最系统、最丰富和最终的表述：对这种哲学的批判既是对现代国家和对同它相联系的现实所作的批判性分析，又是对迄今为止的**德国政治意识和法意识的整个形式**的坚决否定，而这种意识的最主要、最普遍、上升为**科学**的表现正是**思辨的法哲学本身**"②。这就是说，对德国哲学的批判，应该集中在对法哲学的批判。黑格尔的法哲学从形式上看是抽象的、思辨的，但从它的内容上看，却是现实的，它论述了道德、法律、国家制度、市民社会等社会问题；其中不仅肯定了资本主义的生产关系和立宪制是合理的，而且还对封建制度和封建贵族进行了揭露和讽刺。固然它里面也存在着对国王和贵族卑躬屈膝、顶礼膜拜的内容，但这只能表明法哲学是软弱的德国资产阶级的理论形式。由于德国资产阶级的两重性，它不敢直接地、鲜明地表述自己的要求，而以思辨的形式，即所谓"理性国家"的形式表达了现实的内容。马克思指出，黑格尔的"现代国家的思想形象之所以可能产生，也只是因为现代国家本身置**现实的人**于不顾，或者只凭虚构的方式满足**整个的人**"③。所以，针对黑格尔的法哲学批判，就能使我们站在时代的高度，提出对资本主义的批判和改造的问题。这个问题的中心，就是进行关于人类解放的共产主义革命。

（四）彻底的新理论是共产主义革命的思想前提

马克思针对"德国过去政治意识形式"的理论脱离实践的特点，提出新理论所要研究的是通过"实践才能解决的那些课题"，即实践中提出的

① 《马克思恩格斯选集》第 1 卷，人民出版社 1995 年版，第 8 页。
② 《马克思恩格斯选集》第 1 卷，人民出版社 1995 年版，第 8—9 页。
③ 《马克思恩格斯选集》第 1 卷，人民出版社 1995 年版，第 9 页。

并且客观上具备解决条件的迫切问题。这里说的需要解决的问题，就是在德国能不能进行争取人类解放的共产主义革命运动的问题。就是说，通过对德国现存制度和德国哲学的批判，新理论不仅使德国人民认识到德国的现存制度是不合理的，而且还要认识到现代资本主义制度也是不合理的。

马克思在总结历史的和现实的思想理论斗争的经验中，首先指出，任何革命运动都需要一定的理论前提，争取人类解放的共产主义革命是彻底的革命，必须是以彻底的理论为前提。马克思说："批判的武器当然不能代替武器的批判，物质力量只能用物质力量来摧毁；但是理论一经掌握群众，也会变成物质力量。"① 因此，在德国进行 **"人的高度的革命"**；首要任务是要制定出能掌握群众的理论。那么，什么样的理论才能掌握群众，为群众所信服呢？马克思认为，"理论只要说服人，就能掌握群众；而理论只要彻底，就能说服人。所谓彻底，就是抓住事物的根本。但是，人的根本就是人本身"②。这里是说，彻底的理论，必须是抓住"人的根本"，即人的本质。这里所谓人的本质，是说人作为人来说，首先是要能够生活劳动在不受奴役、不受压榨、不被歧视和污辱，而被当作人来对待的社会关系中，生活在德国现存制度下的劳动者，是不被当作人看待的，劳动者丧失了他的作为人的本质。德国的新理论抓住了"人的根本"。因为"德国理论是从坚决**积极**废除宗教出发的。对宗教的批判最后归结为**人是人的最高本质**这样一个学说，从而也归结为这样的**绝对命令，必须推翻那些使**人成为受侮辱、被奴役、被遗弃和被蔑视的东西的**一切关系**"③。这也就是说，新理论的彻底性，就在于它主张：要恢复人的本质，就必须推翻那些使人的本质自我异化的"**一切关系**"；即必须进行彻底消灭私有制的社会革命，只有这样，才能恢复人的本质。

其次，马克思依据对德国宗教改革运动的历史分析，进一步说明了理论解放的作用。德国的宗教改革运动正是从理论解放运动开始的，并且始终伴随着理论斗争；而理论上的觉醒首先发生在具有文化和理论思维能

---

① 《马克思恩格斯选集》第 1 卷，人民出版社 1995 年版，第 9 页。
② 《马克思恩格斯选集》第 1 卷，人民出版社 1995 年版，第 9 页。
③ 《马克思恩格斯选集》第 1 卷，人民出版社 1995 年版，第 9—10 页。

力，同时具有对社会事变反应敏锐的人的头脑中，"正像当时的革命是从**僧侣**的头脑开始一样，现在的革命则从**哲学家**的头脑开始"。但是，路德的宗教改革，虽然"把人从外在的宗教笃诚解放出来，是因为他把宗教笃诚变成了人的内在世界。他把肉体从锁链中解放出来，是因为他给人的心灵套上了锁链"①。这就没有达到真正解放人民的高度。所以，他的新教理论只能号召"世俗人同世俗人以外的僧侣进行斗争"，而不能启发俗人同自己内心的僧侣进行斗争。新理论则不同，它要解决的问题，是使"**同他自己内心的僧侣**进行斗争，同他自己的**僧侣本性**进行斗争"②。新教虽然没有正确解决问题，但它在现实中提出了问题。因此，新理论的历史任务就是马克思所指出的，"哲学把受僧侣精神影响的德国人转变为人，这就是解放**人民**"。或者说，彻底的新理论是在德国进行争取人类解放的共产主义革命的理论前提。

（五）革命理论的作用，决定于社会实践需要的程度

马克思指出，如果只有革命理论，而不具备一定的社会物质条件，任何革命运动都是不可能产生的。因此，"革命需要被动因素，需要物质基础"。那么，德国是否具备了革命的物质基础呢？就社会发展的一般规律讲，是不具备的。德国思想界已经提出了共产主义的要求，而德国的社会现实还是一个落后的封建专制国家，这二者的分歧显然是惊人的，看来提出共产主义的要求，是没有任何前提和基础的。正像马克思指出的，"彻底的革命只能是彻底需要的革命，而这些彻底需要所应有的前提和基础，看来恰好都不具备"③。但是，就德国的特殊历史条件看，新理论的要求是有物质基础的，"现实本身是趋向思想"的，即现实运动的发展和新理论的要求、预见是一致的。那么，德国的特殊历史条件是什么呢？从德国的特殊历史条件中应该得出些什么结论呢？马克思通过分析 19 世纪 40 年代的德国的特殊历史条件，得出结论说，德国资产阶级不像英国、法国资产阶级那样具有坚强的革命意志，在它还没有承担其历史使命之前，它本身

① 《马克思恩格斯选集》第 1 卷，人民出版社 1995 年版，第 10 页。
② 《马克思恩格斯选集》第 1 卷，人民出版社 1995 年版，第 10 页。
③ 《马克思恩格斯选集》第 1 卷，人民出版社 1995 年版，第 11 页。

就已经瓦解了。因为德国"还没有处于欧洲解放的水平以前就处于欧洲瓦解的水平"①。就是说，从德国资产阶级本身的状况看，资产阶级革命已不可能。另外，从"德国各邦政府"的状况来看，也是如此。因为，德国封建专制政府的最大特点，就是集新旧剥削制度之大成，它既保留着旧剥削制度的缺陷，又在排斥资本主义制度的先进方面的同时，尽量吸取它的缺陷。因此，在德国进行以消灭封建专制制度为革命目标已不可能，只有进行以消灭资本主义制度为内容的共产主义革命，才能彻底消灭德国的现存制度。即所谓**"德国这个形成一种特殊领域的当代政治的缺陷，如果不摧毁当代政治的普遍障碍，就不可能摧毁德国特有的障碍"**②。正因为这样，在德国进行毫不触犯大厦支柱的"纯政治的革命"是一种空想，而进行"彻底的、全人类解放"的革命才是实际的。因此，"在法国，部分解放是普遍解放的基础。在德国，普遍解放是任何部分解放的必要条件"③。

在德国进行"普遍解放"，即共产主义革命的实际可能性在哪里呢？马克思说，这个"实际可能性"，"就在于形成一个被戴上**彻底的锁链**的阶级"，即无产阶级。接着，马克思分析和说明了无产阶级的本质特点及其形成的过程。指出德国无产阶级既是工业发展的产物，同时也是德国封建社会解体的结果。在社会急剧解体的过程中，"**人工制造的**贫民"和"**自然形成的**贫民"以及基督教德意志的农奴等级，都不断地充实着无产阶级的队伍。德国无产阶级的形成和壮大，是进行"人类解放"的物质基础和基本力量。最后，马克思从社会历史的发展规律上，说明了无产阶级的根本利益和社会历史的发展方向是一致的。"无产阶级宣告**迄今为止的世界制度的解体**，只不过是揭示**自己本身的存在的秘密**，因为它就是这个世界制度的**实际解体**。"④ 这段话的深刻思想，就是无产阶级的历史地位和历史使命的问题。因为资本主义制度的存在和发展，将人们日益分成根本对立的资产者和无产者。在这种制度下，无产者必然起来反抗和推翻奴役

---

① 《马克思恩格斯选集》第 1 卷，人民出版社 1995 年版，第 11 页。
② 《马克思恩格斯选集》第 1 卷，人民出版社 1995 年版，第 12 页。
③ 《马克思恩格斯选集》第 1 卷，人民出版社 1995 年版，第 14 页。
④ 《马克思恩格斯选集》第 1 卷，人民出版社 1995 年版，第 15 页。

它、压榨它的剥削制度。无产阶级要求消灭私有财产，是为了建立财产的公有制。公有制的建立，就会使所有的人和无产阶级一样，都成为占有社会财富的主人，是未来世界的主人。由此可见，无产阶级的历史地位和历史使命，是由于无产阶级的根本利益和社会历史发展规律的一致性决定的。所以，它是最彻底革命的阶级，它所需要的理论也是最彻底的理论。无产阶级要完成自己的历史使命，没有自己的哲学是不行的。但是，新哲学必须与无产阶级的革命运动紧密结合。因此，马克思说："哲学把无产阶级当作自己的**物质**武器，同样，无产阶级也把哲学当作自己的**精神武器**；思想的闪电一旦彻底击中这块素朴的人民园地，**德国人**就会解放成**为人。**"

最后两段正文，是马克思根据以上论述所写的结论。结论的第一点，是强调在德国进行的解放运动，只能是以人类解放理论为依据的共产主义革命运动，不可能是其他性质的革命运动。因为"彻底的德国不**从根本上**进行革命，就不可能完成革命，**德国人的解放就是人的解放**"。这里说的"人的解放"，就是消灭阶级，使人类从一切奴役中彻底解放出来。

结论的第二点，是说这个运动，必须有新哲学作理论指导，必须是由无产阶级作领导核心。即所谓"这个解放的**头脑**是**哲学**，它的**心脏**是**无产阶级**"①。马克思用头脑和心脏的关系说明新哲学和无产阶级必须紧密结合起来，这是人类解放运动的重要原则。无产阶级只有依据新哲学的理论指导，并努力实现理论的要求，消灭以私有制为基础的社会制度，建立起社会主义所有制的社会制度，才能真正改变自己的地位。这就是"哲学不消灭无产阶级，就不能成为现实；无产阶级不把哲学变成现实，就不可能消灭自身"的意思。新哲学与无产阶级的革命运动紧密结合起来了，作为革命理论的象征的高卢雄鸡才会宣布共产主义革命的到来。

---

① 《马克思恩格斯选集》第 1 卷，人民出版社 1995 年版，第 16 页。

第三章 马克思、恩格斯共同创立新哲学和政治实践活动

  1844 年 8 月，恩格斯由英国绕道巴黎回德国。当他在巴黎同马克思第二次会见时，他们发现"在一切理论领域中都显示出意见完全一致"，从此就开始了他们"共同的工作"。当时他们面临的首要任务是批判黑格尔和费尔巴哈哲学的影响，系统阐述自己的理论观点，以便"使欧洲无产阶级，首先使德国无产阶级相信"他们的"信念是正确的"。为此，恩格斯将他在科伦开展的"非凡的宣传工作"的情况和体念致函马克思。在保存下来的最早的一封恩格斯给马克思的信中说："那里的人非常活跃，但也非常明显地表现出缺少必要的支持。只要我们的原则还没有从以往的世界观和以往的历史中逻辑地和历史地作为二者的必然继续用几部著作阐发出来，那就一切都还会处于半睡半醒状态，大多数人还得盲目地摸索。"[①] 不久，在 1845 年 1 月 20 日，恩格斯致马克思信中又说："目前首先需要我们做的，就是写出几部较大的著作，以便向许许多多非常愿意干但只靠自己又干不好的一知半解的人提供必要的依据。"[②] 这在他们合著的《神圣家庭》和《德意志意识形态》中，实现了这一任务。

一、在批判青年黑格尔派中提出物质和意识的基本理论

  为了彻底批判青年黑格尔派的哲学基础，在马克思和恩格斯第二次

[①] 《马克思恩格斯文集》第 10 卷，人民出版社 2009 年版，第 17—18 页。
[②] 《马克思恩格斯文集》第 10 卷，人民出版社 2009 年版，第 28 页。

会见的十天里，他们共同拟定了《神圣家族》的写作提纲，恩格斯很快写完了他所分担的部分，其余绝大部分由马克思负责完成，到当年 11 月完稿，1845 年 2 月在法兰克福正式出版。该书原名为《对批判的批判所做的批判——驳布鲁诺·鲍威尔及其伙伴》，出版时因出版商建议在原书名前冠以《神圣家族》，以形象化地讽刺布鲁诺·鲍威尔及其伙伴。这是马克思和恩格斯合作写的第一部重要著作，它深刻地揭露和批判了青年黑格尔派的思辨唯心主义，在马克思主义哲学形成史上具有重要意义。

（一）批判青年黑格尔派的思辨唯心主义哲学的实质

青年黑格尔派是黑格尔哲学解体中产生的一个"极端的哲学派别"，其主要代表人物有施特劳斯、布鲁诺·鲍威尔、卢格、科本、施蒂纳、赫斯等。青年黑格尔派运动的兴起，是当时德国新兴资产阶级与封建专制制度矛盾的反映。它以哲学的形式对宗教和普鲁士国家进行过猛烈的抨击，在一段时期内是有进步意义的。他们的批判虽然在不少地方捍卫了黑格尔的辩证法思想，但从来也没有超出黑格尔的思辨唯心主义体系。从运动早期施特劳斯与布鲁诺·鲍威尔关于基督教起源的争论，到发表在《哈雷年鉴》上其他青年黑格尔分子的政治、哲学和宗教等文章，都可以看出其主导思想不过是以思辨的哲学体系来推演和说明宗教及国家的实质与发展。在鲍威尔等人看来，历史是自我意识的创造物和表现，人们可以在自我意识的发展中发现历史的进步，普鲁士国家正是自我意识的体现，它所缺乏的只是没有完成其最高使命。青年黑格尔派热切盼望着一个能够对普鲁士进行改良的君主出现，通过它而使普鲁士国家更加符合自我意识的自由发展。可是，威廉四世登基后不久，便于 1841 年开始推行反动政治和高压政策，则使青年黑格尔派本来就不坚定的民主立场和十分脆弱的神经遭到崩溃。从此他们日益走向保守和反动。在柏林组成"自由人"集团，通过他们创办的《文学总汇报》兜售思辨的自我意识哲学，逃避对封建的普鲁士国家进行政治斗争，而把自由政治的失落感一股脑儿地宣泄到正在举起的社会运动头上。鲍威尔说："现在精神知道，它应该到哪里去**寻找自己**的唯一的**对头**，——就是要到群众的自我欺骗和懦弱无能中去寻找。"① 青年黑格尔派这种以哲学的形式掩盖起来的反动政治立场，构成了对社会主义运动的险恶威胁，正如马克思、恩格斯在《神圣家族》一开始就指出的"**现实人道主义**在德国没有比**唯灵论**或者说**思辨唯心主义**更危险的敌人了"②。扫除青年黑格尔派的影响，乃是推动社会主义运动前进的当务之急。

另外，黑格尔的唯心主义辩证法思想，曾经是马克思、恩格斯与青年黑格尔派结合的基础。但是，能否通过黑格尔辩证法走出其思辨唯心主义的迷宫，又是他们与青年黑格尔派分道扬镳的关键。青年黑格尔派由于政治上的失意，逃避现实，把黑格尔的辩证法变成了思辨的玩物。马克思和恩格斯这时已在跨入创立新哲学的阶段，开始撕断思想发展中的羁绊，昭明新思想与旧信仰的原则区别。这时，如不批判青年黑格尔派的思辨哲学，就会阻碍其思想发展的进程。这样，批判青年黑格尔派的思辨唯心主义哲学，就构成了马克思主义哲学形成的必要环节。在批判中所阐述新世界观理论的一些重要原则，就奠定了马克思主义哲学发展的新基础。

马克思、恩格斯在《神圣家族》中，首先指出了青年黑格尔派哲学的渊源，说鲍威尔主编的《文学总汇报》是德国思辨哲学的幻想和谰言的顶点。德国思辨唯心主义在黑格尔那里曾掀起过高潮，马克思在《1844 年经济学哲学手稿》中批判了黑格尔哲学诞生地《精神现象学》中的唯心主义思辨，现在《神圣家族》中把这种唯心主义思辨看作是青年黑格尔派的母体，并进一步从物质和意识关系问题上作了批判，指出黑格尔颠倒了物质和意识的关系。他"把人变成**自我意识的人**，而不是把自我意识变成**人的自我意识**，变成现实的、因而是生活在现实的对象世界中并受这一世界制约的人的**自我意识**"③。

青年黑格尔派自我意识哲学是黑格尔哲学的不肖子孙，"如果说黑格尔的《现象学》尽管有其思辨的原罪，但还是在许多方面提供了真实的评述人的关系的要素，那么鲍威尔先生及其伙伴却相反，他们只提供了一幅

---

① 《马克思恩格斯文集》第 1 卷，人民出版社 2009 年版，第 289 页。
② 《马克思恩格斯文集》第 1 卷，人民出版社 2009 年版，第 253 页。
③ 《马克思恩格斯文集》第 1 卷，人民出版社 2009 年版，第 357 页。

毫无内容的漫画"①。"自我意识"在黑格尔那里并不是哲学家个人的意识，甚至不是现实的人的意识，而是"绝对精神"的化身、神的意识，对于哲学家来说，其责任并不是主观武断地设定历史，而只是在绝对精神完成其历史的创造之后进行反思，所以黑格尔的思辨体系中又往往包含着一些历史真实的内容。青年黑格尔派确实是在把"自我意识"变成人的自我意识，但其前提是保持"自我意识"的神性即先于物质的创造性，尔后把"自我意识"说成是他们这些"批判的哲学家"的个人意识，他们因怀有"自我意识"而成为历史的创造者。实质上是说"自我意识"通过鲍威尔及其伙伴的思维批判来创造历史，这是对黑格尔哲学的荒谬改造，是把黑格尔体系彻底地运用于神学。

思辨哲学的秘密是什么呢？这就是从唯心主义的立场出发，人为地构想出一个独立的精神及其运动的框架公式，尔后把一切现实的东西都纳入这个框架内，并看作是精神及其运动的显现。马克思、恩格斯对此作了剖析和批判。他们指出，思辨哲学首先把人们从现实的苹果、梨、扁桃、草莓中得出的"果品"这个一般概念加以独立化，使之成为存在于人之外的一种本质，成为而且是苹果、梨等的真正本质，那么就宣布"果品"是苹果、梨等的"实体"。接着，为了达到某种现实内容的假象，思辨哲学从单一的"实体"返回到现实的、千差万别的苹果、梨等上去，就宣布作为"实体"的一切概念并不是僵死的、无差别的、静止的本质，而是活生生的、自相区别的、能动的本质。就是说"实体"既是单一的，又是自身内部的差别的、多样的，这就为从一般概念世界跃到现实多样的世界提供了一切可能。最后，实现这一跳跃的关键还在于使"实体"变成"主体"，即能动的过程。于是"主体"在其发展中不断地把自己设定为苹果、梨、草莓等，苹果、梨、草莓之间的差别，正是"一般果品"的自我差别，这些差别使各种特殊的果品正好成为"一般果品"生活过程中的千差万别的环节。

马克思、恩格斯在批判青年黑格尔派思辨唯心主义的过程中，把问题

---

① 《马克思恩格斯文集》第 1 卷，人民出版社 2009 年版，第 358—359 页。

引申到哲学基本问题的高度。这在剖析思辨结构的秘密和批判"绝对批判"的思辨循环及其"自我意识哲学"的几段文字中，十分鲜明地提出了哲学基本问题，显示出思辨哲学的一切虚幻的根源，就在于颠倒了物质和意识的根本关系。在《神圣家族》中，马克思、恩格斯不仅把物质和意识谁是第一性的哲学基本问题提出来了，而且还在批判旧哲学中彻底贯彻了唯物主义原则，从而得出一些历史唯物主义的基本原则。

二、《神圣家族》中对唯物史观的
某些原理的初步论证

青年黑格尔派根据其自我意识创造历史的思辨公式，他们提出以思辨出来的"精神"与"群众"的本质相对立为标准，来评判历史事件，说"到现在为止，历史上的一切伟大的活动之所以**一开始**就是不合时宜的和没有取得富有影响的成效，正是因为群众对这些活动**表示关注**和**怀有热情**"①。在他们看来 1789 年法国资产阶级革命的不成功、不彻底，是由于它迎合了群众的利益，革命中的英雄罗伯斯庇尔、拿破仑等的衰落，也是由于他们的思想还不够"批判"。马克思、恩格斯透析了青年黑格尔派关于"精神"与"群众"作为历史能动因素和被动因素及其绝对对立的神话，以社会经济为准尺分析说明了社会变革的成败。首先，他们深刻地指出社会经济是政治、思想的决定力量，思想一旦离开利益，就一定会使自己出丑。其次，社会的经济方面也不是单一的，而是多层次的，经济利益在不同的社会成员之中表现为极不相同的内容。再次，思想在历史中的现实力量在于正确地反映了社会需要、进步阶级的利益。从这几个方面研究资产阶级革命史就不难发现，启蒙思想家关于人类自由、平等、博爱的理想之所以不能实现，是由于它混淆了资产阶级与全人类的利益，远离了资产阶级的利益，超出了历史的客观条件。1789 年法国资产阶级革命虽然

---

① 《马克思恩格斯文集》第 1 卷，人民出版社 2009 年版，第 286 页。

有其局限性，但是从这次革命的资产阶级性质来看，它是成功的。在经济上资产阶级的利益"'**赢得了**'一切，并且有过'**极有影响的成效**'"，由于资产阶级经济上的节节胜利，他们在政治上也建立起了自己的统治。这次革命只是对于资产阶级以外的那些劳动群众来说才是不成功的，因为这次"在革命的原则中并没有体现他们的**现实**利益，并没有体现**他们自己的**革命原则，而仅仅包含一种'**思想**'，也就是仅仅包含一个激起暂时**热情**和掀起表面**风潮**的对象罢了"①。

　　青年黑格尔派一方面以诡辩的手法把正在兴起的社会主义运动纳入思辨的逻辑，把他们对基督教的批判和对普鲁士国家改良的期望，都说成是社会主义运动。这样，就使社会主义运动变成了"自我意识"的实现。另一方面，他们又旁征博引抨击社会主义运动的真正主体——无产阶级。把无产阶级看作是"精神"、"意识"的对立面，乃是历史的消极因素。认为无产阶级不仅什么也没有创造，相反却是需要改造的对象。他们说实现社会主义首先就要改造群众的精神，使之提高到"批判"的水平。青年黑格尔派的这套说法比之空想社会主义者，也是一种倒退，他们以思辨的"精神"去"批判"德国的"启蒙者"，显然是一种反历史的。

　　马克思、恩格斯根据经济因素在社会发展中的决定作用，广大群众的利益在社会中的普遍性，从世界历史的高度揭示了人民群众是推动历史前进的动力，指出"历史活动是群众的活动，随着历史活动的深入，必将是群众队伍的扩大"。他们引用"巴黎革命"周报的警句号召人民行动起来："伟人们在我们看来显得伟大，只是因为我们跪着，让我们站起来吧！"② 他们认为，无产阶级是资本主义制度的真正对立面，由于它所处的不同于其他阶级的历史地位，决定了它在社会主义运动中的领头地位，而绝不是青年黑格尔派所断言的取决于无产阶级的精神达到"批判"的水平。

　　《神圣家族》的出版，标志着马克思、恩格斯在创立新哲学的探索中，已跨进到确立新理论体系的前沿。这一历史性的前进，不仅表现在批判青

---

① 《马克思恩格斯文集》第 1 卷，人民出版社 2009 年版，第 287 页。
② 《马克思恩格斯文集》第 1 卷，人民出版社 2009 年版，第 287、288 页。

年黑格尔派的过程中提出的新思想、新观点，还表现在某些理论原则的转变上，如关于人的本质科学内涵的初步确立；提出关于历史发展是现实的人的实际生活过程的思想；关于把劳动和工业看作是社会生产力的观点，并以此说明国家的自然基础等思想观点。此外，还在范畴的运用上接近于提出生产力和生产关系的概念，为新理论体系的建立作了准备。

近年来，在马克思主义哲学研究者中，有不少学人提出进行理论创新性研究的问题，并就如何进行理论创新研究发表了高论，引起有益的关注。但是，若进行理论创新研究，首先对创新的基础性工作下功夫，要对马克思、恩格斯著作进行踏实的研读，要用真功夫和苦功夫去研读，而不是一般的"回到"式阅读，或把马克思和恩格斯分离开来，只读马克思，不读恩格斯。因为，第一，马克思主义哲学是马克思和恩格斯共同创立的，不能把他们完全分离开，这部《神圣家族》就是很好地明证。第二，马克思和恩格斯不是为哲学而创立新哲学的，更不是为制造某种哲学体系而构造一种绝对真理性的教条公式，而是为了从理论上论证和阐明工人阶级的历史地位和历史使命。工人阶级及其政党的历史使命，就是要研究和如何克服在资本主义时代出现后，人类社会历史发展所面临的不公正、不平等以及种种"异化"问题。因此，像马克思所说："我们的任务是要揭露旧世界，并为建立一个新世界而积极工作。""新思潮的优点就恰恰在于我们不想教条式地预料未来，而只是希望在批判旧世界中发现新世界……所以，我不主张我们竖起任何教条主义的旗帜。相反地，我们应当尽量帮助教条主义者认清他们自己的原理的意义。"① 当时，恩格斯同马克思的想法是一致的，这既是马克思和恩格斯当时共同撰写《神圣家族》和《德意志意识形态》的根本目的，也就是他们终生著述的根本精神和思想原则，他的著作绝不是为著述而著述的。这一点应是我们在研读马克思、恩格斯著作时，必须牢牢掌握的一个原则。否则就会像西方某些"马克思学"家们那样，以他们的思想观点，或以西方哲学传统观念恣意解读马克思、恩格斯的著作。

---

① 《马克思恩格斯全集》第 1 卷，人民出版社 1956 年版，第 414、416 页。

恩格斯在阐述创立唯物史观及其基本思想时，曾以谦逊真诚的态度把创立唯物史观的功绩描写为"完全是属于马克思一个人的"①。因此，在马克思主义哲学史和哲学原理著作中，多数人认为，发现唯物史观主要是马克思的功绩，似乎恩格斯在创立唯物史观中的作用是无足轻重的。这种思路几乎已经成为一个传统的看法，甚至在理论界有人认为这是不言而喻的。但事实并非如此，不可否认在创立唯物史观的过程中，马克思起的作用是很大的，但恩格斯的作用也不是无足轻重的。首先，马克思创立唯物史观的思想前提是与他转向经济批判、"从当前的经济事实出发"②，特别是马克思接受恩格斯的《国民经济学批判大纲》的启迪和影响是分不开的。其次，恩格斯在与马克思合作撰写《神圣家族》前，就英国工人阶级状况进行了唯物史观性的探索。马克思和恩格斯为创立唯物史观各自探索的结晶，就体现在他们合著的第一部著作《神圣家族》一书中。从这部书可以看出既有他们共同的观点，也有他们各自的思想。正如他们在这本书的序言中所指出的："我们先发表这部论战性的著作，再各自分头在自己的著作里叙述自己的肯定的观点，以及对现代哲学和社会学的肯定的见解。"③ 从《神圣家族》一书中可以看出，他们都在各自所写的部分冠以特殊标题的章节下面署了名。从而我们就可以分析出当时他们各自的观点以及在为创立唯物史观的过程中的作用。

1. 对旧哲学历史观的批判

马克思、恩格斯在对欧洲近代哲学史的演变进行考察中，发现了旧唯物主义历史观的主要缺点。马克思还专门写了一小节对"法国唯物主义的批判的战斗"。这一节被列宁看作是全书中最有价值的部分之一。列宁说："本章（第六章第3节中的 d 小节）是全书中最有价值的部分之一。这里完全没有逐字逐句的批判，全部都是正面的叙述。"④ 这种正面叙述就是对法国唯物主义的起源和发展的概述。从这个概述中发现了旧哲学在历史观

① 《马克思恩格斯选集》第1卷，人民出版社1956年版，第252页。
② 《马克思恩格斯全集》第3卷，人民出版社2002年版，第267页。
③ 《马克思恩格斯全集》第2卷，人民出版社1965年版，第8页。
④ 《列宁全集》第55卷，人民出版社1990年版，第25页。

上的两个主要缺点。

（1）英国的唯物主义变得敌视人了

近代唯物主义在刚产生时是重视人的。马克思说："唯物主义在它的第一个创始人培根那里，还在朴素的形式下包含着全面发展的萌芽。物质带着诗意的感性光辉对人的全身心发出微笑。"① 马克思把培根看作是近代唯物主义的始祖。对他的哲学作了如下肯定：①把唯物主义与自然科学联系起来，认为自然科学是真正的科学，唯物主义是以自然科学为基础的。②正确地解释了感觉对认识是可靠的，感觉是完全可靠的，是一切知识的源泉。③科学是实验科学。因为它是用理论的方法去整理感性材料的。归纳、分析、比较、观察和实验是理性方法的主要条件。④全面解释了物质与运动的关系。他对物质和运动的解释："物质的原始形式是物质内部所固有的、活生生的、本质的力量，这些力量使物质获得个性，并造成各种特殊的差异。"运动是物质最重要的特性，"这里所说的运动不仅是机械的和数学的运动，而且更是趋向、生命力、紧张，或者是用雅科布·伯麦的话说：'物质的痛苦'"②。这种对运动不仅是机械的能动性的源泉，只有承认物质内部的固有的运动，才能逻辑地得出人的能动性的结论。⑤物质与人的关系，是一种友好的关系，重视人的关系。"物质带着诗意的感性的光辉对人的全身心发出微笑。"培根尽管在物质与人的关系上带着神秘的性质，但他的学说是全面的，对人是友好的。如果沿着培根学说的方向发展，唯物主义是会向辩证唯物主义转变的。

可惜，"唯物主义在以后的发展中变得片面了。霍布斯把培根的唯物主义系统化了"③。这里讲的"片面了"、"系统化"是指：首先，抛弃了辩证因素而使机械唯物主义的系统化。把哲学的对象看作是物体，其根本性质只是广延性，把运动归结为机械运动也就是位置的移动。他说："运动是不断地放弃一个位置又取得另一个位置。"④ 物质自身是不能动的，只

---

① 《马克思恩格斯全集》第 2 卷，人民出版社 1965 年版，第 163 页。
② 《马克思恩格斯全集》第 2 卷，人民出版社 1965 年版，第 163 页。
③ 《马克思恩格斯全集》第 2 卷，人民出版社 1965 年版，第 163—164 页。
④ 《西方哲学原著选读》上卷，商务印书馆 1983 年版，第 394 页。

能靠外力。"物理运动成为机械运动或数学运动的牺牲品；几何学被宣布为主要的科学。唯物主义变得敌视人了。"① 其次，否认了物质的多样性，认为物质只有量的变化，没有质的多样性。宇宙间的一切都变得无情无义了。"为了在自己的领域内克服敌视人的、毫无血肉的精神，唯物主义只好抑制自己的情欲，当一个禁欲主义者。"② 再次，只相信感性而否认了理性。马克思指出："霍布斯根据培根的观点论断说，如果我们的感觉是我们的一切知识的源泉，那末观念、思想、意念等等，就不外乎是多少摆脱了感性形式的实体世界的幻影。科学只能给这些幻影冠以名称。"③ 再次，否认人与自然的区别。在人与自然的关系上霍布斯否认了人与自然的区别，把人的一切活动包括情欲都看成机械运动。"人的一切情欲都是正在结束或正在开始的机械运动。追求的对象就是我们谓之幸福的东西。人和自然都服从于同样的规律。强力和自由是同一的。"④ 霍布斯这种对人与自然关系的观点，就从根本上否定了人同自然的区别。这种唯物主义发展到法国的唯物主义，机械性就更明显了。拉美特利的哲学就是典型地体现了这个特点。他的哲学是笛卡儿唯物主义和英国唯物主义的结合。"拉美特利利用了笛卡儿的物理学，甚至于利用了它的每一个细节。他的《人是机器》一书是模仿笛卡儿的动物的机器写成的。"⑤ 这就从根本上否定了人的特性，否定了人的能动性。因而否认了历史的主体作用，否认了人民群众的作用。

（2）法国唯物主义用人性否定历史规律的客观性

法国唯物主义有自己的特色，他们既继承了英国唯物主义的传统，又改变了英国唯物主义敌视人的倾向。马克思说："法国人赋予英国唯物主义以机智，使它有血有肉，能言善辩。他们给它以它过去所没有的气概和优雅风度。他们使它文明化了。"⑥

---

① 《马克思恩格斯全集》第2卷，人民出版社1965年版，第164页。
② 《马克思恩格斯全集》第2卷，人民出版社1965年版，第164页。
③ 《马克思恩格斯全集》第2卷，人民出版社1965年版，第164页。
④ 《马克思恩格斯全集》第2卷，人民出版社1965年版，第164页。
⑤ 《马克思恩格斯全集》第2卷，人民出版社1965年版，第166页。
⑥ 《马克思恩格斯全集》第2卷，人民出版社1965年版，第165页。

首先是孔狄亚克继承了洛克的感觉论，反对 17 世纪的形而上学。"他证明法国人完全有权把这种形而上学当做幻想和神学偏见的不成功的结果而予以抛弃。"①

最具有法国唯物主义特性的是爱尔维修的哲学，他"也是以洛克的学说为出发点的，他的唯物主义具有真正法国的性质"。他的唯物主义不仅仅用来解释自然，而且也用来解释社会。他认为感性的印象、自私的欲望和正确地理解个人利益是整个道德的基础，他在《论人及其智力和教育》中提出了他的社会理论。这种社会理论体系："人类智力的天然平等、理性的进步和工业的进步的一致、人的天性的善良和教育的万能，这就是他的体系中的几个主要因素。"② 爱尔维修的社会观体系对整个法国唯物主义有决定性的影响。可以说法国唯物主义是爱尔维修的唯物主义的进一步发展。如霍尔巴赫的道德论就是以爱尔维修的道德论为基础的。这种历史观突破了人与自然的关系而进入人与社会的关系的矛盾之中。马克思说："既然人的性格是由环境造成的，那就必须使环境成为合乎人性的环境。"③ 但是由于旧唯物主义不理解社会的本质，他们把社会环境看成是一定的政治制度和法律制度，认为各民族的性格和智慧是随着政府形式的改变而改变，这样的社会历史观又回到了人自身，从人的主观意见中寻找社会环境的决定因素。在他们看来只有真正天才的立法者，才能制定出好的法律，从而创立一个好的政府。这种由天才人物、理性决定历史发展的历史观，就否定了历史的客观规律性。

旧唯物主义历史观的两大主要缺点，又被德国的古典哲学继承下来。黑格尔认为历史是绝对观念发展的产物，是绝对观念的异化。费尔巴哈哲学的出发点是唯物主义，但在历史观上仍然是人性、理性决定历史发展。

马克思说："在德国哲学中，特别是在 19 世纪的德国思辨哲学中，曾有过**胜利的和富有内容的复辟**。在**黑格尔**天才地把 17 世纪的形而上学同后来的一切形而上学及德国唯心主义结合起来并建立了一个形而上学的包

---

① 《马克思恩格斯全集》第 2 卷，人民出版社 1965 年版，第 165 页。
② 《马克思恩格斯全集》第 2 卷，人民出版社 1965 年版，第 166 页。
③ 《马克思恩格斯全集》第 2 卷，人民出版社 1965 年版，第 167 页。

罗万象的王国之后，对**思辨的形而上学和一切形而上学**的进攻，就像在 18
世纪那样，又跟对神学的进攻再次配合起来。这种形而上学将永远屈服于
现在为思辨本身的活动所完善化并和**人道主义**相吻合的**唯物主义**。**费尔巴
哈**在**理论**方面体现了和**人道主义**相吻合的**唯物主义**。"① 因此，以往的历史
观尽管有不少有价值的思想，特别是黑格尔的历史观更是如此。但总的来
说没有摆脱近代唯物主义历史观的两个主要缺点。

　　列宁对此做过概括："第一，以往的历史理论至多只是考察了人们历
史活动的思想动机，而没有研究产生这些动机的原因，没有探索社会关系
体系发展的客观规律性，没有把物质生产的发展程度看作这种关系的根
源；第二，以往的理论从来忽视居民**群众**的活动。"② 这两个缺点既是旧哲
学在历史观上的失足点，又是新哲学的出发点。马克思和恩格斯对旧哲学
历史观的主要缺点的克服，就是对唯物主义历史观的建立的起点。

　　如果说对旧哲学历史观总结出的缺点主要是马克思的功劳，那么对缺
点的克服之探讨则是属于马克思和恩格斯两个人的。又因为体现旧哲学历
史观的主要缺点是青年黑格尔派的代表人物鲍威尔的思想，所以马克思从
理论上通过对鲍威尔在主客体关系上的错误的批判，阐明了物质生产是历
史的发源地；而恩格斯侧重于从实践上对鲍威尔在精神与群众关系上的错
误观点的批判，阐明了人民群众是历史的创造者的原理。

　　2. 物质生产是历史的发源地

　　马克思通过对以鲍威尔为代表的青年黑格尔派思辨哲学的批判，阐明
了物质生产是历史的发源地的思想。这既是对旧历史观的缺点的根本纠
正，又是建立唯物史观的起点。对此，恩格斯从实践上对鲍威尔作了批
判，用事实说明了鲍威尔的哲学是"儿子生父亲"的哲学。马克思则从理
论上以异化劳动理论对鲍威尔的唯心主义异化观作了深刻的批判。

　　（1）批判鲍威尔的思辨哲学阐明主客体关系

　　思辨哲学本来是黑格尔唯心主义哲学的特点，而鲍威尔不仅继承下来

---

① 《马克思恩格斯全集》第 2 卷，人民出版社 1965 年版，第 159—160 页。
② 《列宁选集》第 2 卷，人民出版社 1995 年版，第 425 页。

而且还有所发展。因此，马克思对鲍威尔的批判也是从批判他的思辨哲学开始的。所谓思辨哲学就是把具体的现实变为观念的宾词，把精神变为世界的本质，把历史变为精神发展的自我意识哲学学说。这个特点在黑格尔的《精神现象学》中表现最明显。马克思指出："黑格尔在'现象学'中用**自我意识**来代替人，因此，**最纷繁复杂**的人类现实在这里只是**自我意识的特定的形式**，只是**自我意识的规定性**……全部'现象学'的目的就是要证明**自我意识是唯一的、无所不包的实在**。"① 鲍威尔不仅完全接受了黑格尔的思辨哲学而且使它完善化。马克思说："鲍威尔先生本人……没有打算对黑格尔的体系做**完善的批判**，而至多不过是打算**完成黑格尔的体系**罢了。"②

第一，把自我意识看作是唯一的存在。鲍威尔不仅把自我意识赋予唯一存在的含义，并且把人类的全部总和变为思想的产物，变为"范畴"。而普遍的自我意识可以把这些"范畴"当作不符合它的规定性，当作特殊性从而当作不符合存在形式加以"扬弃"。历史被归纳为普遍的自我意识在它作为完善的规定性之总和的实体关系中发展。这时历史在鲍威尔这里比在黑格尔那里更加彻底地变为纯粹思维领域中并借助于思维而实现的精神发展。马克思指出："不言而喻，如果说黑格尔的'现象学'尽管有其思辨的原罪，但还是在许多方面提供了真实地评述人类关系的因素，那末鲍威尔先生及其伙伴却相反，他们只是提供了一幅毫无内容的漫画，这幅漫画只是满足于从某种精神产物中或从现实的关系和运动中撷取一种规定性，把这种规定性变为想像的规定性、变为范畴，并把这个范畴充作产物、关系或运动的观点。"③ 这里清楚地表明鲍威尔是否定了思维外的任何存在。因而他就只能同自己的幻影打交道了。把一切变成了他的思想，从而也否定了整个现实世界。因为"既然鲍威尔先生在一切领域中都贯彻自己跟实体的对立，贯彻他的自我意识的哲学或精神的哲学，那末在一切领

---

① 《马克思恩格斯全集》第 2 卷，人民出版社 1965 年版，第 244—245 页。
② 《马克思恩格斯全集》第 2 卷，人民出版社 1965 年版，第 176 页。
③ 《马克思恩格斯全集》第 2 卷，人民出版社 1965 年版，第 246 页。

域中他就只应该同他自己臆想的幻想打交道"①。

第二，自我意识是绝对的创造主体。在鲍威尔看来，自我意识不仅是唯一的存在，而且是绝对的创造的主体。黑格尔曾表述绝对精神是历史的创造者。但鲍威尔看来黑格尔的这一思想有双重的不彻底性：①黑格尔宣布哲学就是绝对精神的定在（具体存在），同时又不肯定宣布现实哲学就是绝对精神；②他仅仅在表面上把绝对精神变为历史的创造者。因为既然绝对精神只是事后才通过哲学家意识到自身这个创造力的世界精神，那么它的捏造历史的行动只是发生在哲学家的意识中、见解中、观念中，只是发生在思辨的想象中。

鲍威尔先生取消了黑格尔的双重不彻底性。首先，"它宣布**批判**是**绝对精神**，而**他自己**是**批判**。批判的因素被排斥于群众之外。同样，群众的因素也被排斥于批判之外。所以**批判**认为自己并不是通过**群众**体现出来，而仅仅是通过**一小撮**杰出人物即**鲍威尔**先生及其门徒们体现出来的"。他用创造者来代替创造者的这些创造物。其次，鲍威尔不满意黑格尔讲的绝对精神只是事后在幻想中创造历史，而"他是**有意识地**在扮演**世界**精神的角色；他现在就已经**戏剧性地**对待这批**群众**，而且在深思熟虑之后却故意发明历史和实现历史"②。

就这样，鲍威尔继承了黑格尔又发展了黑格尔的自我意识哲学，并把它变成了绝对的创造主。马克思说鲍威尔的自我意识即**精神**就是一切。在它之外没有任何东西。"自我意识即精神是世界、天空和大地的万能的创造者。**世界**是被迫使自己**异化**并采取**奴隶形象**的自我意识的生命表现。"③

第三，自我意识哲学是基督教创世说的复活。通过前边的叙述看出，鲍威尔的自我意识哲学同现实的一切关系都是决裂的。这样就同黑格尔的绝对观念一样。把现实世界看作是有别于它自身的东西，然后把被创造出来的东西又当作有别于它自身的东西加以"扬弃"，从而达到了自身的统一。这种自我意识哲学，实际上又归宿于神学，其实质就是基督教创世说

---

① 《马克思恩格斯全集》第2卷，人民出版社1965年版，第180页。
② 《马克思恩格斯全集》第2卷，人民出版社1965年版，第109页。
③ 《马克思恩格斯全集》第2卷，人民出版社1965年版，第178页。

的复活。它和一切神学体系一样，排除了一切现实的进步。因此，普遍自我意识的运动和黑格尔的绝对观念一样也是自身内部的旋转。"**神的批判在返回自身**以后，以合理的、自觉的、批判的方式复活了：**自在的存在**变成了**自在自为的存在**，而且只有在**最后**才会变成饱满的、实现了的、已揭示出来的**起源**。**神**的批判与**人类**的批判不同，它是作为**批判**、作为**纯粹的批判**、作为**批判的批判**出现于世的。"①

由此看来，这种毫无内容的，与自然和社会隔绝的，只为自己而存在的自我意识，在逃避了世界以后变成了神圣的精神并作为神圣的精神过着神圣的生活。作为它的代身"批判的批判"本身也加入了神灵的行列。马克思指出："**绝对的批判**返回到自己的出发点以后，就结束了**思辨的循环**，从而也结束了自己的全部**生涯**。它的往后运动是纯粹的、超越一切**群众利益的自己内部的旋转**，因此，群众对它已**丝毫不感兴趣了**。"② 不仅如此，就是一般的唯物主义者对这种哲学也是讨厌的，首先揭露它的秘密的是费尔巴哈。因此，鲍威尔这次的炮口就不仅是对准一般唯物主义，也是对准费尔巴哈的。

（2）批判鲍威尔对费尔巴哈的"征讨"

鲍威尔这次是首先向费尔巴哈开炮的，但他向唯物主义的"征讨"的历史绝不是从费尔巴哈开始的。对费尔巴哈的"征讨"是他向唯物主义"征讨"的继续。

首先，鲍威尔对以前的唯物主义的"征讨"集中在两个问题上：其一，关于运动问题。鲍威尔不仅把自我意识绝对化为创造的主体，而且还赋予了它自觉运动的属性。他批判唯物主义者把世界看作物质运动，只是看到了一种运动的假象，而没有看到真正的运动。而真正的运动是在自我意识的运动即自觉的运动。其二，在唯物主义的起源问题上，鲍威尔认为，唯物主义和自然神论是同时从斯宾诺莎的学说中产生出来的。他说："法国的斯宾诺莎学派和自然神论的信徒只不过是斯宾诺莎体系的真谛这个问题上互相争辩的两个流派……单纯的命运就注定这种启蒙运动要灭

---

① 《马克思恩格斯全集》第 2 卷，人民出版社 1965 年版，第 181 页。
② 《马克思恩格斯全集》第 2 卷，人民出版社 1965 年版，第 182 页。

亡，就是说，在它被迫向法国运动时期开始的反动投降之后，它已经淹没在浪漫主义里了。"①

关于这一点，马克思认为，照鲍威尔的看法，唯物主义就成为它的对立面即唯心主义。自我意识、精神变成了唯一的本质，在这个本质之外，不存在任何东西，其中包括物质在内。精神变成了世界的全能的创造者，世界不过是精神的外化，精神的运动，这完全是黑格尔主义合乎逻辑的结论。马克思批判这种错误的实质时指出："决不可以把思维同那思维着的物质分开。物质是一切变化的主体。"②

关于第二点，鲍威尔也是完全用黑格尔的一套来看待唯物主义的起源，因为黑格尔把唯物主义看成是斯宾诺莎实体的实现，并把自然神论和唯物主义看成是导源于斯宾诺莎的两个学派。马克思指出，唯物主义由于同唯灵论划清界限，而完成的发展中，区分出了相互交错的不同派别。机械唯物主义一派起源于笛卡儿的物理学，并同法国的自然科学结合起来；另一派起源于洛克，主要具有社会性质，并直接导向社会主义，也就是导向社会实践。这就是说，唯物主义学说的发展是必然要导向实践的理论。因为社会主义就是一种社会实践的运动。这种运动，必然是同群众相结合的运动。在这个运动中会充分显示出人民群众作为创造者的力量。这样，就是从实践上对鲍威尔的自我意识作了批判。

费尔巴哈是这条唯物主义路线的继承和发展的代表。当然鲍威尔不会放过费尔巴哈的。因此在"莱比锡宗教会议"上第一个出庭受审的就是费尔巴哈。

其次，鲍威尔对费尔巴哈的"征讨"除了有历史的路线对立之外，还有个现实的直接原因，即费尔巴哈在"实证哲学家"的论文中"把'自我意识'的全部奥秘都揭穿了"③。所以，鲍威尔带着悲愤的心情向费尔巴哈开炮"征讨"，"费尔巴哈被授予'**实体**'的骑士的称号，为的是使

---

① 转引自《马克思恩格斯全集》第 2 卷，人民出版社 1965 年版，第 159 页。
② 《马克思恩格斯全集》第 2 卷，人民出版社 1965 年版，第 164 页。
③ 《马克思恩格斯全集》第 3 卷，人民出版社 1965 年版，第 92 页。

鲍威尔的'自我意识'更加突出"①。

那么，鲍威尔是如何向费尔巴哈"征讨"的呢？他这时已没有青年黑格尔派那种朝气了，而又拣起了老年黑格尔派的一套向费尔巴哈进攻。"不消说，圣布鲁诺依旧骑着他的老年黑格尔派的战马耀武扬威。"②

在黑格尔哲学体系解体的过程中形成了两派，即青年黑格尔派（施特劳斯·鲍威尔、施蒂纳、费尔巴哈等）和老年黑格尔派（马尔海克霍托·米希勒等）。

老年黑格尔派是在编辑黑格尔的遗著中形成的。他们幻想黑格尔哲学是最终的、最后的哲学，这种哲学是不会破灭的。他们完全抛弃了黑格尔的辩证法，捍卫黑格尔保守的唯心主义的垃圾。老年黑格尔派，从政治到哲学都是反动的。鲍威尔站在老年黑格尔派的立场，用老年黑格尔派的一套向费尔巴哈开炮，就是唯心主义对付唯物主义的方法，从根本上否定了唯物主义的基石——物质的概念。

我们知道，在黑格尔那里物质与意识的关系是头足倒置的。鲍威尔用老年黑格尔派的一套就是从这种颠倒的关系出发的。在这个批判的头脑看来，"关于现实问题的哲学词句就是现实问题本身"。这样，鲍威尔便得出了两个结论：其一，现实的人以及他们的社会关系的现实意义都非实有，实有的只是自我意识的抽象词句。"正如现实的生产都非实有，实有的只是**这种自我意识的已经独立化的活动**一样。"③ 其二，现实的自然界和现实的社会关系都非实有，实有的只是这些关系的一切哲学范畴。这样鲍威尔就把思想、观念、现存世界在思想上的表现，当作现存世界的基础，鲍威尔"并没有离开思辨的基地来解决思辨的矛盾；他仍在这一基地上施展伎俩，甚至还如此坚定地站在黑格尔所特有的基地上"④。

不仅如此，马克思、恩格斯还揭露了鲍威尔向费尔巴哈"征讨"的新手法。鲍威尔不仅重复了老年黑格尔派的一套向唯物主义进攻的手法，而

---

① 《马克思恩格斯全集》第 3 卷，人民出版社 1965 年版，第 91—92 页。

② 《马克思恩格斯全集》第 3 卷，人民出版社 1965 年版，第 92 页。

③ 《马克思恩格斯全集》第 3 卷，人民出版社 1965 年版，第 93 页。

④ 《马克思恩格斯全集》第 3 卷，人民出版社 1965 年版，第 93 页。

且还有自己独特的手法。那就是他"把施蒂纳对费尔巴哈和鲍威尔的责难虚伪地述说成鲍威尔对费尔巴哈的责难"①。

施蒂纳对费尔巴哈和鲍威尔都责难过。鲍威尔把施蒂纳对他和费尔巴哈两个人的责难变成了对费尔巴哈一个人的责难，并逐字逐句地用施蒂纳的原话当作自己的话。如"每一个人都是他自己的创造物"、"真理是怪影"。马克思、恩格斯揭露鲍威尔的这种手法时说："布鲁诺几乎逐字逐句地抄袭了施蒂纳整整三页之多（……），同样他还非常笨拙地模仿施蒂纳的话。"②

鲍威尔借助施蒂纳反对费尔巴哈也就暴露了自己的问题。

其一，鲍威尔相信宗教是真有的，真有是宗教的本质，并且还认为真有是通向宗教源头的桥梁。他说："费尔巴哈是个奴才，他的奴性使他不能完成人的事业，认识宗教的本质……他认识不了宗教的本质，因为他不知道那座可以通向宗教的源头的'桥梁'。"③

其二，要消除感性。鲍威尔为彻底消除尘念，他就首先要消除感性。他是把消除感性作为消除尘念入手。所以，马克思、恩格斯指出："这位圣者反对费尔巴哈的感性的怒气冲冲的论战，表明他现在是如何清心寡欲，涤除尘念。"④

费尔巴哈强调实体的真实性，强调感性的意义。这是他跳出思想范围的尝试，正因为如此，在青年黑格尔派中间也"只有费尔巴哈才是从黑格尔的观点出发而结束和批判了黑格尔的哲学"⑤。这结果在鲍威尔看来乃是一种罪恶。他大骂费尔巴哈是暴徒的首领，将他摒于门外，使之与妖术、妖术者、通奸者与杀人犯为伍。他还认为感性是可恶的东西，只有消除感性才能达到主体与客体的统一。对于青年黑格尔派的批判马克思有个总结。他说："施特劳斯和鲍威尔两人十分彻底地把**黑格尔**的体系应用于神学。前者以**斯宾诺莎主义**为**出发点**，后者则以**费希特主义**为**出发点**。他们

① 《马克思恩格斯全集》第 3 卷，人民出版社 1965 年版，第 94—95 页。
② 《马克思恩格斯全集》第 3 卷，人民出版社 1965 年版，第 95 页。
③ 转引自《马克思恩格斯全集》第 3 卷，人民出版社 1965 年版，第 97 页。
④ 《马克思恩格斯全集》第 3 卷，人民出版社 1965 年版，第 98 页。
⑤ 《马克思恩格斯全集》第 2 卷，人民出版社 1965 年版，第 177 页。

两人都就上述两个因素之中的每一个因素在黑格尔那里由于另一个因素的渗入而**被歪曲**这一点**批判**了黑格尔，可是他们使每一个因素都获得了**片面的**、因而是彻底的发展。因此，他们两人在自己的批判中都超出了黑格尔哲学的**范围**，但同时他们两人都继续停留在黑格尔思辨的**范围内**，而他们之中无论哪一个都只是代表了黑格尔体系的一个方面。只有**费尔巴哈**才是从**黑格尔的观点**出发而结束和批判了**黑格尔**的哲学。费尔巴哈把形而上学的**绝对精神**归结为'**以自然为基础的现实的人**'。"①

可是，由于费尔巴哈没有认识到物质生产的重要性，他讲的"现实的人"仍然是抽象的人。对于费尔巴哈的抽象人的超越仍然是从马克思开始的。正如恩格斯所说："但是，费尔巴哈没有走的一步，必定会有人走的。对抽象的人崇拜，即费尔巴哈的新宗教的核心，必定会由关于现实的人及其历史发展的科学来代替。这个超出费尔巴哈而进一步发展费尔巴哈观点的工作，是由马克思于 1845 年在《神圣家族》中开始的。"② 这里讲的超出费尔巴哈的一步，正是发现了物质生产的作用，通过物质生产的作用，发现了社会关系的客观规律性。我们知道，马克思在《1844 年经济学哲学手稿》一书中已经认识到，整个世界的历史不外是通过人的劳动而诞生的过程。这个思想就是对人类生产在历史中的作用的初步表述，而在《神圣家族》中，通过对鲍威尔等人的批判又从历史发源地的角度来看待物质生产问题。因为，关于历史的发源地的问题，是历史理论首先要回答的问题。但旧哲学历史观始终没有科学地解决这个问题。黑格尔把绝对观念看作历史的发源地，整个历史就是绝对观念自我发展的历史。人类仅仅是绝对观念的承担者。鲍威尔虽然批判了宗教，但他以自我意识代替了黑格尔的绝对观念。把自我意识看成是历史的发源地。由于他们都是把历史的发源地归结为观念的东西，就不能科学地说明人类历史的起源的问题。马克思说："难道批判的批判以为，只要它从历史运动中排除掉人对自然界的理论关系和实践关系，排除掉自然科学和工业，它就能达到即使是才**开始**的对历史现实的认识吗？难道批判的批判以为，它不去认识（比如说）某

---

① 《马克思恩格斯全集》第 2 卷，人民出版社 1965 年版，第 177 页。
② 《马克思恩格斯选集》第 4 卷，人民出版社 1995 年版，第 241 页。

一历史时期的工业和生活本身的直接的**生产方式**，它就能真正地认识这个历史时期吗？诚然，唯灵论的、**神学**的批判的批判仅仅知道（至少它在自己的想像中知道）历史上的政治、文学和神学方面的重大事件。正像批判的批判把思维和感觉、灵魂和肉体、自身和世界分开一样，它也把历史同自然科学和工业分开，认为历史的发源地不在**尘世**的粗糙的**物质**生产中，而是在天上的云雾中。"① 这段话可以看作是关于历史发源地理论的科学论述。这个表述有如下含义：其一，人与自然的关系是考察历史起源的前提，没有人当然就没有历史，但人类的历史就是人对自然的改造活动的历史。其二，历史与自然科学和工业的关系，就是说明人类的历史就是人类实践的历史。在马克思看来，自然科学和工业都是人类实践的产物，都是表明物质的生产力。其三，研究历史时期的根本方法，就是研究生产方式的发展和变化。马克思认为，历史时期的确定不是靠意识、观念，而是工业和生活本身的生产方式。从物质生产出发就会进一步发现物质生产力和生产方式的关系及其发展和变化的根源，这就是历史的深层规律的起点。所以说，物质生产是历史的发源地，更是历史的深层规律的发源地。

3. 人民群众是历史的创造者

如果说，物质生产是历史的发源地的观点主要是马克思提出并论述的，那么，人民群众是历史的创造者的思想则主要是恩格斯阐明的。马克思虽然也阐明了"历史的活动是群众的事业"的重要思想，但恩格斯更加集中和具体地阐述了这一思想。恩格斯对这一思想的论述同马克思一样，也是从批判鲍威尔等人把自我意识看作历史的发源地开始的。不过，他与马克思的视角是不同的。恩格斯是侧重于从现实出发的，我们知道，鲍威尔的错误，不仅在理论上把物质与精神颠倒了，而且对现实也是颠倒的。对其后一个颠倒，恩格斯作了有力的批判。这与恩格斯对英国资本主义制度的考察是有密切关系的。恩格斯对当时英国工业最发达的地区曼彻斯特等地进行了考察，要比马克思更了解英国工人阶级的现实，他

---

① 《马克思恩格斯全集》第 2 卷，人民出版社 1965 年版，第 191 页。

已投身于工人阶级的现实生活之中了，因而对鲍威尔颠倒现实的批判就更有力了。

（1）鲍威尔对人民群众作用的否定

鲍威尔从自我意识出发，把自我意识看作是至高无上的，是推动历史发展的唯一动力，完全否定群众的历史作用，这种否定是通过他制造的"两个对立"实现的。

首先，鲍威尔把普遍的自我意识看成是与群众绝对对立的。他把精神反对实体的斗争看成是普遍的自我意识同作为僵死物质总和的群众之间的冲突。鲍威尔认为，在这个对立中，群众的精神是空虚的、消极的、非历史的；而精神，批判即鲍威尔自己及其伙伴们是积极的因素，一切历史行动都是由这种因素产生的。群众是精神的真正敌人。精神只有到群众的自我欺骗和萎靡不振中去寻找自己的唯一对头。

鲍威尔把自我意识看作是绝对真理，把群众看作是真理的对立面。群众既不能认识真理，也不能掌握真理。恩格斯说，他认为真理"不是面向经验的人，而是面向'**心灵的深处**'，它为了成为'**真正被认识了的**'真理，不去影响居住在英国的地下室中或是法国库房的阁楼里的人的**粗糙的躯体**，而是通过他的整个唯心主义的肠道'徐徐伸展'。"①

其次，鲍威尔不仅制造真理与群众的对立，而且还制造了历史与群众的对立。鲍威尔认为，群众是历史的对立面，是历史发展的阻力。他说："到现在为止，历史上的一切伟大的活动之所以**一开始**就是不成功的和没有实际成效的，正是因为它们**引起了**群众的**关怀**和**唤起了**群众的**热情**。换句话说，这些活动之所以必然得到悲剧的结局，是因为作为它们的基础的思想是这样一种观念：它必须满足于对自己的表面了解，因而也就是指望博得群众的喝彩。"②

（2）马克思、恩格斯对鲍威尔的错误所作的批判

马克思对鲍威尔的批判，首先揭露了他关于历史与群众对立的思想，指出在鲍威尔的思想中，"一方面是群众，他们是消极的、精神空虚的、

① 《马克思恩格斯全集》第 2 卷，人民出版社 1965 年版，第 102 页。

② 转引自《马克思恩格斯全集》第 2 卷，人民出版社 1965 年版，第 102 页。

非历史的、**物质的**历史因素；另一方面是**精神**、**批判**、布鲁诺先生及其伙伴，他们是积极的因素；一切**历史**行动都是由这种因素产生的。改造社会的事业被归结为批判的批判的**大脑活动**"①。马克思对鲍威尔的批判，是从异化理论的角度进行的。他认为这种对立是群众自我异化的后果，并不是自我异化的原因。马克思说："群众的这种自我异化的**实际**后果既然以外在的方式存在于现实世界中，所以群众也就不得不以**外在**的方式和这种后果进行斗争。群众绝不会把自己的自我异化的这些后果仅仅看做观念的幻影，看做**自我意识**的单纯的**异化**，同时也不想通过**纯粹内在的唯灵论**的活动来消灭**物质的**异化。"② 恩格斯则着重于从现实的角度进行批驳的。因为恩格斯依据当时目睹了工人生活的现实，指出："工人阶级的状况是当代一切社会运动的真正基础和出发点，因为它是我们目前社会一切灾难的最尖锐最露骨的表现。"③ 在《神圣家族》中，我们看到恩格斯的批判有一个突出的特点，这就是把批判同工人阶级状况的现实结合起来。这个结合正击中了整个青年黑格尔派的要害。因为整个青年黑格尔派的所谓革命，就是离开德国的现实而进行的意识革命。"这种改变意识的要求，归根到底就是要求用另一种方式来解释现存的东西，也就是说，通过另外的解释来承认现存的东西。"④ 恩格斯的这种批判，实际上是把理论引入现实生活。与马克思的批判相比是有新特点的，也就是说，恩格斯对鲍威尔的批判，不仅揭露了他对现实的颠倒的错误，而且把理论引入现实生活。鲍威尔的最大错误就是歪曲和颠倒了现实。对这种错误只是从理论上批判远是不彻底的，必须把批判引入现实之中。这既是对鲍威尔批判的深入，也是找到了马克思主义理论的生长点。恩格斯认为，鲍威尔是坚持了"儿子生父亲"的荒谬逻辑。只要面向现实，面向现实那就很清楚了。一是鲍威尔颠倒了工厂与工厂城市的关系。本来是先有了工厂才能有工厂城市，而鲍威尔的逻辑却是先有工厂城市才有工厂。恩格斯说："在群众的历史中，

---

① 《马克思恩格斯全集》第 2 卷，人民出版社 1965 年版，第 109 页。
② 《马克思恩格斯全集》第 2 卷，人民出版社 1965 年版，第 104 页。
③ 《马克思恩格斯全集》第 2 卷，人民出版社 1965 年版，第 278 页。
④ 《马克思恩格斯全集》第 3 卷，人民出版社 1965 年版，第 22 页。

工厂出现以前是没有**任何工厂城市**的，可是在儿子生父亲（像在黑格尔那里一样）的批判历史中，**曼彻斯特、波尔顿**和**普累斯顿**在谁都还没有想到工厂以前就已经是繁荣的工厂城市了。"① 这显然是颠倒了工厂与工厂城市的现实关系。二是鲍威尔对工厂中的现实也是予以颠倒的，实际上，在英国工厂里的工资是有等级的，从 1.5 先令到 40 先令甚至于更多一些，在批判中却只有一种工资——11 先令；英国工厂里机器早已代替了手工劳动，而在批判中却是机器代替了思维。英国资本主义的工厂劳动是极端折磨人的，并且引起了各种特殊的疾病（甚至于有专门研究这些疾病的医学著作），而"在批判中却说：'过分的紧张不会妨碍劳动，因为出力的是机器。'实际上，机器就是机器，在批判中，机器却有**意志**：机器不休息，工人也不能休息，所以工人是受外来意志支配的。"② 三是事实上在资本主义制度下，工人为资本家生产财富，而为自己生产贫困，这是人所共知的事实，而批判却武断地说："财产的集中及其对劳动阶级所造成的后果，在英国无论是有产阶级或是无产阶级都没有看出来，可是愚蠢的宪章派就认为他们对财产集中的现象了解得非常透彻。"③ 四是实际上工人阶级能创造一切，这是资本主义的生产关系造成的。由于资本家占有生产资料，剥削工人的剩余价值，才使工人一无所有，而批判的批判者却胡说："工人什么东西也没有创造，所以他们也就一无所有。"④

总之，鲍威尔及其伙伴颠倒现实关系的根本目的是要否定群众是历史的主体，否定人民群众的历史作用。

（3）人民群众是历史的创造者

人民群众是历史的创造者这一科学命题，表述了历史唯物主义的基本内容。物质资料的生产是历史的发源地，是历史存在的基础和唯物史观的起点，它主要是对历史客体的科学说明；而人民群众是历史的创造者，则表述了历史唯物主义的基本内容，揭示了物质资料的生产怎样成为历史存

---

① 《马克思恩格斯全集》第 2 卷，人民出版社 1965 年版，第 13 页。
② 《马克思恩格斯全集》第 2 卷，人民出版社 1965 年版，第 14 页。
③ 《马克思恩格斯全集》第 2 卷，人民出版社 1965 年版，第 15 页。
④ 转引自《马克思恩格斯全集》第 2 卷，人民出版社 1965 年版，第 21 页。

在的基础和唯物史观的起点的，它主要是对历史主体作用的科学说明。尽管这个说明在当时仅用了"工人"这个词，而没有用"人民群众"这个术语，但就当时历史时代的发展来说，生活在资本主义社会中的工人，代表了人民群众，它是历史时代的先进阶级。恩格斯针对鲍威尔的"工人什么都没有创造"的错误观点尖锐地指出："'工人什么都没有创造。'要是**撇开单个工人不能生产任何完整的东西**这一事实（这是不言而喻的）不谈的话，这种论点简直就是疯话。批判的批判什么都没有创造，工人才创造一切，甚至就以他们的精神创造来说，也会使得整个批判感到羞愧。英国和法国的工人就很好地证明了这一点。工人甚至创造了人，批判家却永远是不通人性的人。"① 这段话的基本思想，十分清楚地说明了人民群众是历史的创造者，是实现使物质资料生产为社会历史的存在和基础的主体，也就是说，物质生产，即主体现实地改造客体的活动，必然永远是人类最基本的活动，从事这种活动的劳动群众当然是历史的主体，是推动历史发展的最基本力量。

从上述恩格斯的一段话中，不仅说明了物质生产劳动是历史发展的真正发源地，更说明了劳动群众不仅进行了物质创造，而且还进行了巨大的精神创造。马克思和恩格斯当时就认为，历史的运动是人类实践活动的运动。首先是物质生产劳动的运动，自从人类开始进行劳动生产的时候起，也就开始了人类自己的历史。只有在劳动中，人才能实现改造自然，创造世界。所以说，人民群众是历史的创造者，其含义是多方面的。

首先，它说明人民群众不仅不是历史的对立面，而且是历史前提的创造者。马克思和恩格斯指出："全部人类历史的第一个前提无疑是有生命的个人的存在。"② 又说："可以根据意识、宗教或随便别的什么来区别人和动物。一当人开始生产自己的生活资料的时候，这一步是由他们的肉体组织所决定的，人本身就开始把自己和动物区别开来，人们生产自己的生活资料，同时间接地生产着自己的物质生活本身。"③ 恩格斯当时提出

① 《马克思恩格斯全集》第 2 卷，人民出版社 1965 年版，第 22 页。
② 《马克思恩格斯选集》第 1 卷，人民出版社 1995 年版，第 67 页。
③ 《马克思恩格斯选集》第 1 卷，人民出版社 1995 年版，第 67 页。

"工人才创造一切"，首先应包含人民群众是历史前提的创造者。

其次，人民群众不仅是历史前提的创造者，同时也是历史的存在和基础的创造者。历史的存在和发展是建立在物质生产劳动的基础上的，没有物质生产劳动的运动就不会有人类历史的存在和发展。物质生产，就是主体现实而且具体地改造客体的活动，而从事这种劳动生产活动的主体是劳动群众。离开了这种劳动活动，就不能现实地改造客体。所谓创造历史，创造世界，就必须依靠现实的改造客体的活动，而不是依赖于脱离现实活动的抽象精神、自我意识。现实的改造客体的活动，也不是像鲍威尔一伙所说的那样，是单纯的、粗糙的物质活动和体力活动，它必然包含着极其丰富的精神的活动和脑力的活动。正如恩格斯所说，以工人的"精神创造来说，也会使得整个批判感到羞愧"。就是说，劳动群众不仅进行了物质创造，同时也进行了不可估量的精神创造。事实上，人类几千年来的生产技艺的发展，劳动美的创造，不仅表明了劳动如何培育和提高了人的智慧，也表明了劳动对整个人类文化和精神文明的创造。

再次，对人民群众是历史的创造者的理解，不仅不能局限于物质生产领域，也不能局限于通常说的精神生产领域，他们在政治生活领域中同样起着重大的作用。鲍威尔一伙对此是持唯心主义观点的。针对鲍威尔关于把革命失败归之于群众的关怀和热情的荒谬观点，马克思、恩格斯说："如果说能够代表一切伟大的历史'活动'的革命是不成功的，那末，其所以不成功，是因为革命在本质上不超出其生活条件的范围的那部分群众，是并不包括全体居民在内的**特殊的、有限的群众**。如果说革命是不成功的，那末，并不是因为革命'**唤起了**'群众的'**热情**'，并不是因为它引起了群众的'**关怀**'，而是因为对不同于资产阶级的绝大多数群众来说，革命的原则并不代表他们的实际利益，不是**他们自己**的革命原则，而仅仅是一种'**观念**'，因而也仅仅是暂时的**热情**和表面的**热潮**之类的东西。"① 这里讲清楚了革命和群众关系的几点道理：（1）任何革命活动要想获得成

① 《马克思恩格斯全集》第 2 卷，人民出版社 1965 年版，第 103—104 页。

功，必须要使革命原则符合群众利益，唤起群众的热情，争取他们积极参加，才能使革命成功。否则，革命的原则无论多么伟大，也不能实现打破旧世界的目的；（2）任何真正的革命都顾及到了群众的利益。法国资产阶级革命之所以能"顺利地征服了马拉的笔、恐怖党的断头台、拿破仑的剑，以及教会的十字架和波旁王朝的纯血统"①，就是在于它顾及到了群众的利益，但是法国的资产阶级的革命原则并不代表群众的实际利益，所以法国资产阶级革命对资产阶级来说是成功的，对劳动群众来说是不成功的。但是，法国资产阶级革命之所以能战胜封建主义，就是因为它唤起了群众的热情和引起了群众的关怀；（3）任何革命包括政治革命，都必须有"思想"起作用，乃至起着指导作用，但是，这种思想不是革命领导者凭空想出来的，它是在群众的实践的活动中产生的，又基本上符合群众的利益的，否则就不能引起群众的关怀，唤起他们的热情，就是说，"思想一旦离开利益，就一定会使自己出丑"。如同恩格斯所概括的，"**历史什么事情**也没有**做**，它'并不拥有**任何**无穷尽的丰富性'，它并'没有**在任何战斗中作战**'！创造这一切、拥有这一切并为这一切而斗争的，不是'历史'，而正是**人**，现实的、活生生的人。'历史'并不是把人当做达到**自己**目的的工具来利用的某种特殊的人格。历史**不过是**追求着自己目的的人的活动而已"②。

综上所述，马克思和恩格斯在共同创立新哲学中，他们的功绩都是巨大的，他们对旧哲学历史观的批判和对新哲学历史观的基本观点是完全一致的，但在创立新历史观中所发挥的作用是不完全相同的，如果说马克思的探索是侧重于对历史客体的本质问题作了科学揭示；而恩格斯的探索却侧重于对历史主体作用的本质问题进行科学论证。共同的目的是为确立唯物史观的起点，对包括德国古典哲学在内的旧哲学长期纷争而未获解决的历史的主客体关系问题予以科学回答。从此，马克思、恩格斯开始了对唯物史观的全面制定。

---

① 《马克思恩格斯全集》第2卷，人民出版社1965年版，第103页。
② 《马克思恩格斯全集》第2卷，人民出版社1965年版，第118—119页。

三、对费尔巴哈人本主义唯物主义的批判

彻底批判费尔巴哈哲学的消极因素，一方面是由于实践的需要。因为，当时欧洲工人运动还处在各种社会主义学说的影响之下，特别是在德国一些"真正社会主义"者用费尔巴哈哲学伦理学构造社会主义图式，把社会主义变成"爱"的呓语，以蛊惑群众；另一方面，也是马克思和恩格斯为了共同创建新的世界观，清算自己以前哲学信仰，阐明自己的新思想、新观点的需要。这一理论工作，在马克思 1845 年初所写的《关于费尔巴哈的提纲》中已奠定了基本理论基础，接着在马克思、恩格斯合写的《德意志意识形态》巨著中，对费尔巴哈哲学深入批判的基础上，比较详细地阐述了他们的新思想、自己所创立的新观点，并基本上建立起唯物史观的理论体系。

马克思《关于费尔巴哈的提纲》（以下简称《提纲》）写于 1845 年初，直到 1888 年由恩格斯第一次公之于世，并称这个《提纲》是"包含着新世界观的天才萌芽的第一个文献，是非常宝贵的"①。其中，彻底地批判了费尔巴哈的人本主义唯物主义哲学，明确勾画出新哲学的基本特征。

1. 旧哲学的困境与新哲学的出路

《提纲》一开始马克思就指出了旧哲学的缺陷，他说："从前的一切唯物主义（包括费尔巴哈的唯物主义）的主要缺点是：对对象、现实、感性，只是从**客体**的或者**直观**的形式去理解，而不是把它们当做**感性的人的活动**，当做实践去理解，不是从主体方面去理解。因此，和唯物主义相反，唯心主义却把**能动的**方面抽象地发展了，当然，唯心主义是不知道现实的、感性的活动本身的。"② 马克思在这里首先指的是旧唯物主义的缺陷，费尔巴哈哲学作为旧唯物主义哲学发展的最高形态，比较充分地暴露

---

① 《马克思恩格斯文集》第 4 卷，人民出版社 2009 年版，第 266 页。
② 《马克思恩格斯文集》第 1 卷，人民出版社 2009 年版，第 499 页。

出这个缺陷。费尔巴哈不满意黑格尔把现实的一切都看作"绝对精神"的外化，把真理的历史看作"绝对精神"自我发展、自我实现的思辨哲学，针锋相对地提出要把感性的、现实的东西作为认识的基础，费尔巴哈的这个原则是正确的。但问题在于什么是感性的、现实的？在这个问题上费尔巴哈及以前的唯物主义认为，感性的、现实的仅仅是那些外在于人的自然物质。他们不把客观的东西与人的活动联系起来，看做人的活动的前提、结果和活动本身，因此旧唯物主义不能够理解环境的变化与人的活动有什么联系，以至于18世纪法国唯物主义在正确地说出了人是环境和教育的产物的同时，却不能进一步指出环境是如何改变的，终于把环境的改变看做某些杰出人物的意志作用的结果。

　　马克思指出，唯心主义之所以比旧唯物主义更好地发展了哲学能动性理论，就在于他们始终是以精神的东西作为主体。所以，在他们那里，能动的东西被发展成了一种抽象，变成了精神通过某种神秘的力量外化或设定现实的东西。这表明在旧哲学中，唯心主义和唯物主义分别抓住了精神的和感性的东西，各持一端，而共同把人的感性的活动抛在一边。这对于唯心主义来说并不为怪，因为他们的出发点就是精神，然而对于唯物主义来说，却不能不是一个根本的缺陷。仅仅把理论活动看做是真正人的活动，而把真正人的活动排斥于理论之外，这正是旧哲学的困境。

　　显然，新哲学的发展要冲出旧哲学的泥潭，就必须把理论的眼光投射到实践身上，科学地揭示实践的内容及其在哲学中的地位和作用。这一工作可以说在《提纲》中明确地提了出来。马克思首先否定了费尔巴哈那种具有代表性的说法，即把实践看作卑污的犹太人活动的表现形式，而从广泛的社会环境的改变的意义上理解实践，把实践称作革命的实践。这个思想包含着关于实践一般内容的见解，是其前期思想发展的结果，在《1844年经济学哲学手稿》中马克思从劳动的形式上研究过实践，把实践看做是人的有目的的活动，他写道："通过实践创造**对象世界，改造**无机界，人证明自己是有意识的类存在物。"[1]《神圣家族》一书的许多地方，马克

---

[1] 《马克思恩格斯文集》第1卷，人民出版社2009年版，第162页。

思、恩格斯在社会革命的意义上强调实践是一种客观的活动，是变革性的活动，同时实践也受到历史条件的制约。

2. 新哲学的革命变革

《提纲》在科学地理解实践的基础上，明确指出实践范畴在哲学理论中的基础地位和重要作用问题，从而拉开了哲学中革命变革的序幕。

在哲学认识论方面，旧的唯物主义由于忽视了人的实践活动在认识发生和发展中的作用，所以，他们虽然肯定客观事物是认识的对象，但却十分简单地看待对象与认识的关系。就认识本身来说，他们的原则是，人们只能在不触动对象的条件下认识对象，因而这种认识只能停留于对象的表面和片面，更不能在运动中把握对象。旧唯物主义这种认识论归根到底是直观的、非辩证的消极反映论。马克思把实践范畴引入认识论，把认识的对象与人的实践活动联系起来。从实践活动所能引起的变革上理解认识的对象，从而使实践成为认识与对象之间的中介，这样，对象对于人来说，既是被认识的，又是被改造的。所以在马克思主义认识论中，认识即在实践的改造中深入到对象的本质，又在这种改造的发展中曲折地、辩证地前进。马克思还以实践为根据，第一个科学地解决了认识的真理性的标准问题，他说："人的思维是否具有客观的真理性，这不是一个理论的问题，而是一个**实践的**问题。人应该在实践中证明自己思维的真理性，即自己思维的现实性和力量，自己思维的此岸性。关于思维——离开实践的思维——的现实性或非现实性的争论，是一个纯粹**经院哲学**的问题"①。

实践不仅是认识论的范畴，同时也是唯物史观的重要范畴。马克思明确指出："全部社会生活在本质上是**实践的**，凡是把理论引向神秘主义的神秘东西，都能在人的实践中以及对这种实践的理解中得到合理的解决。"② 马克思这个思想概括了他此前唯物主义地研究历史的一切探索的成果。社会生活的实践性，首先是指社会生活的物质性。马克思在历史观的探索中首先得出的一个重要结论就是人们的现实生活决定他们的思想状

① 《马克思恩格斯文集》第 1 卷，人民出版社 2009 年版，第 500 页。
② 《马克思恩格斯文集》第 1 卷，人民出版社 2009 年版，第 501 页。

况，任何政治方面的东西，都基于它们的市民社会。黑格尔及青年黑格尔派的历史理论恰恰是在这方面陷入神秘主义，他们从精神出发，把一切现实的社会生活统统看作精神的外化，并且要求人们拜倒在精神的脚下。揭示出社会生活的物质性，因而使人们能够清楚地看到，精神在实践之外它那种神秘的力量顿时化为子虚乌有。社会生活的实践性，还包含着社会生活的创造性。以费尔巴哈为代表的旧唯物主义不了解实践，因而他们不能够从人作为历史主体能动的创造性活动方式上理解历史，更不能从人们的这种活动方式上理解生产力和生产关系，最终陷入新的宗教神秘主义。阐明社会生活在本质上是实践的，也就使人们能够看到正是人们创造性的实践，才使人生活在一个不同于自然和动物界的全新的环境中，这个新的环境就是社会和历史。

基于对实践的这种全面理解，马克思一举解决了人的本质的难题，指出"人的本质不是单个人所固有的抽象物，在其现实性上，它是一切社会关系的总和"[1]。费尔巴哈在批判宗教的过程中，正确地把宗教的本质归结为人的本质，而人的本质在费尔巴哈看来，就是单个人所具有的自然的属性，人与人之间通过共同的自然属性而结成一个类，所以人的类本质也就是个体所具有的本质。费尔巴哈的这种观点源于他仅仅从感性存在的意义上理解一切事物，把人看作感性对象，而不是感性活动。与此相反，马克思从人的感性活动，即实践去考察人的本质问题。在马克思看来，人曾经是动物，但人又超出了动物，实践，主要是生产劳动实践，是人的本质生成和发展的基础，所以人首先是进行生产的人，而生产总是在一定的生产力和交往关系这些具体条件下进行的，人的本质就表现在其中，不仅如此，实践也创造了人的诸如政治、法律和意识等关系，它们也从不同的方面决定着人的本质。从人的这种感性的实践活动来看，人的本质并不是单个人所具有的类本质，人们在生产关系和政治、思想等关系的体系中获得各不相同的本质，这种本质又随着实践的发展而显示出不同的时代特征。

把实践当作首要范畴运用于哲学，使马克思终于超越了费尔巴哈人本

----

[1] 《马克思恩格斯文集》第 1 卷，人民出版社 2009 年版，第 501 页。

主义哲学的疆界，与此同时，他又严肃地指出费尔巴哈陷入唯心主义的原因，以引为戒。他说："费尔巴哈是从宗教上的自我异化，从世界被二重化为宗教世界和世俗世界这一事实出发的。他做的工作是把宗教世界归结于它的世俗基础。但是，世俗基础使自己从自身中分离出去，并在云霄中固定为一个独立王国，这只能用这个世俗基础的自我分裂和自我矛盾来说明。"①

因此，在《提纲》的最后，马克思总结性的以实践作为新哲学的特征；把认识世界与改造世界统一起来。他说："哲学家们只是用不同的方式**解释**世界，而问题在于**改变**世界。"②

由上可见，《提纲》是马克思在批判费尔巴哈哲学的基础上，第一次系统地明确地提出的建立马克思主义哲学理论体系的伟大思想纲领。其中包含着丰富的伟大新思想、新论断。这些新思想和新论断在他同恩格斯共同创作的《德意志意识形态》中得到比较详尽的阐发。

《德意志意识形态》是马克思被基佐政府逐出巴黎侨居布鲁塞尔之后，同恩格斯合作的第二部巨著，写于1845—1846年。这是"一部反对德国哲学和那一时期产生的德国社会主义的论战性著作"③。在该书的第一卷第一章中，马克思和恩格斯不仅深化了《提纲》的基本思想，对德国古典哲学特别是费尔巴哈哲学进行了彻底的批判，而且将他们在理论探索和理论论辩中所形成的唯物主义历史观，予以系统化和科学化。它是马克思主义哲学第一部成熟的著作。遗憾的是，这部巨著在他们生前未能出版。1883年马克思逝世后，恩格斯又进行修订并交伯恩斯坦将其出版也未能实现。直到1932年，苏共中央马列研究院才以德文发表了全文。

《德意志意识形态》一书在马克思主义哲学发展史上的重要地位，在于它在理论论辩和批判中系统地确立了唯物史观的基本原则，标志着马克思主义哲学的形成。

---

① 《马克思恩格斯文集》第1卷，人民出版社2009年版，第500页。
② 《马克思恩格斯文集》第1卷，人民出版社2009年版，第502页。
③ 《马克思恩格斯全集》第27卷，人民出版社1972年版，第473页。

四、唯物史观的确立及其公之于世

马克思和恩格斯在《德意志意识形态》中系统确立了自己的唯物史观的基本原则。这些思想后来在马克思批判小资产阶级哲学家、经济学家蒲鲁东的《哲学的贫困》中，以及马克思和恩格斯为第一个国际无产阶级政党所写的国际共产主义运动第一个纲领性文献——《共产党宣言》公之于世。

（一）唯物史观的前提和实质

马克思和恩格斯在清算德国哲学批判中所合著的《德意志意识形态》一书，内容极其丰富。其重大的理论意义，在于系统地确立了唯物史观的基本原则。

马克思和恩格斯在分析批判德国哲学及其后来的各种变形的基础上，指出：黑格尔以后的德国哲学历史观的出发点是宗教观念。认为宗教观念是以往历史变迁的原因，改变宗教观念就会达到改变历史的目的。他们的观察方式是"从意识出发，把意识看作是有生命的个人"，这是和实际生活相背离的错误方法。相反，马克思和恩格斯的观察方法，则是"符合实际生活的""从现实的、有生命的个人本身出发，把意识仅仅看作是**他们的意识**"。这种方法并不是马克思和恩格斯主观固有的，而是历史实际关系的反映。他们说："这种观察方法不是没有前提的……它的前提是人，但不是处在某种虚幻的离群索居和固定不变状态中的人，而是处在现实的、可以通过经验观察到的、在一定条件下进行的发展过程中的人"[1]。依据这种方法观察历史，就使以往的历史观发生了变革。因为从这种前提出发，把人和人的活动过程描绘出来，"历史就再不像那些本身还是抽象的经验主义者所认为的那样，是一些僵死的事实的汇集，也不再像唯心主义者所认为的那样，是想象的主体的想象活动"[2]。

---

[1] 《马克思恩格斯文集》第 1 卷，人民出版社 2009 年版，第 525 页。
[2] 《马克思恩格斯文集》第 1 卷，人民出版社 2009 年版，第 525—526 页。

马克思、恩格斯根据这样的出发点，提出人类社会历史就是人和人的活动的历史。但是，人的活动并不是随心所欲的，而是有客观前提的。他们认为，最初的历史关系或人的社会活动的基本前提或方面是：生活生产资料的生产；新的需要的生产；人自身的生产即家庭。这三个基本方面是社会生活的最基本因素，但不是三个不同的发展阶段，自从历史上产生了人这三者就同时存在，并始终在历史上起作用。在这三个基本方面实现的同时，第四个基本方面即社会关系的生产也同时存在。马克思和恩格斯对这四个基本方面分别作了阐述之后，接着分析了人的意识问题，从而描绘出社会历史存在和发展的全貌。他们指出："首先应当确定一切人类生存的第一个前提，也就是一切历史的第一个前提，这个前提是：人们为了能够'创造历史'，必须能够生活。但是为了生活，首先就需要吃喝住穿以及其他一些东西。因此第一个历史活动就是生产满足这些需要的资料，即生产物质生活本身。"① 在这里，马克思和恩格斯明确把生产活动看作是全部社会历史赖以存在的基础，是人类不同于动物攫取生活资料的根本方式，人类只有通过感性活动才能达到索取生活资料和自身存在的目的。费尔巴哈不理解这种活动的重要意义，他不了解"这种活动、这种连续不断的感性劳动和创造、这种生产，正是整个现存的感性世界的基础，它哪怕只中断一年，费尔巴哈就会看到，不仅在自然界将发生巨大的变化，而且整个人类世界以及他自己的直观能力，甚至他本身的存在也会很快就没有了"②。

其次，"第二个事实是，已经得到满足的第一个需要本身、满足需要的活动和已经获得的为满足需要而用的工具又引起新的需要。而这种新的需要的产生是第一个历史活动"③。这里，首先是说人的需要和生产的一个重要特征，就是不会停止在原初的水平上，人的需要和生产是在不断的提高和发展的。人们的衣、食、住和对其他东西的需要是处在不断地提高中，劳动分工和生产规模的发展，要求生产工具要不断改进。这样生产技

---

① 《马克思恩格斯文集》第 1 卷，人民出版社 2009 年版，第 531 页。
② 《马克思恩格斯文集》第 1 卷，人民出版社 2009 年版，第 529 页。
③ 《马克思恩格斯文集》第 1 卷，人民出版社 2009 年版，第 531—532 页。

术和生产组织形式的更新和变化，都是处在不断发展和进步中的。而且，只要有生产活动，这些新的需要就存在着和发展着。马克思、恩格斯指出这"第二个事实"还说明，人类社会历史的发展是建立在人们的需要和生产不断发展之上的。就是说，没有人的需要和生产的发展，也就没有社会历史的发展。所以说，"第二个事实"是从社会历史发展的角度说的。

第三，人自身的再生产。马克思和恩格斯说："一开始就进入历史发展过程的第三种关系是：每日都在重新生产自己生命的人们开始生产另外一些人，即**繁殖**。这就是夫妻之间的关系，父母和子女之间的关系，也就是**家庭**。这种家庭起初是唯一的社会关系，后来，当需要的增长产生了新的社会关系而人口的增多又产生了新的需要的时候，这种家庭便成为从属的关系了。"① 在这里，马克思和恩格斯说明了：人自身的生产和再生产保证了人类的延续发展；它是社会存在和社会发展的基础之一，同物质资料的生产和再生产具有同等重要的作用；它起初是唯一的社会关系，即在氏族公社时期，社会存在和社会结构的基础是血缘关系，因为当时的生产和劳动发展水平低下；随着劳动生产水平的提高，社会经济的发展，家庭的形式和变化均以经济关系的发展为转移，这时经济关系是社会存在和发展的根本基础，家庭便成为从属的关系了。他们还强调指出以上三个方面，"从历史的最初时期起，从第一批人出现以来，这三个方面就同时存在着，而且现在也还在历史上起着作用"②。

第四，社会关系的生产。马克思和恩格斯还指出："生命的生产，无论是通过劳动而生产自己的生命，还是通过生育而生产他人的生命，就立即表现为双重关系：一方面是自然关系，另一方面是社会关系；社会关系的含义在这里是指许多个人的共同活动，不管这种共同活动是在什么条件下，用什么方式和为了什么目的而进行的。"③ 这里所强调的，不论是物质生产活动，还是人自身的生命活动，就其性质、内容和形式看，都是社会性的。人们为了需要和生产就采取一定的方式，进行共同活动，这就是社

① 《马克思恩格斯文集》第 1 卷，人民出版社 2009 年版，第 532 页。
② 《马克思恩格斯文集》第 1 卷，人民出版社 2009 年版，第 532 页。
③ 《马克思恩格斯文集》第 1 卷，人民出版社 2009 年版，第 532 页。

会生产力。人们的社会关系是随着生产力的发展而不断发展、不断改变它的形式的，因而就呈现出社会历史。

上述历史活动的四个基本方面，就是人们的实际生活过程，即社会存在。只有通过考察和分析了最初的历史关系的四个基本方面，才能科学地揭示和说明人的意识。马克思和恩格斯指出："在我们已经考察了原初的历史的关系的四个因素、四个方面之后，我们才发现：人还具有'意识'。但是这种意识并非一开始就是'纯粹的'意识"，"意识一开始就是社会的产物，而且只要人们存在着，它就仍然是这种产物。"① 这就是说，人类意识的基本特点就在它的社会性，这是人类意识和动物意识根本区别的特点；人类意识并不是像唯心史观论者所说是"纯粹意识"，它是和语言不可分割的，是要受语言"纠缠的"。"语言是一种实践的、既为别人存在因而也为我自己存在的、现实的意识，语言也和意识一样，只是由于需要，由于和他人交往的迫切需要才产生的。"② 另外，就意识的内容看它也不是"纯粹的"。意识最初只是对周围的可感知的环境的一种意识，其内容：一是对处于开始意识到自身的个人以外的其他人和其他物的狭隘关系的一种意识；二是对作为一种完全异己的自然界的意识。这时由于人们还不能改变客观世界，因而这两方面的狭隘关系大大地限制了人们的意识。这时人的意识还带有动物的性质，它高于动物的地方只是在于："他的意识代替了他的本能，或者说他的本能是被意识到了的本能。"③ 后来，由于生产和需要的发展以及人口的增多，特别是社会分工的产生，使意识得以长足的发展。由于物质劳动和精神劳动的分离，出现了专门从事精神活动的人，这时人的意识才具有独立于物质的外观。从这时候起，意识才能摆脱世界而去构造"纯粹的"理论、神学、哲学、道德等等。但是，这种独立的外观是相对的。因为任何意识的内容和形式，都是由客观的物质关系决定的，它们的独立性不是绝对的。"意识在任何时候都只能是被意识到

① 《马克思恩格斯文集》第 1 卷，人民出版社 2009 年版，第 533 页。
② 《马克思恩格斯文集》第 1 卷，人民出版社 2009 年版，第 533 页。
③ 《马克思恩格斯文集》第 1 卷，人民出版社 2009 年版，第 534 页。

了的存在，而人们的存在就是他们的现实生活过程。"①

上述五个基本方面，是构成社会历史全貌的基本因素，这五个方面可概括为"生产力、社会状况和意识"三个因素。而其中生产力是最基本的因素，它是由人及其生产活动所构成。它是其他社会历史因素的基础，也是社会历史存在和发展的基础。它既是社会历史的基本前提，也是唯物史观的基本前提。

（二）唯物史观的基本原理和基本范畴

首先，论述了生产力和交往形式的辩证法。生产力和交往形式的辩证关系原理，是唯物史观理论体系的首要原理。这个原理的雏形在以前的著作中已隐约可见，但只有在这时才对生产力这个范畴及其内容予以明确提出和科学规定。在《1844年经济学哲学手稿》中，把劳动作为人类创造历史的基本活动和基本能力，并按劳动的发展过程来划分人类历史的发展阶段。现在，在《德意志意识形态》中，马克思和恩格斯就比较严格地把人类的生产活动和劳动能力确定为生产力，并对生产力概念的内容作了科学规定，它包含有劳动过程和劳动因素，在劳动因素中则包括有：劳动者的体力和智力、劳动工具、劳动资料，以及科学技术的发明创造。在劳动过程中，这些因素是结合在一起的，每一个因素单独很难形成现实的生产力。在生产力诸因素中，劳动者的能力是生产力的能动的方面。工具则是劳动者改造自然对象的手段，是劳动者和劳动资料结合的中介，它体现着一定时代的劳动技能和力量的结晶，表明人类改造自然的时代水平。因此，它也是生产力发展的时代水平的指示器。生产力是不依赖于各个个人，而是只存在这些个人的交往中才能成为真正的力量。或者说，人们在生产中必然结成一定的关系，即与生产力同时存在的生产关系。当时，在《德意志意识形态》中作为与生产力相对应的科学形态的生产关系概念尚未完全规定出来。虽然使用了"生产关系"这个概念，但对这个概念内涵的规定是不精确的，而且常常与"交往形式"、"交往关系"、"市民社会"等概念交互使用。不过在关于生产力问题的论述中，对科学形态的生产关

① 《马克思恩格斯文集》第1卷，人民出版社2009年版，第525页。

系概念的基本内涵还是表露得比较明确的。如在论述生产中的双重关系时，指出人们在生产中的关系是指"许多个人的合作"，"是生产中人们共同活动的方式"。在有些论述中也说明了人们在生产中的关系还包含对劳动产品和财产的占有关系，即分配关系。如说："私有财产是生产力发展一定阶段上必然的交往形式，这种交往形式在私有财产成为新出现的生产力的桎梏以前是不会消灭的，并且是直接的物质生活的生产所必不可少的条件。"① 由此可见，当时，马克思和恩格斯关于和生产力相对应的生产关系的思想观点，以及对这个概念的基本内涵都是比较明确的，只是尚未对这个概念予以严格的科学规定。但是，这并不影响理解和说明他们关于生产力和生产关系辩证关系的原理。

一定的生产力要求一定的生产关系为"必不可少的条件"，这就表明了生产关系总是与生产力的状况相适应的，因此，生产力的不断发展和变化，也就产生了在生产关系方面的发展和变化，这就构成了历史的发展和变化。就是说，生产力是决定整个社会历史的最基本因素，也是决定交往形式（生产关系）的力量。一定的生产力需要一定的与其相适应的生产关系，一定的生产关系总是与一定生产力状况相适应，当它适应生产力时，就会促进生产力的发展，反之，则会起阻碍生产力发展的作用，而生产力就要冲破这种阻碍，使人们打破旧的生产关系，建立起新的生产关系。生产关系由适应生产力的发展到不适应、再到新的适应矛盾发展的过程，就是历史发展的辩证法。马克思和恩格斯指出，任何一种交往形式，"起初是自主活动的条件，后来却变成了自主活动的桎梏，这些条件在整个历史发展过程中构成各种交往形式的相互联系的序列，各种交往形式的联系就在于：已成为桎梏的旧交往形式被适应于比较发达的生产力，因而也适应于进步的个人自主活动方式的新交往形式所代替；新的交往形式又会成为桎梏，然后又为另一种交往形式所代替。由于这些条件在历史发展的每一阶段都是与同一时期的生产力的发展相适应的，所以它们的历史同时也是发展着的、由每一个新的一代承受下来的生产力的历史，从而也是个人本

---

① 《马克思恩格斯全集》第3卷，人民出版社1965年版，第410—411页。

身力量发展的历史"①。这是对生产力和生产关系的矛盾运动规律的最初论述，是唯物史观首要原理的发现。这一原理表明：生产力决定生产关系的类型；生产力的不断发展就促使和决定新旧生产关系的不断更替，构成一个有联系的生产关系的序列；新旧生产关系更替的历史，也就是生产力发展的历史；生产关系是否适应生产力的发展，关键在于是否适应人的自由活动，即激发人的能动性。马克思和恩格斯在论述这一规律时，还进一步指出这个矛盾运动规律的基本特点：一方面它的发展具有自发式的缓慢性；另一方面，它的发展又同国家等上层建筑的干预、文化传统、外部条件以至个别人物的活动方式交织在一起的复杂性。这样，就不仅为科学地认识历史和划分历史时期规定了准则，也为我们确切理解和正确运用这一原理所要注意的问题给予原则说明。由此可见，正确地理解和运用这一原理，对于准确地掌握历史唯物主义的全部原理具有重要意义。

其次，阐明了社会形态更替发展的一般规律。马克思和恩格斯在《德意志意识形态》中，揭示和论述了生产力和生产关系的矛盾运动是社会历史发展的基础的同时，还进一步以分工的发展和所有制形式的演变的历史事实，清晰地揭示了社会历史发展过程的规律性。他们认为，生产力和生产关系的矛盾运动之所以成为现实的运动，是同社会分工的发展紧密相结合的。分工是物质生产活动的具体形式。马克思、恩格斯从历史的纵线和每一个时代的横断面的结合上，研究了劳动分工的实质、作用和发展，把整个社会历史看作是由劳动分工的网络组织起来的。分工既是生产力发展的结果和表现，又是会引起新的生产力发展，促进生产力大发展的助推器。同时分工还制约着生产关系，它既把不同人们的活动结合成一个整体，成为社会生产力发展的杠杆，又依据个人与劳动资料、生产工具和生产品的关系制约着人与人之间的关系，以及对所有制形式的制约关系。马克思和恩格斯认为，随着生产力和劳动分工的发展，人类社会已经依次更替经历了四种所有制形式：以自然分工为基础的部落所有制；以几个部落通过契约或征服联合为一个城市而产生的古代公社所有制和国家所有制；

---

① 《马克思恩格斯文集》第1卷，人民出版社2009年版，第575—576页。

以某种共同体为基础的封建的或等级的所有制；资本主义所有制。马克思和恩格斯当时虽然没有使用"资本主义所有制"这个概念，但是，他们却明确地指出，在封建社会里，由于生产和分工的扩大和发展，出现了商业和生产的分离，产生了资本家的资本集中占有，即逐渐发展起资本主义所有制。他们还提出和说明了资本主义所有制的形成经历了三个时期：工场手工业时期；商业时期；机器大工业时期。并认为，机器大工业的发展，不仅表现为"利用自然力为工业服务，采用机器生产以及实行广泛的分工"的特点，创造了先进的交通工具和现代化的世界市场，建立起现代化大工业城市，代替以前自然形成的城市，"使分工丧失了自然性质的最后一点痕迹"，"把自然形成的关系一概消灭掉"，"变成金钱的关系"。同时"大工业不仅使工人对资本家的关系，而且使劳动本身都成为工人所不堪忍受的东西"①。至此，资本主义所有制形式既成了生产力进一步发展的桎梏，又为新的共产主义所有制的形成准备了前提。

马克思和恩格斯对四种所有制的论述，一方面分析和说明了它们之间的本质区别和内在联系，揭示出不同社会形态之间的连续性，使人们清楚地认识到人类社会历史是一个有规律的自然过程，而不是一些偶然事件的集合体，第一次把社会科学置于科学基础之上。另一方面，科学地分析和揭示了私有制产生的必然性，以及它对社会生产发展的积极作用，同时也深刻地揭示了这种积极作用的暂时性。并进而指出，在私有制基础上产生的阶级对抗，愈来愈尖锐，在无产阶级和资产阶级的对立中，这种对抗达到了顶点。最后，为消除这种对抗，必然以消灭资本主义所有制为前提。所以说，资本主义所有制的发展，既促进了生产力和社会分工的大发展，同时也造成社会矛盾的简单化和尖锐化，为自身的消亡准备了现实力量，让位于共产主义所有制。

第五种所有制形式是共产主义公有制。

马克思、恩格斯认为，在消灭了分工和私有制之后，建立起来的新型的所有制形式就是共产主义公有制。从社会分工的角度看，他们认为，共

① 《马克思恩格斯文集》第1卷，人民出版社2009年版，第567页。

产主义公有制是建立在生产的高度发展之上的，因而人被某种职业所束缚的状况将会完全改变，劳动再不作为谋生的手段了。"而在共产主义社会里，任何人都没有特殊的活动范围，而是都可以在任何部门内发展，社会调节着整个生产，因而使我有可能随自己的兴趣今天干这事，明天干那事，上午打猎，下午捕鱼，傍晚从事畜牧，晚饭后从事批判，这样就不会使我老是一个猎人、渔夫、牧人或批判者。"① 这段论述的主要思想是，在共产主义公有制的社会里，可以消除过去由于生产力水平不发达，把人固定在某种劳动上所形成的异化现象，使人可以得到自由的全面发展，并不是说在共产主义社会里，每个人可以不顾社会规律的要求任意地想干什么就干什么，每个人的自由活动是以共同团结为基础的。马克思和恩格斯认为，共产主义公有制的最基本特征是："私有制和分工的消灭同时也就是个人在现代生产力和世界交往所建立的基础上的联合。""而这种个人间的联系则表现在下列三个方面，即经济前提，一切人的自由发展的必要的团结一致以及现有生产力基础上的个人的共同活动方式。"② 也就是说，共产主义公有制的基本特征：一是生产资料的公共占有；二是一种新的联合体，即"每个人的自由发展是一切人的自由发展的条件"的那种联合体；三是人们的共同活动方式是建立在生产力高度发展之上的，与原始社会中人的共同活动方式在本质上是不相同的。同时，他们还指出，共产主义在分配上实现"按需分配"。他们说，"活动上，劳动上的差别不会引起在占有和消费方面的任何**不平等**，任何**特权**"③。

马克思和恩格斯还严肃地指出："共产主义对我们来说不是应当确立的**状况**，不是现实应当与之相适应的**理想**。我们所称为共产主义的是那种消灭现存状况的**现实的**运动。这个运动的条件是由现有的前提产生的。"④ 在他们列举和论述的若干具体前提中，最根本的"是以生产力的普遍发展和与此相联系的世界交往为前提的"⑤。

---

① 《马克思恩格斯文集》第 1 卷，人民出版社 2009 年版，第 537 页。
② 《马克思恩格斯全集》第 3 卷，人民出版社 1965 年版，第 516 页。
③ 《马克思恩格斯全集》第 3 卷，人民出版社 1965 年版，第 638 页。
④ 《马克思恩格斯文集》第 1 卷，人民出版社 2009 年版，第 539 页。
⑤ 《马克思恩格斯文集》第 1 卷，人民出版社 2009 年版，第 539 页。

综上所述，马克思和恩格斯依据生产力和生产关系矛盾运动的规律，第一次把人类历史划分为依次更替的几种不同的所有制形式，即不同的社会经济形态和不同的生产方式，揭示出每个社会经济形态的基本特点，以及一种社会形态必然为另一种更高的社会形态所代替的规律性，标志着历史唯物主义诸原理的统一骨骼和基础的形成，为正确地认识社会诸现象建立了科学准则，使共产主义置于现实的基础上。

再次，论述了经济基础和上层建筑的辩证关系。马克思、恩格斯在《德意志意识形态》中，制定了经济基础和上层建筑的辩证关系的原理。当时，只是第一次提出了"上层建筑"这个概念，尚未提出"经济基础"这个概念，而是以"市民社会"这个概念来表示的。从马克思和恩格斯对这个原理的论述中，可以看出"市民社会"这个概念同"生产关系"、"交往形式"等概念是有差别的。他们是从生产关系、交往形式的总体的方面使用"市民社会"这个概念的，是用它表示整个社会的物质交往和生产关系的总和以及由此形成的社会经济结构。他们把市民社会看作是"全部历史的真正发源地和舞台"，"'市民社会'这一名称始终标志着直接从生产和交往中发展起来的社会组织，这种社会组织在一切时代都构成国家的基础以及任何其他的观念的上层建筑的基础。"① 由此可见，"市民社会"就是指的"经济基础"，因为所表述的内涵是完全一样的。或者说，当时对"经济基础"这个科学概念虽然尚未明确地提出来，但对其内涵却作了深刻的表述，并依据这个表述对国家的产生、实质、作用和消亡以及与革命的关系等问题作了深刻的论述；并提出和说明了有国家必有法，以及法的实质和作用等问题。马克思、恩格斯在《德意志意识形态》中，对意识问题作了比较全面系统的论述，不仅阐述了意识是社会的产物，是人类社会历史的根本因素之一；还明确地区别了原始意识和发达的社会意识；并且阐明了意识的产生、发展、消亡及其社会作用，都是由物质生活资料的生产活动决定的，深刻地揭示了社会意识形成和发展规律的特点："统治阶级的思想在每一个时代都是占统治地位的思想。这就是说，一个

① 《马克思恩格斯文集》第 1 卷，人民出版社 2009 年版，第 540、583 页。

阶级是社会上占统治地位的**物质力量**，同时也是社会上占统治地位的**精神力量**。"① 或者说，因为支配着物质生产资料的阶级，同时也支配着精神生产的资料，那些没有精神生产资料的人的思想，一般地是受统治阶级支配的。构成统治阶级的各个个人的意识，作为一个阶级而进行统治，它决定着整个社会的面貌。统治阶级作为思想的生产者，他们调节着自己时代的思想的生产和分配。另外，统治阶级的思想，都是以抽象的、普遍的形式出现的，是作为全社会成员的共同利益的形式表现出来的。并指出了革命的新思想是以革命阶级存在为前提的。他们指出："如果还没有具备这些实行全面变革的物质因素，就是说，一方面还没有一定的生产力，另一方面还没有形成不仅反抗旧社会的个别条件，而且反抗旧的'生活生产'本身、反抗旧社会所依据的'总和活动'的革命群众，那么，正如共产主义的历史所证明的，尽管这种变革的观念已经表述过千百次，但这对于实际发展没有任何意义。"② 此外，对阶级的意识及其个别成员的意识的区别也作了分析和说明，为我们科学地研究和具体地分析人们的思想意识提供了理论和方法。

由上可见，这种历史观的实质概括起来说就在于："从直接生活的物质生产出发阐述现实的生产过程，把同这种生产方式相联系的、它所产生的交往形式即各个不同阶段上的市民社会理解为整个历史的基础；从市民社会作为国家的活动描述市民社会，同时从市民社会出发阐明意识的所有各种不同的理论产物和形式，如宗教、哲学、道德等等，而且追溯它们产生的过程。这样做当然就能够完整地描述事物了（因而也能够描述事物的这些不同方面之间的相互作用）。"③ 这也是同唯心主义历史观根本区别的最主要之点。

以上叙述说明，唯物史观的创立既是社会历史发展的必然产物，又是人类认识发展的必然逻辑。唯物史观的创立是马克思主义哲学在哲学发展史中实现革命变革的实质和核心。这在理论上和实践上都具有重大意义。

---

① 《马克思恩格斯文集》第 1 卷，人民出版社 2009 年版，第 550 页。
② 《马克思恩格斯文集》第 1 卷，人民出版社 2009 年版，第 550 页。
③ 《马克思恩格斯文集》第 1 卷，人民出版社 2009 年版，第 544 页。

五、新哲学在运用于政治实践中接受检验

马克思和恩格斯为了完善制定唯物史观及其同工人运动相结合，在完成了集中批判"真正的社会主义"之后，又同对工人运动有严重影响和危害的蒲鲁东主义展开了论战，彻底批判了蒲鲁东的无政府主义，回击了他的公开挑战，使工人运动摆脱其思想影响，把社会主义置于唯物主义之上。为此，马克思写了《哲学的贫困。答蒲鲁东先生的（贫困的哲学)》。

马克思和恩格斯在批判了蒲鲁东主义的同时，于 1847 年春参加了第一个无产阶级的国际组织——共产主义者同盟，并接受同盟第二次代表大会的委托，起草了著名的《共产党宣言》，把唯物史观同工人运动结合起来，并公之于世。

（一）对空想社会主义理论基础的批判

1846 年，法国无政府主义者蒲鲁东（1809—1865）公开提出一套以唯心主义和形而上学为理论基础的空想社会主义和无政府主义的主张，并以新的经济组合把"逸出社会的那些财富归还给社会"的理论方案，妄图以"自由、平等"的原则代替以唯物史观为理论基础的共产主义原则。他的这些思想和原则对工人运动特别是对法国工人运动，存在着严重的影响和危害。马克思对此作了全部的深刻批判，为唯物主义的社会主义的传播扫清障碍。

蒲鲁东是法国小资产阶级思想家，是继施蒂纳之后的无政府主义者。出生于法国贝桑松省的一个农民家庭里。他以十四代祖先都从事耕种引以为自豪，自称"贝桑松农人"。他本人经历丰富，从事过多项职业（如当过旅馆店伙、排字工人，开设过誊印社、私人记录以致著书立说等）。在 1837 年以《普通语法试论》一书获贝桑松大学一笔为期三年共 1500 法郎的助学金。他靠此迁居巴黎进行理论著述活动。1840 年他的第一部理论著作《什么是财产》出版，它以新鲜的文体对私有财产以及为私有财产辩护的各种论据作了尖锐批判，并得出"财产是盗窃的赃物"的结论。引起

社会的较大反响，可以说，他的书轰动一时，名扬于世。

　　马克思和恩格斯在 1843 年和 1844 年间就结识了蒲鲁东，还作过深夜长谈，在《神圣家族》中给予他很高评价。1846 年 5 月 5 日，马克思在布鲁塞尔写信给蒲鲁东，希望他担任"共产主义通讯委员会"驻法国通讯员工作。但他回信拒绝，并提出反对共产主义的宗旨，主张建立"自由、平等"为思想理论基础的社会主义的具体观点和改革社会的指导原则。几星期之后，他的《经济矛盾的体系，或贫困的哲学》一书出版，并请"真正的社会主义者"格律恩译成德文在工人中散播。这部书的中心思想是，妄图在保存资本主义经济基础的前提下实行社会改良，幻想在资本主义生产关系的范围内实现改变资本家同工人之间的矛盾对立。其理论基础，就是黑格尔的唯心主义思辨抽象，并以形而上学的三段式作模式，用抽象的经济范畴的运动来代替现实的经济关系的发展。所以，马克思和恩格斯认为，这是一本"杂乱无章而妄自尊大"的"很坏的书"，是阻碍社会主义运动的垃圾，必须予以批判。

　　1846 年 12 月，马克思从书商那里拿到这本《贫困的哲学》之后，就开始了批判。由于蒲鲁东不懂得德文，马克思就用法文于 1847 年写成了《哲学的贫困。答蒲鲁东先生的〈贫困的哲学〉》，这样，不仅在理论上和方法上是对立的，而在标题上也是直接对立的。目的就是为了更好地同蒲鲁东论战，肃清其历史唯心主义的经济学思想在法国工人群众中的影响，给唯物主义的社会主义扫清道路。正如马克思在过了 33 年之后说的："为了给力求阐明社会生产真实的历史发展的、批判的、唯物主义的社会主义扫清道路，必须断然同唯心主义的政治经济学决裂，这个唯心主义政治经济学的最新的体现者，就是自己并没有意识到这一点的蒲鲁东。"① 也就是说，必须以论战的形式表述自己的观点。1846 年 12 月 28 日，马克思在致俄国文学家巴·瓦·安年柯夫的信中，提纲挈领地概述了对《贫困的哲学》的原则性的批评意见，实际上，这封信也可以说是马克思写作《哲学的贫困》一书的提要。马克思说："蒲鲁东先生彻头彻尾是个小资产阶级

---

① 《马克思恩格斯全集》第 19 卷，人民出版社 1965 年版，第 248 页。

的哲学家和经济学家。**小资产者**在已经发展了的社会中，迫于本身所处的地位，必然是一方面成为社会主义者，另一方面又成为经济学家，就是说，他既迷恋于大资产阶级的豪华，又同情人民的苦难。他同时既是资产者又是人民。他在自己的心灵深处引以为骄傲的，是他不偏不倚，是他找到了一个自诩不同于中庸之道的真正的平衡。这样的小资者把**矛盾**加以神化。因为矛盾是他存在的基础。他自己只不过是社会矛盾的体现。"① 马克思在批判中进一步深化和系统化了历史唯物主义的基本原理和基本范畴。

第一，进一步论证了生产力在历史发展中的决定作用。

马克思在《哲学的贫困》中，在科学界定生产力的内容时，强调了生产力中主体因素的重要意义，首次提出："在一切生产工具中，最强大的一种生产力是革命阶级本身。革命因素之组成为阶级，是以旧社会的怀抱中所能产生的全部生产力的存在为前提的。"② 这里，既强调了生产力中的主体因素即劳动者的重要意义和作用；又深刻地阐明了劳动者作为生产力中的主体因素在积极起作用的同时，他们又必然结成改造旧制度、创造新制度的群体力量。这种群体力量在本质上是社会历史发展的客观规律性。而生产力的发展，就形成人们的历史联系，就形成了历史。所以说，生产力是人类全部历史的基础。马克思说："人们不能自由选择**自己的生产力**——这是他们的全部历史的基础，因为任何生产力是一种既得的力量，是以往的活动的产物。可见，生产力是人们应用能力的结果，但是这种能力本身决定于人们所处的条件，决定于先前已经获得的生产力，决定于在他们以前已经存在、不是由他们创立而是由前一代人创立的社会形式。"③ 这就是说，一定时代的人们的活动总是在前一代人创造的基础上开始的，前一代人造成的社会生产力，是他们向前发展作新的创造的根本前提。所以，马克思、恩格斯认为，单是由于后来的每一代人所得到的生产力都是前一代人已经取得而被他们当作原料来为新的生产服务这一事实，就形成人们的历史中的联系，就形成人类的历史。可见，不同时代的生产力发展

① 《马克思恩格斯文集》第 10 卷，人民出版社 2009 年版，第 52—53 页。
② 《马克思恩格斯文集》第 1 卷，人民出版社 2009 年版，第 655 页。
③ 《马克思恩格斯文集》第 10 卷，人民出版社 2009 年版，第 43 页。

的联系，就是人类的历史。但是，生产力的发展都是以一定的物质关系为基础的。人们的社会历史始终是他们的个体发展的历史，人们的物质关系形成人们一切关系的基础。这些物质关系就是人们的物质的和个体活动借以实现的必然形式。没有一定形式相应的物质关系，生产力的发展是难以实现的。而一定形式相应的物质关系，又是生产力的发展所造成的。所以说，生产力在社会历史发展中具有决定性的作用。

第二，科学使用"生产关系"概念，进一步论证了生产力和生产关系的辩证法。

在《哲学的贫困》中，马克思开始使用"生产关系"这个统一的科学概念，再不像在《德意志意识形态》中同"交往形式"、"市民社会"等概念交互使用了。他说："每一个社会中的生产关系都形成一个统一的整体。"① 生产力的发展必然要求一定的社会形式，这种社会形式也是不以人们的意志为转移的，它是生产力发展的必然结果。马克思指出，生产是社会性的活动，不是孤立的个人行为。每个人的生产活动，必须是作为社会的一员与他人结成一定的关系，才能从事现实的生产活动。因而，在生产中必须结成一定的生产关系，它决定着其他的社会关系。社会历史就是社会机体各种关系的相互制约和相互作用。不是蒲鲁东所描绘的抽象范畴的运动和组合。马克思说："社会——不管其形式如何——是什么呢？是人们交互活动的产物。人们能否自由选择某一社会形式呢？决不能。"② 因为，生产力决定生产关系，并进而决定一切社会关系。人们在生产力发展的一定状况下，就会有一定的交换、消费和分配形式。因而就形成一定社会制度、家庭形式和维系人们之间的政治经济关系的阶级组织和其他集团，而凌驾于社会之上的是一定的政治国家。就是说，社会的发展变化，归根到底，决定于生产力的发展，而生产力的发展必然以相应的社会关系为基础。所以，马克思说："社会关系和生产力密切相联。随着新生产力的获得，人们改变自己的生产方式，随着生产方式即谋生的方式的改变，人们也就会改变自己的一切社会关系。手推磨产生的是封建主的社会，蒸

① 《马克思恩格斯文集》第 1 卷，人民出版社 2009 年版，第 603 页。
② 《马克思恩格斯文集》第 10 卷，人民出版社 2009 年版，第 42 页。

汽磨产生的是工业资本家的社会。"①

蒲鲁东之所以坚持唯心主义的历史观，颠倒经济范畴和现实经济关系之间的本质联系，不理解经济范畴是经济关系的理论表现。把现实的社会关系说成是"无人身的人类理性"的一些原理和范畴的化身；还由于他不懂得生产力和生产关系之间的辩证运动和发展的关系，而坚持"永恒平等观念"的形而上学幻想所造成的。马克思指出，历史事实表明，人们借以进行生产、消费和交换的经济形式是暂时的和历史性的形式。而人们按照自己的社会关系创造出的相应的原理、观念和范畴，也同它们所表现的关系一样，不是永恒的，"它们是**历史的暂时的产物**"。蒲鲁东的社会历史观是彻底的唯心主义，同时也是地道的形而上学。

第三，批判蒲鲁东的形而上学历史观，进一步阐明了历史辩证法。

蒲鲁东的历史观之所以陷入唯心主义的极端荒谬的地步，就在于他不懂得历史发展的必然性和个人的自觉活动之间的内在联系。在他看到了现实历史中有进步发展情况的同时，也看到了这种进步几乎和个人努力的方向相差甚远，而且似乎是强加给予人的。于是，他就假设出"存在着一种自我表现的普遍理性"。这样，不仅不能说明历史的必然性和偶然性之间的真正关系，反而把历史予以神秘化了。马克思说，每个原理和每个范畴都有它出现的世纪。与权威原理相适应的是 11 世纪，与个人主义原理相适应的是 18 世纪。这其中的因果关系，能说是原理创造历史，不是历史创造原理吗？显然是不能这样说。但是，要说明权威原理之所以出现在 11世纪，个人主义原理之所以出现在 18 世纪，就必然要仔细研究 11 世纪的人们是怎样的，18 世纪的人们又是怎样的。在每个世纪中，人们的需求、生产力、生产方式以及生产中使用原材料的状况是怎样的，最后，还要研究在这一切生活条件所产生的人与人之间的关系是怎样的。马克思说，如果这样去研究，就很容易发现，在社会历史中"人是一身二任"的。人既是人们本身历史的剧中人物，又是人们本身历史的剧作者。就是说，人是社会历史的现实的人，历史既是生产发展的历史，又是人们个体发展的历

---

① 《马克思恩格斯文集》第 1 卷，人民出版社 2009 年版，第 602 页。

史，社会历史的发展，既存在着不以人们意志为转移的客观规律，又有人们的自觉活动所渗入。因为历史发展规律的重要特点之一，就是它通过人们有意识、有目的的自觉活动实现的。

所谓人是人们本身历史的剧中人，就是表明历史发展的规律是客观的，不是人们自由意志的产物。人们的活动不是随心所欲的，而是受着社会历史种种条件和关系制约着的。特别是作为社会存在的生产力，人们是不能自由选择的，对于和生产力相适应的生产关系、社会制度，人们也是不能自由选择的。人们的活动是以服从历史发展的必然性为前提。

但是，人们在历史发展的必然性面前不是无所作为的，人具有自觉能动性的特点，是感性活动的存在物。在历史必然性所许可的条件下，人能导演出有色有声威武雄壮的大剧来。人们的创造性活动，并不是蒲鲁东式的云雾中想象，而是现实的物质活动。首先，物质资料的生产是人们创造的，生产力是人们的实践能力的结果。人类历史的进步，主要表现为生产力的发展和个体实践能力的提高。其次，生产关系也是人们自己生产出来的。人们在创造和发展生产力的同时，也创造了一定的生产关系和社会关系。再次，人们在创造生产关系和社会物质关系的同时，也就创造了相应的原理、范畴和观念。最后，人们的创造性活动还表现为，当生产关系不适合生产力的发展和要求时，人们就改变原来的生产关系及其相应的原理和范畴。所以说，社会历史的发展过程，就是历史发展的客观规律和人们的自觉能动性的有机统一。人既是历史的主体同时也是历史的客体。人的本质是现实的、历史的，脱离了一定社会历史发展的人是不存在的，它只是抽象的人的概念。所以说，社会生产的历史发展决定了人的本质的历史发展，而不是相反，蒲鲁东设想的"无人身的人类理性"及其活动是极为荒诞的怪物。

马克思的《哲学的贫困》既是一部哲学著作，又是一部经济学著作，同时也是关于无产阶级政治实践活动的科学社会主义著作。因此，马克思和恩格斯以及列宁都认为这是第一部成熟的马克思主义著作。

（二）对科学共产主义纲领的哲学论证

马克思和恩格斯在商议写作《德意志意识形态》时，曾提出首先使德国无产阶级相信他们的信念是正确的，同时还要把无产阶级这个唯一能够领导未来社会的力量组织起来。因此，于 1846 年就着手筹备建立无产阶级政党的工作。当时，马克思和恩格斯特别重视改造德国的一个侨外组织"正义者同盟"。它的前身是"亡命者同盟"，即 1834 年由亡命国外的德国革命者在巴黎建立的秘密组织。到 1836 年其中的激进分子分化出来，组建了这个半宣传、半密谋的"正义者同盟"。马克思和恩格斯为什么特别重视改造这个组织呢？因为"正义者同盟"自从被迫迁往伦敦后，一方面改变了秘密团体的秘密性质，成了一个按照民主原则建立的团体；另一方面，由于它是侨外工人的组织，它的成员扩大了，实际上成了一个国际性的组织，并在许多国家中建有支部，它的会员证上至少用 20 种文字写着同一个口号："人人皆兄弟"。由此表明，这些侨外德国工人成了北欧和东欧诸国工人的旗手，要积极帮助他们依靠他们；同时"人人皆兄弟"的口号具有民主主义空想社会主义的倾向，要使它的这种主导思想同它宣布的最终目的的共产主义一致起来，必须予以具体改造。因此，马克思和恩格斯用了很大的力量进行改造"正义者同盟"的工作。深刻地批判了以赫斯、格律恩、克利盖等人为代表的"真正的社会主义"和蒲鲁东主义；以富有启迪性的通俗形式帮助同盟成员认识以往理论的错误性质，以及它在实践上带来的危害。明确地给他们指出，"问题并不在于实现某种空想的体系，而在于要自觉地参加我们眼前发生的革命地改造社会的历史过程"①，要求盟员要把革命理论和革命实践结合起来。为此，马克思和恩格斯先后向布鲁塞尔、伦敦等地的工人教育协会作过《雇佣劳动与资本》、《保护关税和自由贸易问题》、《波兰问题》等报告。在马克思和恩格斯的帮助影响下，"正义者同盟"的领袖人物宣布接受科学共产主义，改变"同盟"密谋集团的性质，走上了正确的政治斗争的道路。

1. 《共产党宣言》问世是马克思主义理论体系最终形成的标志

1847 年春天，"正义者同盟"派专人到布鲁塞尔和巴黎邀请马克思、恩格斯参加同盟，并表明对马克思、恩格斯所坚持的各种批判的观点将作

---

① 《马克思恩格斯全集》第 14 卷，人民出版社 1962 年版，第 465 页。

为同盟的理论在正式的宣言中表现出来。这样，马克思和恩格斯同意加入同盟。恩格斯还亲自参加了 1847 年夏在伦敦召开的第一次代表大会。在这次大会上通过了同盟的新名称"共产主义者同盟"，使同盟真正成了世界上第一个国际无产阶级的政党，以"全世界无产者，联合起来"的口号代替了"人人皆兄弟"的口号。在恩格斯的倡议下，《共产主义同盟章程》的第一条就规定了同盟的政治方向："同盟的目的：推翻资产阶级政权，建立无产阶级统治，消灭旧的以阶级对抗为基础的资产阶级社会和建立没有阶级、没有私有制的新社会。"① 这个章程在同年 12 月的第二次代表大会上通过。马克思亲自参加了这次大会，并说，大会"经过几个星期的激烈辩论之后"，接受了他和恩格斯提出的理论。大会委托他们两人草拟共产党党纲。1848 年 2 月《共产党宣言》问世，它标志着马克思主义理论体系的最终形成。

《共产党宣言》是无产阶级政党的第一个纲领性文献。它在阶级斗争的发展基础上，深刻论述了资本主义社会两大基本阶级的产生、发展和斗争，阐明了资产阶级必然灭亡和无产阶级必然胜利的客观规律；深刻论述了作为共产主义革命活动的领导力量的共产党的基本理论、行动纲领、战略策略原则和当时面临的具体任务；以及批判了各种非社会主义和共产主义学说。它的基本思想，就是彻底的唯物主义和最深刻最全面的辩证法，以及在现代资本主义社会中运用的唯物史观。在恩格斯为该书 1883 年出版德文版和 1888 年出版英文版写的序言中，一再强调指出："贯穿《宣言》的基本思想：每一历史时代的经济生产以及必然由此产生的社会结构，是该时代政治的和精神的历史的基础；因此（从原始土地公有制解体以来）全部历史都是阶级斗争的历史……而这个斗争现在已经达到这样一个阶段，即被剥削被压迫的阶级（无产阶级），如果不同时使整个社会永远摆脱剥削、压迫和阶级斗争，就不再能使自己从剥削它压迫它的那个阶级（资产阶级）下解放出来。"② 恩格斯的这段概述深刻地揭示了唯物史观的基本原理：

---

① 《马克思恩格斯全集》第 4 卷，人民出版社 1958 年版，第 572 页。
② 《马克思恩格斯文集》第 2 卷，人民出版社 2009 年版，第 9 页。

（1）科学的历史观，必须根据物质资料的生产，从经济基础出发研究、认识社会历史的发展，因为由社会生产所产生的社会结构，是该时代政治和精神的历史基础。

（2）社会主义者在考察和分析现代资本主义社会中的一切现象时，必须依据基于物质利益的无产阶级同资产阶级之间的阶级冲突的事实，作为考察和分析社会现象的基本观点和基本方法。因为，在原始公社土地公有制解体出来的历史，都是阶级斗争的历史。

（3）无产阶级只有解放全人类，才能最终解放自己。因为，无产阶级是创造未来社会的唯一能够领导的阶级力量，它的根本利益是同全人类的解放紧密相关的，而且只有无产阶级才能肩负起解放全人类的历史使命。

2.《宣言》体现了新世界观理论的基本特征

马克思主义学说，是 19 世纪人类先进思想的直接继续发展，是人类最先进的思想理论。它是无产阶级世界观的理论体系，十分完备而严整。它给予人们决不同任何迷信、任何反动势力、任何为资产阶级所作辩护相妥协的完整世界观。《共产党宣言》就是对这个学说作了完整的、系统的、至今仍然是良好的阐述。其理论基本特征是：

第一，新世界观理论的首要特征是彻底的唯物主义。

全部哲学发展史证明，马克思主义以前的哲学家，虽然也能在一定范围内达到唯物主义的结论，但是他们始终不能把唯物主义原则贯彻到底，特别是社会历史观，仍陷在唯心主义泥坑里。这在马克思主义哲学形成的斗争过程中表现得十分明显。鲍威尔、施蒂纳、真正的社会主义者格律恩等人以及蒲鲁东都是一些唯心主义者，只有费尔巴哈在自然观上达到了唯物主义，但他在社会历史观上仍是十足的唯心主义观点。马克思、恩格斯在为指导无产阶级政治运动的正确发展，而制定新的哲学理论中，分析批判了费尔巴哈不能把唯物主义贯彻到社会历史领域中的原因和方法。他们借助辩证法，发现了社会历史的变化和发展，如同自然界的变化和发展一样，也存在着不以人们的意志为转移的自然发展的规律性。马克思和恩格斯正是依据彻底的唯物主义原则，分析了资本主义社会经济形态，阐明了资本主义经济制度产生、发展和必然为社会主义所代替的规律性，使社会主义变为科学。在《共产党宣言》中，还阐明了宗教、哲学和其他社会意识形态，都是社会存在的反映。随着社会制度的改变，人们的观念形态也必然要改变。所以，他们指出："共产主义革命就是同传统的所有制关系实行最彻底的决裂；毫不奇怪，它在自己的发展进程中要同传统的观念实行最彻底的决裂。"①

第二，新世界观理论的第二个基本特征，就是最全面、最深刻的辩证法。

恩格斯在 1848 年以后曾多次说过，没有辩证法就没有科学社会主义，因为现实的社会生产生活的变化和发展，是按辩证的规律前进的，不了解这一点就不可能理解和掌握社会历史变化运动的客观规律，就会导致历史唯心主义或空想社会主义。马克思主义以前的空想社会主义者，他们的社会历史观既是唯心主义的，又是形而上学的，他们把社会主义看作是天才人物的发现，是历史的偶然。因此，他们就从幻想的永恒真理出发，设计各式各样的未来社会的方案。这样，就把人们引向脱离现实的幻想世界，掩盖了现实社会中的真实矛盾，结果他们的社会主义学说和历史的发展进程是成反比的，产生了一些"不伦不类的社会主义"。科学社会主义是以唯物史观为理论基础的，"唯物主义历史观及其在现代的无产阶级和资产阶级之间的阶级斗争上的特别应用，只有借助于辩证法才有可能"②。《共产党宣言》中的具体内容就是恩格斯这一概述的生动体现。

第三，新世界观理论的第三个基本特征，就是关于无产阶级运动和革命的科学。

空想社会主义，虽然看到了资产者同无产者的对立，但是，他们只看到现象而没有看到实质。他们在资产者那里只看到了财富的集中，在无产阶级那里只看到了贫困，却看不到这种对立的根源，也看不到根除这种对立根源的真正手段。所以，他们就祈求资产者发善心，少占有生产品，以便阻止社会两极化的发展，这纯粹是幻想。由于空想社会主义者不了解阶级和阶级斗争，是在一定历史条件下的产物，不知道它们的物质生产的经

① 《马克思恩格斯文集》第 2 卷，人民出版社 2009 年版，第 52 页。
② 《马克思恩格斯文集》第 3 卷，人民出版社 2009 年版，第 495—496 页。

济关系的根源，因此，就认识不到无产阶级的历史地位和历史使命，从而也就不能依靠无产阶级去实现社会主义，结果是空想和失败。所以，《共产党宣言》中指出："在当前同资产阶级对立的一切阶级中，只有无产阶级是真正革命的阶级。其余的阶级都随着大工业的发展而日趋没落和灭亡，无产阶级却是大工业本身的产物。"[①] 这就是说，社会历史的发展，赋予了无产阶级推翻资本主义制度和建立共产主义制度的历史使命。

综上所述，《共产党宣言》是马克思主义哲学理论形成之后，在用来分析研究资本主义社会经济形态中，同无产阶级的革命斗争实践有机地结合起来，实现了马克思主义哲学同无产阶级之间的"头脑"和"心脏"的密切关联。哲学把无产阶级当作自己的物质武器，同样地，无产阶级也把哲学当作自己的精神武器。

六、马克思、恩格斯在欧洲两次革命时期（1848—1871）的理论活动

从欧洲1848年革命到1871年巴黎公社这一时期，是欧洲各国逐渐完成从封建社会向资本主义社会过渡、确立资本主义统治的历史时期，也是这些国家的人民大众同封建主义、无产阶级同资产阶级进行殊死搏斗、不时爆发革命的时期。这时期的一个显著特点，就是在屡次革命中，无产阶级以"争取统治权的第三个战士"的雄姿登上政治历史舞台，日益成为革命的主导力量。

马克思和恩格斯，作为无产阶级的忠诚战士，在每次革命高潮中，都始终站在无产阶级革命斗争的最前列，运用已经创立的新的世界观分析政治发展的形势，总结革命经验，及时为无产阶级制定切实的斗争目标和策略，指明革命斗争的方向，并同各种资产阶级、小资产阶级思潮展开不调和的斗争。当革命处在两次高潮之间时，他们除组织国际工人协会（第一

---

① 《马克思恩格斯文集》第 2 卷，人民出版社 2009 年版，第 41 页。

国际）直接指导工人运动外，还致力于资本主义生产方式发展规律的研究，把唯物史观和辩证法提高到新的高度，为从根本上提高无产阶级觉悟，提供了强有力的思想武器。这一时期是马克思主义理论形成以后，运用于解决当时社会政治实践和理论研究中的重大问题，接受实践检验和进一步发展的时期；也是马克思主义在工人运动中战胜五花八门的社会主义派别而取得理论上胜利的时期。

随着《共产党宣言》的问世，欧洲先后爆发了两次震撼世界的革命。一是属于资产阶级的民主革命性质的 1848 年的欧洲各国革命，另一则是 1871 年的无产阶级的巴黎公社革命。在这两次革命实践中，《共产党宣言》所提出的理论原则、政治策略和行动纲领，受到严峻的考验。实践证明，它们不仅光辉地经住了历史的考验，如马克思和恩格斯 1872 年所总结的那样："这个《宣言》中所阐述的一般原理整个说来直到现在还是完全正确的"①；而且得到了进一步丰富和发展。

（一）欧洲 1848 年革命对唯物史观的验证和发展

1847 年的世界贸易危机和连年的农业歉收，激化了欧洲各国的阶级矛盾和民族矛盾，引起了 1848 年席卷整个欧洲的革命风暴。先是法国的以推翻金融贵族专政为目的的二月革命，继是德国的反对封建专制统治的三月起义，接踵而来的是波兰、奥地利和意大利等地民族解放运动的兴起和高涨。这一风暴还波及英国、直达俄国边境。马克思在谈到这时的革命形势时曾说："在这一年中，旧欧洲的每个角落都掀起了革命。"② 这次革命，虽然由于各国经济状况不同而采取了不同的形式和规模，究其实质都是一场确立资产阶级统治的革命。但它又异于以往的资产阶级革命。这就是这时的资产阶级开始丧失了彻底革命的革命性，而无产阶级已作为一个独立阶级在革命中为实现自己的阶级要求而斗争。巴黎工人的六月起义就是一次无产阶级直接反对资产阶级的战斗。

马克思和恩格斯及时参加了 1848—1849 年的群众革命斗争。正如列

---

① 《马克思恩格斯文集》第 2 卷，人民出版社 2009 年版，第 5 页。
② 《马克思恩格斯全集》第 6 卷，人民出版社 1972 年版，第 389 页。

宁指出的：这"是他们一生活动中最令人瞩目的中心点"①。法国二月革命刚爆发，马克思和恩格斯立即奔赴巴黎。在巴黎马克思被授权组织共产主义者同盟新的中央委员会，并通过它来指导欧洲大陆上的革命运动。德国三月起义发生后，由于"德国的资产阶级革命只能是无产阶级革命的直接序幕"②，他们就把自己的注意力集中到德国，并及时返回德国直接参加革命。马克思和恩格斯为了广泛宣传和组织群众进行革命斗争，在科伦创办了《新莱茵报》。马克思任主编，恩格斯也是编辑之一。赖于马克思的洞察力和坚定立场，该报"成了革命年代德国最著名的报纸"③。它不仅成为向群众宣传"真正的斗争口号"的论坛，而且成为动员人民、团结人民去实现这些口号的组织中心。革命失败后，《新莱茵报》被迫停刊。马克思迁居伦敦。恩格斯在参加维利希志愿部队武装起义作最后的斗争后，也取道瑞士到达伦敦。他们为了集聚革命力量和总结革命经验，在伦敦又创办了无产阶级机关刊物《新莱茵报。政治经济评论》。这时马克思和恩格斯在极端困难的条件下，先后写成了许多重要著作。其中最著名的，有：两人合写的《中央委员会告共产主义者同盟书》，马克思的《1848年至1850年法兰西阶级斗争》，恩格斯的《德国的革命和反革命》，以及马克思的《路易·波拿巴的雾月十八日》等。在这些著作中，马克思和恩格斯第一次运用唯物史观的基本观点，从一定的经济状况出发，分析了这一时期的重大历史事件、总结了这次革命的经验和教训，验证和丰富了他们所创立的学说，特别是关于历史唯物主义的一些基本原理。

1. 对社会革命理论的验证和丰富

马克思和恩格斯在这次革命中所取得的重大理论成果之一，就是用革命实践检验了并以新的结论丰富了他们的社会革命理论。

（1）指出革命是生产力和生产关系矛盾激化的产物

马克思和恩格斯早在《德意志意识形态》一书中，就从理论上提出一切历史冲突都根源于生产力和交往形式之间的矛盾的原理。后来，他们运

① 《列宁选集》第1卷，人民出版社1995年版，第748页。
② 《马克思恩格斯文集》第2卷，人民出版社2009年版，第66页。
③ 《马克思恩格斯文集》第4卷，人民出版社2009年版，第7页。

用这一原理，在《共产党宣言》中概括地论述了资本主义生产方式矛盾发展必然引起无产阶级革命。当下，他们根据革命的实际经验，从理论与实际的结合上，对这一原理作了更加明确的说明。

同当时流行的那种把革命发生归咎于少数人的"煽动"，或者几个领袖人物偶然行动和动机的唯心主义观点相反，马克思和恩格斯坚持从一定的经济状况出发来说明这场革命风暴的客观基础。马克思在分析法国二月革命爆发的原因时明确指出，这是人民大众以及工业资产阶级同金融贵族利益冲突的必然结果。革命前，统治法国的是 1831 年 7 月建立起来的奥尔良王朝。这一政权的实质是金融贵族的专政，其对内对外政策的制定，完全以金融贵族集团——银行家、交易大王、矿山和森林主以及一部分大土地所有者的利益为依归。他们那种经济上的掠夺政策，政治上的过高的选举资格的限制，以及生活上的腐化堕落，严重地阻碍着工业资本主义的进一步发展，威胁着和损害着工商业资产阶级、小资产阶级、农民和无产阶级的切身利益，引起了社会的普遍不满。乃至贸易危机和普遍饥荒这"两起世界性的经济事件的发生，加速了普遍不满的爆发，使愤怒发展成了起义"①。这就是二月革命之所以爆发的原因。革命发展到六月起义，转变为无产阶级反对资产阶级的斗争。最终它之所以失败，马克思指出，归根到底也是基于经济原因，即资本主义生产方式远没有成熟到足以实现无产阶级革命的程度。

恩格斯在分析德国革命进程时也同样指出，德国革命是在国内阶级矛盾、民族矛盾十分尖锐的情况下发生的。目的是铲除封建制度和实现祖国统一。但由于当时德国的资本主义发展异常缓慢，德国资产阶级不能成为一支对抗封建制度的强大力量，而又害怕工人和劳动者壮大起来威胁自己的利益，故中途与封建反动势力妥协，背叛革命，加上小资产阶级的动摇和无产阶级尚处于落后状态，革命最终失败了。

马克思和恩格斯由此认为，"任何地方发生革命动荡，总是其背后必然有某种社会要求，而腐朽的制度阻碍这种要求得到满足"。因此，研究

---

① 《马克思恩格斯文集》第 2 卷，人民出版社 2009 年版，第 84 页。

革命爆发和失败的原因"不应该从一些领袖的偶然动机、优点、缺点、错误或变节中寻找，而应该从每个经历了动荡的国家的总的社会状况和生活条件中寻找"①。后来，马克思在谈到新的革命来临时对此又作了理论上的概括："只有在**现代生产力**和**资产阶级生产方式这两个要素**互相**矛盾**的时候，这种革命才有可能。"② 马克思这一科学论断深刻地揭示了社会革命的唯物主义基础。这对于克服在对待革命问题上的主观唯心主义具有重大意义。

（2）明确阐明"革命是历史的火车头"的原理

法国二月革命推翻了七月王朝的反动统治，德国三月革命动摇了普鲁士王朝的根基。巴黎工人六月起义，虽然失败了，但这无损于它那不可磨灭的历史功绩："这是分裂现代社会的两个阶级之间的第一次大规模的战斗。"③ 它以英勇的行动揭穿了标榜"自由、平等、博爱"的资产阶级共和国的虚伪本质，为社会主义革命奠定了思想基础。实践证明，社会革命是解决生产关系与生产力矛盾的重要手段。在马克思和恩格斯看来，革命"不是脱离了'正常'的道路，不是'社会病态'的表现，不是过激和谬误的可悲的结果，而是人类社会历史中最有生气、最重要、最本质、最有决定性的关头"④。因此，马克思形象地说"**革命是历史的火车头**"⑤。恩格斯也把革命比作"社会进步和政治进步的强大推动力"。⑥ 这是他们根据自己的全部历史观对人类发展的革命时期所作出的科学结论。

在阶级社会里，社会发展必然要通过革命。这是因为旧势力从来都不甘心自己退出历史舞台，因而必须用物质的力量将它摧毁，也只有通过革命，才能解决所谓和平发展时期慢慢积累起来的许多矛盾。革命对社会发展之所以能起这样大的作用，根本原因在于作为革命主体的广大人民群众在革命运动中能受到深刻的自我教育和高度发挥革命积极性。马克思指

① 《马克思恩格斯文集》第 2 卷，人民出版社 2009 年版，第 352 页。
② 《马克思恩格斯文集》第 2 卷，人民出版社 2009 年版，第 176 页。
③ 《马克思恩格斯文集》第 2 卷，人民出版社 2009 年版，第 101 页。
④ 《列宁选集》第 1 卷，人民出版社 1995 年版，第 748 页。
⑤ 《马克思恩格斯文集》第 2 卷，人民出版社 2009 年版，第 161 页。
⑥ 《马克思恩格斯文集》第 2 卷，人民出版社 2009 年版，第 383 页。

出，巴黎工人正是在六月起义的血泊中，摆脱了"一些人物、幻想、观念和方案"，开始新的战斗的。而法国农民也是在革命斗争过程中，逐步丢掉长期对资产阶级所抱的向往而日益觉醒起来的。同时马克思和恩格斯还认为，革命时期社会发展的速度也绝不是平常时期所能比拟的。他们对此也作了充分的估计。马克思在谈到法国革命的发展进程时说："法国社会各阶级从前以半世纪为单位来计算自己的发展时期，现在却不能不以星期为单位来计算了。"① 恩格斯在描述维也纳革命的进展速度时也说："在这种剧烈的动荡时期五年就走完在普通环境下一百年还走不完的途程。"② 重视革命对社会发展的推动作用和热情支持人民群众的革命运动，这是由此而得出的重要的马克思主义结论。

（3）"不断革命"是无产阶级的战斗口号

马克思和恩格斯一生注意的中心是关于无产阶级革命的问题。但当时欧洲大陆的许多国家所提出的却是推翻封建制度，进行资产阶级民主革命的任务。马克思和恩格斯针对这一现实，在《共产党宣言》中就提出"不断革命"的思想。他们明确指出，德国的资产阶级革命只能是无产阶级革命的直接序幕，无产阶级应当先积极参加资产阶级革命，进而再进行无产阶级革命。现在他们依据法德两国革命发展的客观规律，进一步阐明了这一原理。

法国二月革命发展到六月起义的客观进程，意味着无产阶级在历史上第一次试图将资产阶级革命转变为无产阶级革命。六月起义虽然失败了，却呈现出革命不断前进的趋势。它说明：一般民主运动和社会主义运动相互接近的不可避免性以及资产阶级革命转变为社会主义革命的必要性和可能性；也说明在资产阶级革命和无产阶级革命之间并没有不可逾越的鸿沟。同时革命的具体进程也表明：资产阶级一旦掌握政权，立刻变成了革命的对立物，由革命走向反动；小资产阶级却企图在资本主义范围内实现自己的有限的目的，至多希望有些改革而赶快结束革命；只有无产阶级，由于切身的利益和任务却不允许它就此止步，需要不间断革命。因为对无

---

① 《马克思恩格斯文集》第 2 卷，人民出版社 2009 年版，第 135 页。
② 《马克思恩格斯文集》第 2 卷，人民出版社 2009 年版，第 383 页。

产阶级来说，"问题不在于改变私有制，而只在于消灭私有制，不在于掩盖阶级对立，而在于消灭阶级，不在于改良现存社会，而在于建立新社会"①。马克思和恩格斯总结了这一革命发展的趋势，在《共产主义者同盟中央委员会告同盟书》中明确指出，无产阶级为了达到自己的最后的胜利，除了在组织上要采取自己的独立的政党立场外，在政治上"他们的战斗口号应该是：不断革命"②。

"不断革命"这一口号是对资产阶级革命向无产阶级革命转变的可能性和必要性的高度概括，其中体现了无产阶级的彻底革命精神。这就是，在资本主义尚不十分发达的国家中，无产阶级首先要参加资产阶级民主革命，并把它进行到底，为无产阶级社会主义革命准备必要的条件；继而在彻底完成资产阶级民主革命的基础上，推翻资产阶级专政，建立无产阶级专政，并通过这种专政，"达到**消灭一切阶级差别**，达到消灭这些差别所由产生的一切生产关系，达到消灭和这些生产关系相适应的一切社会关系，达到改变由这些社会关系产生出来的一切观念的必然的过渡阶段"③。也就是实现向无阶级的共产主义社会过渡。可见，马克思的"不断革命"理论，既区别于小资产阶级的半截革命论，也不同于"左"倾机会主义的一次革命论，而是同革命发展阶段论相联系的不断革命论。它是针对两种不同性质的革命转变而言的。因此，决不能把它曲解为在推翻资产阶级后又向农民"进攻"，或在已经消灭了剥削阶级后的无产阶级专政条件下"由一个阶级推翻另一个阶级"的理论。

2. 对无产阶级专政学说的重大发展

马克思和恩格斯总结 1848 年革命经验的另一重大理论成果，是以新的结论丰富和发展了马克思主义阶级和国家理论，特别是无产阶级专政学说。

（1）第一次公开精确地表述了"无产阶级专政"概念和它的历史任务。

---

① 《马克思恩格斯文集》第 2 卷，人民出版社 2009 年版，第 192 页。
② 《马克思恩格斯文集》第 2 卷，人民出版社 2009 年版，第 199 页。
③ 《马克思恩格斯文集》第 2 卷，人民出版社 2009 年版，第 166 页。

在《共产党宣言》中，马克思和恩格斯曾用"工人革命的第一步就是使无产阶级变为统治阶级，争取民主"和"无产阶级利用自己的政治统治一步一步地夺取资产阶级的全部资本……"来表述他们的无产阶级专政思想。列宁说这是马克思主义在国家问题上一个最卓越最重要的思想。这一思想在 1848 年革命中又得到更确切更实际的论述。

法国二月革命是法国工人联合资产阶级向君主专政制度进行战斗的革命。当工人群众在街垒战中取得了胜利，争取到共和国时，资产阶级却窃取了胜利果实。他们背信弃义，将无产阶级的革命要求完全抛到九霄云外。巴黎工人为了维护自己的阶级利益被迫发动了六月起义，但它却遭到资产阶级的残酷镇压。这一客观事实，使无产阶级认识到："它要在资产阶级共和国**范围内**稍微改善一下自己的处境只是一种**空想**。这种空想只要企图加以实现，就会成为罪行。"① 于是无产阶级就毅然决然地抛弃了原来对资产阶级共和国的一切幻想，而提出了一个大胆的革命战斗口号："**推翻资产阶级！工人阶级专政。**"② 马克思在这里第一次公开使用了"无产阶级专政"这个概念，认为它是唯一能够实现无产阶级革命要求的政治形式。

马克思指出，无产阶级在初步概括自己的各种革命要求时，是以"劳动权"这个笨拙的公式表述的。"其实劳动权就是支配资本的权力，支配资本的权力就是占有生产资料，使生产资料受联合起来的工人阶级支配，也就是消灭雇佣劳动、资本及其相互间的关系。"③ 这可以说是马克思对无产阶级专政实质和历史任务的第一次科学论述。恩格斯后来对此作了高度的评价。他说：马克思"在这里第一次提出了世界各国工人政党都一致用以扼要表述自己的经济改造要求的公式，即：生产资料归社会所有"④。这一公式的提出从而使科学社会主义同形形色色的封建阶级、资产阶级、小资产阶级等等的社会主义，以及各种空想的和自发的共产主义"理论"区

---

① 《马克思恩格斯文集》第 2 卷，人民出版社 2009 年版，第 103 页。
② 《马克思恩格斯文集》第 2 卷，人民出版社 2009 年版，第 104 页。
③ 《马克思恩格斯文集》第 2 卷，人民出版社 2009 年版，第 113 页。
④ 《马克思恩格斯文集》第 4 卷，人民出版社 2009 年版，第 536 页。

别开来。

（2）首次提出必须"打破"旧的国家机器的思想

马克思和恩格斯在《共产党宣言》中，根据无产阶级同资产阶级之间阶级斗争发展的规律，曾一般地提出工人阶级革命中的第一步是无产阶级变成统治阶级。但是当时没有具体经验来说明无产阶级应该以怎样的方式来实现这一目的。马克思根据1848年至1851年革命的经验，特别是路易·波拿巴复辟帝制的过程，集中考察了这一问题。他在《路易·波拿巴的雾月十八日》一书中，结合法国历次革命的全部进程，详细地研究了法国军事官僚机构形成和发展的历史，指出，法国这个军事官僚机构最初是在反封建制度的斗争中建立起来的，如它曾以中央集中制反对封建的割据，以行政长官制反对封建的等级制，等等。这对于促进封建制度解体起了重要的作用。以后随着经济的发展和阶级斗争的尖锐化，这种权力也日趋完善，逐渐成为资产阶级镇压人民的全国性的统治工具，是社会机体上的"寄生虫"。及至路易·波拿巴称帝时，他又完全抛弃了虚伪的民主外衣，使国家发展成为拥有50万官吏和50万军队的庞大的军事官僚机构。马克思从这一过程中看到法国的政权形式，虽然经过历代的不断的变革，但"一切变革都是使这个机器更加完备，而不是把它摧毁"①。其目的都是加强对无产阶级及劳动者的统治。这种旨在压迫无产阶级的国家机器，显然不能作为他们的解放工具。马克思由此提出，无产阶级革命的首要任务，就是集中自己的一切破坏力量来反对这种权力，将它"打碎"，并在这个"废墟"上建立起新型的无产阶级专政的国家。马克思这一思想是对无产阶级专政学说的进一步发展。后来，这一思想在巴黎公社革命实践中得到证实，并发展成为马克思主义国家学说中的一个重要原理。

（3）创造性地提出"阶级斗争必然导致无产阶级专政"新理论

马克思和恩格斯在《共产党宣言》中，已指出有文字记载的历史都是阶级斗争的历史。这是对阶级斗争问题所作的一般的历史总结。他们根据法德两国革命斗争经验，又把阶级斗争同无产阶级专政学说有机地联系起

---

① 《马克思恩格斯文集》第2卷，人民出版社2009年版，第565页。

来，得出一些新的结论。这些新的结论不仅是对无产阶级专政学说的深化，而且也是对阶级斗争理论的新贡献。

作为一种社会现象的阶级和阶级斗争的存在，早为资产阶级历史学家和经济学家所发现。例如在法国复辟时代的历史学家米涅、基佐、梯也里的历史著作中，在英国古典经济学家亚当·斯密、李嘉图的经济学著作中，就以资产阶级观点、唯心主义和形而上学的方式，叙述过阶级斗争的历史发展和对阶级作过经济上的分析。当然这些观点不可避免地带有很大的局限性。马克思在这方面的新贡献，正如他在 1852 年 3 月 5 日给魏德迈的信中所概括的："我所加上的新内容就是证明了下列几点：①**阶级的存在仅仅同生产发展的一定历史阶段**相联系；②阶级斗争必然导致**无产阶级专政**；③这个专政不过是达到**消灭一切阶级**和进入**无阶级社会**的过渡。"①马克思这一科学论述，极其鲜明地表达了马克思主义阶级斗争理论同一切资产阶级的阶级斗争学说的主要区别，以及它同无产阶级专政问题的有机的联系。

首先，马克思这一新内容坚持了唯物史观的基本点。它从社会物质生产关系出发，揭示了阶级的起源和本质，明确指出，阶级是一个历史范畴，它始终是同一定的社会经济条件联系在一起的。这就揭露了资产阶级思想家把阶级存在同社会经济条件割裂开来，把阶级的存在当作永恒不变的形而上学和唯心史观。其次，它坚持了辩证发展观，揭示了阶级斗争发展的必然规律，说明在对抗性的社会里，阶级斗争是不可调和的。资本主义社会中无产阶级同资产阶级的阶级斗争必然导致无产阶级专政。再次，马克思这一新内容，还指出了无产阶级专政的实质和历史使命。无产阶级专政之所以必要，在于要消灭一切阶级向无阶级社会即共产主义社会过渡。也就是说，在消灭剥削阶级的过程中，固然需要无产阶级专政，即使消灭剥削阶级之后，当还存在着阶级差别和一定范围内的阶级斗争时，仍然需要坚持无产阶级专政。只有到了无阶级的共产主义社会，那时虽然还存在矛盾和斗争，但它将失去如在阶级社会中所具有的那种阶级斗争的政治性质。只有到了那时，无产阶级专政将自行消亡。马克思这三点新的内

---

① 《马克思恩格斯文集》第 10 卷，人民出版社 2009 年版，第 106 页。

容，不仅完整地表述了阶级产生、发展和消灭的客观规律性，而且由于把无产阶级专政作为阶级斗争理论的核心，从而深刻地揭示了坚持无产阶级专政的必然性和必要性。

（二）初次揭示社会历史发展的客观必然性与个人主观因素在历史中作用的辩证关系

马克思和恩格斯在结合法、德两国革命经验，在论证社会发展归根到底是由经济因素决定的这一必然性的同时，还剖析了其中历史人物的活动，充分估计了个别人物在历史中的作用。他们认为，历史发展的必然性总是通过各种偶然性来为自己开辟道路的。根据必然性和偶然性的辩证关系来说明历史事件，是唯物史观的重要内容之一。历史是人创造的。正确评价个人在历史中的作用是其中的一个重要组成部分。马克思在《路易·波拿巴的雾月十八日》中为此提供了光辉的范例。

路易·波拿巴本是一个在政治斗争中屡遭失败、平庸而可笑的人物。但他却能在法国社会阶级斗争的演变中，最终登上王位，复辟帝制，扮演了"英雄"的角色。这决不像当时有些人所讲的只是个人的暴力行为，或纯粹的必然性，而是历史发展的客观必然性和历史人物活动的偶然性有机的统一。

波拿巴政变，首先是法国阶级斗争发展的必然结果。法国资产阶级特别是共和派最初依靠无产阶级取得了政权，但马上又抛弃了无产阶级，从而孤立了自己。于是资产阶级共和派的统治为保皇派统治所代替。但保皇派在尖锐复杂的阶级矛盾中，完全陷于分崩离析的状态。它不仅不能控制事变，反而把自己交给事变去支配。这样，就为路易·波拿巴政变创造了十分有利的条件。马克思说，政变之所以成功，"因为这是先前的事变进程的必然而不可避免的结果"①。

其次，它还有其深厚的社会和阶级基础。路易·波拿巴代表了法国社会中人数最多的小农阶级。小农阶级由于受个体经济的生产方式和自然经济生活状况的制约，不能形成任何的全国性的联系，更不能形成任何一种统一的政治组织。因此，他们不能以自己的名义来保护自己的利益，而不

①《马克思恩格斯文集》第 2 卷，人民出版社 2009 年版，第 554 页。

得不求助于站在它的上面并能从上面赐给他们雨水和阳光的"主宰"。再加以小农阶级的保守、落后思想和崇拜拿破仑皇权的历史传统，在法国农民中造成一种迷信："以为一个名叫拿破仑的人将会把一切美好的东西送还他们。"[①] 而作为拿破仑的侄子波拿巴就成为他们的理想代表。波拿巴王朝是农民的代表，但它"所代表的不是农民的开化，而是农民的迷信；不是农民的理智，而是农民的偏见；不是农民的未来，而是农民的过去"[②]。

除上述的客观局势和条件之外，波拿巴在复辟帝制中，他个人特有的品质和手段也起了一定的作用。波拿巴所依靠并利用来进行党派斗争的唯一的阶层，就是十二月十日会这个秘密团体。这个团体是由社会各阶级中淘汰出来的社会渣滓和糟粕拼凑起来的流荡游民，"波拿巴是一个浪荡人，是一个骄横的流氓无产者，他比无耻的资产者有一个长处，这就是他能用下流手段进行斗争"[③]。他善于在各个阶级之间看风转舵，进行蛊惑性的煽动，和采取诈骗、贿赂以及其他种种卑鄙龌龊的手段。波拿巴凭借这种手段，在特定的历史条件下，得逞于一时，掀起了复辟帝制的反动浪潮，对历史的发展进程起了一定的影响作用。但是，由于他所代表的阶级活动违反了历史发展规律，所以在波拿巴集团还在庆祝自己的胜利时，马克思就预言它的"王冠"必然落地。

马克思对波拿巴政变的分析，充分说明了历史唯物主义的一个重要原理。这就是：历史是由物质的生产方式的发展决定的。任何历史人物的活动，都要受这一客观规律的支配，但是也决不能忽视他们个人的作用。历史人物的特殊的因素也会影响到事变的进程，即加速或延缓历史的发展。历史的必然性需要这些偶然性来补充，并通过它而实现。

马克思和恩格斯基于 1848 年革命经验所取得的这些重大理论成果，在巴黎公社实践中又得了进一步丰富和发展。

（三）巴黎公社经验对唯物史观新的验证和发展

1848 年革命失败之后，随之而来的是：一方面世界资本主义经济蓬勃

---

① 《马克思恩格斯文集》第 2 卷，人民出版社 2009 年版，第 567 页。
② 《马克思恩格斯文集》第 2 卷，人民出版社 2009 年版，第 568 页。
③ 《马克思恩格斯文集》第 2 卷，人民出版社 2009 年版，第 531 页。

高涨；另一方面，黑暗反动的政治横行于欧洲。工人运动暂时处于低潮。及至 1857—1858 年世界经济危机的发生，无产阶级运动和民主运动才又开始活跃起来。60 年代中期以后，在马克思和恩格斯所领导的第一国际的推动下，欧洲一系列国家又逼近革命高潮。1870 年所爆发的普法战争，最后导致法国战败的局势，促使富有革命传统的巴黎工人又点燃了革命的烈火。这就是 1871 年 3 月 18 日巴黎工人为了反对卖国政府，拯救祖国而被迫举行的一次武装起义。结果推翻了反动政权，打碎了资产阶级国家机器，建立了人类历史上第一个无产阶级专政的国家，即巴黎公社。公社虽然仅仅存在了 72 天，但它却标志着资本主义社会制度日趋危机，和 19 世纪社会革命的开端。这是工人运动的一个新的历史关头。它为验证和发展马克思主义基本理论提供了新的经验。

1. 阐述社会历史发展规律与人民群众历史作用的辩证关系

历史是人们自己创造的。但也不是任意的，需要遵循一定的客观规律。历史发展规律和人民群众的历史作用之间存在着辩证的统一。马克思和恩格斯首次在这次革命实践上深刻阐明了：既要尊重历史发展规律，又要重视人民群众首创精神的辩证统一的原理。

早在革命爆发前，马克思曾对法国在普法战争中失败后的形势——波拿巴帝制的覆灭和名为"共和"实为卖国政府的成立——作了深刻的分析。他指出，法国工人阶级在面临民族危机的情况下，肩负着双重任务——民族的和阶级的任务。他勉励法国工人要"镇静而且坚决地利用共和国的自由所提供的机会，去加强他们自己阶级的组织……去为法国的复兴和我们的共同事业即劳动解放的事业而斗争"[1]。同时他根据当时形势发展的客观趋势，又告诫他们不要过早地举行起义，因为"当敌人几乎已经在敲巴黎城门的时候，一切推翻新政府的企图都将是绝望的蠢举"[2]。但是，当巴黎工人面对反动政府要解散自己的武装而不得不进行起义的时候，马克思却怀着无产阶级的激情，十分重视巴黎工人的首创精神，并以

---

[1] 《马克思恩格斯文集》第 3 卷，人民出版社 2009 年版，第 128 页。
[2] 《马克思恩格斯文集》第 3 卷，人民出版社 2009 年版，第 127 页。

"参加者的身份"对这一伟大事变表示莫大的关怀。他同恩格斯一道，开展了大量工作直接和间接地支援公社运动。后来革命失败了，他们丝毫没有责难群众，相反地却针对资产阶级的白色恐怖和种种造谣污蔑，高度赞扬"冲天的巴黎人"的灵活性、历史主动性和自我牺牲精神，马克思在《巴黎公社一周年纪念大会决议》中指出："英勇的三月十八日运动是把人类从阶级社会中永远解放出来的伟大的社会革命的曙光。"① 恩格斯在《巴黎公社二十一周年给法国工人的贺信》中说："使公社具有伟大历史意义的，是它的高度的国际性……无产阶级的节日将到处永远都是三月十八日。"② 他们认真总结公社经验以发展自己的理论，这充分体现了无产阶级革命家对待群众革命运动应有的态度。

2. 进一步发展无产阶级专政理论

公社失败后第三天，马克思写出了《法兰西内战》一书，向全世界人民宣告了公社的真理。马克思在这部著作中，不仅对公社作出了一个深刻的准确的出色的评价，而且以惊人的清晰性和科学精确性，更加完备地阐发了"必须打碎旧的国家机器"原理；揭示了作为建立无产阶级专政的最初形式、未来社会主义国家的范例的巴黎公社的世界意义，从而在理论上极大地丰富和发展了无产阶级专政学说。

（1）"必须打碎资产阶级国家机器"原理的进一步发挥

巴黎公社一个伟大的历史行动是消灭资产阶级国家的官僚机构，旧的军队和警察、行政和司法机关。这是对马克思在《路易·波拿巴的雾月十八日》一书中所提出的"必须打碎旧的国家机器"思想的证实。马克思根据公社经验又进一步提出"工人阶级不能简单地掌握现成的国家机器，并运用它达到自己的目的"的结论。马克思对这一结论作了深刻分析，使它成为完备的科学原理。

马克思首先根据法国帝国发展的历史，从阶级实质上重新考察了在同封建主义斗争中所形成的资产阶级国家，以及它随着经济和阶级斗争的发展，日益

① 《马克思恩格斯全集》第 18 卷，人民出版社 1965 年版，第 61 页。
② 《马克思恩格斯全集》第 22 卷，人民出版社 1965 年版，第 331 页。

成为镇压工人阶级的统治工具的历史趋势。他指出："奴役他们的政治工具不能当成解放他们的政治工具来使用。"① 因此，无产阶级革命的第一步，必须用暴力将它"摧毁"。马克思曾根据当时欧洲大陆各国的具体情况指出："如果你查阅一下我的《雾月十八日》的最后一章，你就会看到……而应该把它**打碎**"，认为"这正是大陆上任何一次真正的人民革命的先决条件"②。

其次，马克思极其辩证地对待"摧毁"国家这一问题。在他看来国家既是阶级统治的工具，又是执行公共事务的机关。因此，旧政权中的纯粹压迫机关，如军队、警察和法院等，应彻底"铲除"，至于它的处理公共事务的管理职能，还应当保留。但对它必须实行改造。马克思说："而旧政权的合理职能则从僭越和凌驾于社会之上的当局那里夺取过来，归还社会的承担责任的勤务员。"③

最后，马克思还指出，真正能够完成这一任务的，只有无产阶级。因为无论哪个资产阶级掌握政权，都是使这一暴力机关进一步完善，而不是削弱它，更不会"铲除"它；任何小资产阶级则是追随资产阶级的奴仆，而农民又是这一政权的社会基础。马克思说："无产者对全社会负有消灭一切阶级和阶级统治的新的社会使命，只有在这一使命激励下的无产者才能够把国家这个阶级统治工具，也就是把集权化的、组织起来的、窃据社会主人地位而不是为社会做公仆的政府权力打碎。"④

马克思的以上论述是对"打碎"旧的国家机器思想的更加完备的发挥。列宁称此是马克思主义国家学说中最主要之点，是对无产阶级革命学说的重大突破。如果说马克思在当时还把这一结论限制在欧洲大陆各国，那么，一年以后，他和恩格斯则认为这一结论应作为普遍规律补充到无产阶级的纲领性文件《共产党宣言》之中了。

（2）公社——无产阶级专政的一种形式

在打碎旧的国家机器之后，用什么东西来代替被打碎的国家机器呢？

① 《马克思恩格斯文集》第 3 卷，人民出版社 2009 年版，第 218 页。
② 《马克思恩格斯文集》第 10 卷，人民出版社 2009 年版，第 352 页。
③ 《马克思恩格斯文集》第 3 卷，人民出版社 2009 年版，第 156 页。
④ 《马克思恩格斯文集》第 3 卷，人民出版社 2009 年版，第 194 页。

也就是应采取什么样的国家形式才能符合无产阶级专政的阶级内容及其作为建设新社会工具的历史使命呢？马克思从公社中看到了一个萌芽状态的无产阶级国家的面貌，看到了作为代替被打碎资产阶级国家机器的无产阶级政权形式。马克思在这方面的论述，极大地丰富了无产阶级专政学说。

首先，公社"实质上是工人阶级的政府"。

马克思从公社所采取的种种措施中看到了它的阶级实质，公社的第一个法令就是废除常备军而代之以人民的武装。这就摧毁了长期以来压迫人民的机关，从根本上改变了国家专政的性质。公社废除官吏制，实行真正的人民民主制，即由人民通过普选选出代表，这些代表对选民负责，随时可以撤换。"公社体制会把靠社会供养而又阻碍社会自由发展的国家这个寄生赘瘤迄今所夺去的一切力量，归还给社会机体。"① 公社宣布教会与国家分离，并剥夺一切教会所占有的财产。这是着手摧毁精神压迫工具的重要措施。为了使无产阶级政权真正有效地成为代表人民意志和体现捍卫劳动群众利益的机构，公社还废除议会制，将立法和行政统一起来，并采取各种措施：如规定选举者可以随时撤换被选举者；对所有公职人员，不论职位高低，都只付给跟其他工人同样的工资等，以防止国家机关工作人员由社会公仆变为凌驾于社会之上的官吏——这种现象在至今所有的资产阶级国家中都是不可避免的。此外，公社还坚持集中制以保证民族的统一；坚持国际主义原则以保证国际无产阶级的团结，等等。由此，马克思称公社是"帝国的直接对立物"，实质上是代表人民利益的"工人阶级的政府"。

其次，公社是"可以使劳动在经济上获得解放的政治形式"。

无产阶级夺取政权并不是最终的目的，而是把它作为根除阶级的存在，从而使自己获得彻底解放的工具。只要尚存在着阶级存在的经济基础，无产阶级自己就不能获得最终的解放，而且已有的政治统治也不能巩固。这是因为新的政治统治不能与他们的社会奴隶地位永久不变的状态同时并存。因此，无产阶级夺取政权之后的重要任务之一，就是组织生产，

---

① 《马克思恩格斯文集》第 3 卷，人民出版社 2009 年版，第 157 页。

大力发展生产力，对社会进行经济改造，以期实现"以自由的联合的劳动条件去代替劳动受奴役的经济条件"，使劳动在经济上获得彻底的解放。马克思进一步指出：这是个需要相当一段时间才能逐步完成的历史过程。因为这里"不仅需要改变分配，而且需要一种新的生产组织"，即摆脱奴役的锁链和它们的目前的阶级性质，"还需要在全国范围内和国际范围内进行协调的合作"①。同时，这一历史过程也是一个充满长期斗争的过程。因为这种把环境和人都完全改变的伟大事业，必然要遇到既得利益和阶级自私的反抗。在这种情况下，无产阶级就需要一种政治组织形式来完成这一历史任务。而公社就是无产阶级在这方面所需要的一个比较好的政治形式。

由此可见，无产阶级在夺取政权之后，首要的任务是发展生产力。这时，即在无产阶级专政条件下，并不取消阶级斗争，"工人阶级正是通过阶级斗争致力于消灭一切阶级，从而消灭一切阶级统治"。不过，这时的阶级斗争具有与旧社会不同的特点，这就是："公社提供合理的环境，使阶级斗争能够以最合理、最人道的方式经历它的几个不同阶段。"② 并保证沿着建设新社会的道路向前迈进。

在马克思的这些理论概括中，已经包含着一系列关于由资本主义向社会主义过渡时期，关于这个时期的国家是无产阶级专政这一学说的基本要素。1875 年马克思在《哥达纲领批判》一书中又对它作了进一步系统的阐述，形成了马克思主义关于从资本主义社会向社会主义社会过渡时期的科学理论。

---

① 《马克思恩格斯文集》第 3 卷，人民出版社 2009 年版，第 199 页。
② 《马克思恩格斯文集》第 3 卷，人民出版社 2009 年版，第 198 页。

第四章 《资本论》中马克思主义哲学问题探微

　　1848 年革命失败后，马克思和恩格斯面临的新任务，既有理论的，也有实践的。不仅要及时总结革命经验，直接为无产阶级革命运动指明前进的道路；而且要从理论上科学地回答世界革命的前途问题，以便从根本上武装国际无产阶级。实现后一任务，需要研究政治经济学，对资本主义社会作深入的剖析和研究，以期发现它的产生、发展和灭亡的规律。于是，马克思从这时起就把研究政治经济学的任务，重新提上了重要日程。马克思早在 1843 年为了对"市民社会"进行剖析时，就已着手研究政治经济学。后因参加 1848 年革命而致中断。这时，马克思根据资本主义发展的新趋势和侨居伦敦的有利条件，又"重新"开始这一工作。他说："到 1850 年我才能在伦敦重新进行这一工作，英国博物馆中堆积着政治经济学史大量资料，伦敦对于考察资产阶级社会是一个方便的地点。最后……这一切决定我再从头开始，批判地仔细钻研新材料。"① 这样，就进一步从理论上和现实上对资本主义生产方式发展规律进行详细的研究。马克思在这一时期内，除与恩格斯共同领导第一国际外，写出了《1857—1858 年政治经济学手稿》，于 1859 年出版了《政治经济学批判》；又写了《1861—1863 年经济学手稿》和《1863—1867 年经济学手稿》，完成了《资本论》四卷的准备工作，并于 1867 年出版了《资本论》第一卷。恩格斯对《资本论》的写作、最终完成以及出版、宣传方面都作出了重大贡献。

---

① 《马克思恩格斯文集》第 2 卷，人民出版社 2009 年版，第 593 页。

一、唯物史观基本观点的经典表述

《资本论》是马克思毕生中最重要的科学巨著。它集中了马克思（也包括恩格斯）在哲学、政治经济学和科学社会主义方面最卓越的成就，揭示了资本主义必然灭亡和社会主义必然胜利的规律。《资本论》是马克思主义的百科全书。它的问世，既标志着马克思主义政治经济学理论体系的完成，和社会主义由空想变为科学；也标志着马克思主义哲学思想发展的高峰。《资本论》在哲学方面的突出成就，就是进一步验证和完善了唯物史观的基本观点，使其由"假说"变为"经过科学检验的理论"；成功地将"逻辑、辩证法和唯物主义认识论都应用于同一科学"，系统地制定了科学的辩证思维方法和逻辑。首先，《资本论》对唯物史观作了验证、完善和发展。

（一）关于唯物史观基本观点的经典表述

马克思在他的《政治经济学批判》序言中，对唯物史观的基本观点作了经典式的表述。早在 1843 年，马克思为解决莱茵报期间的"苦恼的疑问"，对黑格尔哲学进行了批判性的反思。他在《黑格尔法哲学批判》一书中，开始批判了黑格尔的国家决定市民社会的唯心主义历史观。马克思主要按照市民社会同国家的关系，把社会分成古代，中世纪和新时代；未来社会即民主制。在这里，马克思接触的虽然已不是理性王国了，但主要的尚停留在社会政治生活领域。对共产主义也只是从政治方面对它作出某些猜测。

马克思离开莱茵报后转向研究政治经济学。他在《1844 年经济学哲学手稿》中，已经深入到经济领域，提出了著名的"异化劳动"理论，这时他把社会结构看作是生产决定社会生活的一切方面的整体；同时把社会历史分为：异化劳动和私有制存在的时期，异化劳动和私有制消灭以后的时期。并以这一理论试图对未来社会——共产主义作出哲学上和经济上的论证。这些理论虽有不少的合理因素，但其中带有很大程度的思辨的性质和人本主义的色彩。而且生产关系这一重要概念还没有抽象出来。

及至 1845—1846 年，马克思和恩格斯共同写作《德意志意识形态》时，唯物史观基本原则已经确立。这时，他们把社会结构理解为：生产力——交往形式（生产关系）——政治的上层建筑——社会意识形式；接触到"生产关系"这一概念，并据此把社会历史的发展，分为部落的、古代的、封建的、资产阶级（手工场和大工业）所有制形式，共产主义，以及初步科学地论述了共产主义思想。这一理论成就在《哲学的贫困》和《共产党宣言》中得到了公开的表述和运用。

此后，又经过了 13 年，到 1859 年，马克思在《政治经济学批判》序言中，根据十多年的研究成果，对唯物史观基本原理、基本观点和基本方法作了系统的、科学的概括性的经典式论述。全文如下：

"人们在自己生活的社会生产中发生一定的、必然的、不以他们的意志为转移的关系，即同他们的物质生产力的一定发展阶段相适合的生产关系。这些生产关系的总和构成社会的经济结构，即有法律的和政治的上层建筑竖立其上并有一定的社会意识形式与之相适应的现实基础。物质生活的生产方式制约着整个社会生活、政治生活和精神生活的过程。不是人们的意识决定人们的存在，相反，是人们的社会存在决定人们的意识。社会的物质生产力发展到一定阶段，便同它们一直在其中运动的现存生产关系或财产关系（这只是生产关系的法律用语）发生矛盾。于是这些关系便由生产力的发展形式变成生产力的桎梏。那时社会革命的时代就到来了。随着经济基础的变更，全部庞大的上层建筑也或慢或快地发生变革。在考察这些变革时，必须时刻把下面两者区别开来：一种是生产的经济条件方面所发生的物质的、可以用自然科学的精确性指明的变革，一种是人们借以意识到这个冲突并力求把它克服的那些法律的、政治的、宗教的、艺术的或哲学的，简言之，意识形态的形式。我们判断一个人不能以他对自己的看法为根据，同样，我们判断这样一个变革时代也不能以它的意识为根据；相反，这个意识必须从物质生活的矛盾中，从社会生产力和生产关系之间的现存冲突中去解释。无论哪一个社会形态，在它所能容纳的全部生产力发挥出来以前，是决不会灭亡的；而新的更高的生产关系，在它的物质存在条件在旧社会的胎胞里成熟以前，是决不会出现的。所以人类始终只提出自己能够解决的任务，因为只要仔细考察就可以发现，任务本身，只有在解决它的物质条件已经存在或者至少是在生成过程中的时候，才会产生。大体说来，亚细亚的、古希腊罗马的、封建的和现代资产阶级的生产方式可以看做是社会经济形态演进的几个时代。资产阶级的生产关系是社会生产过程的最后一个对抗形式，这里所说的对抗，不是指个人的对抗，而是指从个人的社会生活条件中生长出来的对抗；但是，在资产阶级社会的胎胞里发展的生产力，同时又创造着解决这种对抗的物质条件。因此，人类社会的史前时期就以这种社会形态而告终。"①

马克思这一论述，首先体现了唯物史观的出发点。正如恩格斯后来屡次指出的，是建立在下列的一个很明显而以前完全被人忽略的事实基础之上的，即建立在人们首先必须吃、喝、住、穿，就是说首先必须劳动（生产），然后才能从事政治、宗教和哲学等等这一明显的事实的基础之上的。其次，也体现了唯物史观的基本方法。这就是从社会生活的各种领域中划分出经济领域来；从一切社会关系中划分出生产关系来，并把它当作决定其余一切关系的基本的原始的关系和把它置于一定的生产力基础之上。列宁曾将此概括为两个"归结"，即把社会关系归结于生产关系，把生产关系归结于生产力的高度。再次，还体现在，马克思为奠定唯物史观的科学基础，除确定生产力、生产关系、经济基础和上层建筑等新的范畴外，创造性地又确定了一个科学范畴，提出了一个极其重要的思想。前者就是作为一定的社会具体历史形式的"社会经济形态"，后者则是把社会经济形态看做是"自然历史过程"。

根据马克思的上列论述，"社会经济形态"这一概念包括下列诸层次的内容：（1）人们在生产中形成的不依人的意志为转移的并同物质生产力的一定发展阶段相适合的生产关系；（2）由这些生产关系总和构成社会的经济基础，以及与它相适应的政治上层建筑和一定的社会意识形式；（3）这些关系形成了一个完整的社会有机体，其中物质生活的生产方式制约着

① 《马克思恩格斯文集》第 2 卷，人民出版社 2009 年版，第 591—592 页。

整个社会生活、政治生活和精神的过程。所谓"自然历史过程"，它意味着这种社会经济形态不是固定不变的，而是一个合乎规律的矛盾发展过程。这个发展过程具体表现为：（1）社会物质生产力是最积极的因素，它发展到一定阶段，便同它的生产关系发生矛盾，于是这些生产关系便由生产力的发展形式变成了生产力的桎梏，那时革命的时代就到来了；（2）随着经济基础的变更，全部庞大的上层建筑也或慢或快地发生变革；（3）这一变革不是任意的，而是合乎规律的，即"无论哪一个社会形态，在他们所能容纳的全部生产力发挥出来以前，是决不会灭亡的；而新的更高的生产关系，在它存在的物质条件在旧社会的胎胞里成熟以前，是决不会出现的"；（4）从历史上看，大体说来，社会经济形态已经历了亚细亚的、古希腊罗马的、封建的和现代资产阶级的生产方式这几个时代。

马克思关于"社会经济形态"概念和自然历史过程思想的论述，既具体化了社会存在决定社会意识这一唯物主义原理，也深刻揭示了生产力和生产关系、经济基础和上层建筑辩证运动规律。它同上述的出发点和基本方法一起，为精确地说明社会历史提供了一个科学的观点和方法。这是马克思长期研究所发现的伟大成果，也是他在《资本论》中始终坚持，并用资本主义现实进一步检验、完善和发展的基本观点。正如马克思所说，《资本论》是采取"社会经济形态的发展是一种自然历史过程"的观点，来揭示资本主义的经济运动规律的产物。

（二）生产方式是人类社会发展的基础和决定性力量

1. 劳动（生产）的哲学意义

劳动（生产）既是唯物史观理论的出发点，也是人类社会存在的基础和前提。马克思为了阐述资本主义生产过程的特点，在撇开各特定的社会形式来考察一般的劳动过程时，对劳动作了哲学的概括。他指出，有目的的劳动是人区别于其他动物的标志，是人类社会存在的基础和前提，是不以人类生活的任何形态为转移的永恒的条件。在这里，他把劳动看作"首先是人和自然之间的过程，是人们以自身的活动来中介、调整和控制人和自然之间的物质变换的过程"。通过这个过程，人们"不仅使自然物发生形式变化，同时他还在自然物中实现自己的目的"①，即创造人们生存所需要的财富。人们作为劳动过程的主体，在这个过程中更新他们所创造的财富世界，同样也更新他们自身。马克思这些论述，完全不同于以往那种仅从具体形式上把劳动作为农业劳动或工业劳动，而是从主体和客体相互作用的关系上对劳动的实质作了哲学概括。只有从哲学的高度把握劳动的实质，才能真正解释社会历史现实和历史过程的普遍辩证法，而摆脱那些具体的特点的东西。

2. 生产方式的科学论证

马克思在《资本论》中从上述观点出发，进一步揭示和分析了构成人类社会发展的基础和决定社会发展的生产方式。并结合资本主义社会第一次以展开的形式阐述了生产方式所特有的方面和因素，以及它们之间的辩证关系。生产方式作为科学范畴，与描述性的表述为"生产力发挥作用的方式"的概念不同，它意味着生产力和生产关系的具体的历史的统一。这种统一的科学含义，在于它既显示出一切现存的社会制度所具有的完整性和具体性；又表现出它的作用是物质技术（生产力）和社会性（生产关系）两个方面的有机结合。

（1）关于生产力

在生产方式的发展中，生产力是决定性和占主要地位的方面。它标志着某个社会中人们控制和征服自然的能力。马克思在批评蒲鲁东不理解人类的历史发展时曾指出："生产力是人们应用能力的结果。"又说："任何生产力都是一种既得的力量，是以往的活动的产物。"② 在马克思看来，这种由人们长期实践活动结果而形成的生产力，既包括作为活劳动的劳动者，又包括作为物化劳动的生产资料——劳动资料和劳动对象。劳动者、劳动资料和劳动对象是生产力的三个基础性要素。只有三者结合，即劳动者掌握劳动资料（生产工具），作用于劳动对象，才形成现实的生产力。生产力是主观因素——人（劳动者）和客观因素——物（生产资料）的有

---

① 《马克思恩格斯文集》第 5 卷，人民出版社 2009 年版，第 207—208 页。
② 《马克思恩格斯文集》第 10 卷，人民出版社 2009 年版，第 43 页。

机的统一。那种认为唯物史观强调发展生产力，就是"忽视人"的说法，显然是不正确的。

马克思在《资本论》中依据唯物主义原则，对生产力所构成的全部要素以及对它们发展的互相关系和规律性作了科学的说明。他首先分析了生产力的物的即客观因素，强调劳动资料在生产力的物的因素中占据突出的地位。他认为：首先必须把劳动资料同作为经过劳动"滤过的"一般自然的劳动对象区别开来。"劳动资料是劳动者置于自己和劳动对象之间，用来把自己的活动传导到劳动对象上去的物或物的综合体"，也就是为人们所掌握的生产工具。"劳动者直接掌握的东西，不是劳动对象，而是劳动资料"①。其次，劳动资料在生产力要素中具有独特的意义。它"不仅是人类劳动力发展的测量器，而且是劳动借以进行的社会关系的指示器"。因为"各种经济时代的区别，不在于生产什么，而在于怎样生产，用什么劳动资料生产"。在这方面马克思特别注意各种不同的劳动资料所固有的特点和作用，以及它在发展中内容的变化。前者，例如，他认为在当时的资本主义大机器生产条件下，机械性的劳动资料（他称之为生产的"骨骼系统"和"肌肉系统"）比只是充当劳动对象的容器的劳动资料，如管、桶、篮、罐等（他称之为生产的"脉管系统"）"更能显示一个社会生产时代的具有决定意义的特征"。后者，例如，他在分析工业革命机器出现后生产力的变化时，又把动能、运输和交通工具列为劳动资料的一种。

马克思在分析生产力的物因素的基础上，也深入考察了生产力的主观因素，即人的因素。他认为人是生产力中的最重要要素。因为没有人的劳动，劳动资料及其他生产工具和生产资料，就不可能发挥出任何作用。人之所以是生产力的最重要的要素，是因为他执行着智力的职能。生产力愈发展和愈加复杂，生产力所需要的智能也就愈高。但是在生产力体系中的主观因素的重要作用，也不能脱离生产力其他因素。并且这些因素规定着人的成分的变更和劳动的变换，如新职业和新专业的出现，分工过程的出现等等。另外，人的主观因素还要受到物质生产活动过程、生产任务和管

① 《马克思恩格斯文集》第 5 卷，人民出版社 2009 年版，第 209 页。

理组织的制约。马克思正是从这个角度揭示了资本主义条件下的大工业发展所引起的阶级对抗，以及工人所蒙受的种种的苦难。

马克思在考察主观因素时，十分强调科学在生产中的作用，即要求把科学变为直接生产力。随着物质生产的发展，一方面为科学的应用提供了条件和可能性，另一方面也要求应用科学来解决生产中问题的必要性。因此，在这种情况下，科学就成为生产力。但是科学转化为生产力，需要一定的条件。这就是必须将科学的成果应用于生产，同物质生产力的几个基础性要素相结合。也就是：或者把科学用来改进生产工具、机器和技术设备；或者把科学用来武装劳动者的头脑，提高他们的技能；或者把科学用来发现和扩大劳动的对象，改变和提高劳动对象的品质。在科学尚未实现这些转化以前，它还只能是"精神的生产力"，而不是直接的生产力。只有当它转化、物化到生产中时，它才能成为现实的生产力。

现实的生产力是在各种条件下实现的。它要受到各种因素的影响。马克思在《资本论》中不仅研究了生产力的一般的基础性结构和功能，而且研究了决定生产力状况的各种因素。他指出："劳动生产力是由多种情况决定的，其中包括：工人的平均熟练程度，科学的发展水平和它在工艺上应用的程度，生产过程的社会结合，生产资料的规模和效能，以及自然条件。"[①] 生产力的功能发挥的程度如何，即劳动生产率的提高程度如何，都和上述因素有着密切的联系。由此可见，发展生产力并不是一个纯粹的技术性问题，而且还是同一定社会的组织形式——生产组织形式、管理形式密切地联系在一起的。

（2）关于生产关系

在劳动、生产过程中，人们不仅要同自然发生关系形成生产力，而且人与人之间也必然要发生交往关系，这就是生产关系。马克思第一次创立了"生产关系"这一概念，并科学地揭示了它的具体内容、主要之点及其重要特征。

马克思认为，生产是具有社会性的。人们在生产过程中必然要发生各种交往关系，亦即生产关系，其中包括生产、交换、分配、消费诸方面的

---

① 《马克思恩格斯文集》第5卷，人民出版社2009年版，第53页。

关系。从表象上看，"生产制造出适合需要的对象；分配依照社会规律把它们分配；交换依照个人需要把已经分配的东西再分配；最后，在消费中，产品脱离这种社会运动，直接变成个人需要的对象和仆役，供个人享受而满足个人需要"。在这里，"生产表现为起点，消费表现为终点，分配和交换表现为中间环节"。或者用哲学术语来表达："生产是一般，分配和交换是特殊，消费是个别，全体由此结合在一起。"① 如果仅是平列地从表象上这样理解四个要素的关系，这当然是一种联系，但这却是一种肤浅的联系。实际上，生产、分配、交换、消费四者构成一个总体的各个环节，它们是一个统一体内部的差别。其中生产居于决定性的地位，它支配着其他要素。因为任何一个过程总是从生产重新开始的，交换和消费必须以生产为前提。而分配也是一样，它作为产品的分配，必须先生产出产品；作为生产要素的分配，它本身就是生产的一个要素。"因此，一定的生产决定一定的消费、分配、交换和**这些不同要素相互间的一定关系**。"② 这并不是说交换、分配和消费对生产不起作用，例如随着交换（市场）的扩大，生产规模也就增大；随着分配（资本）的集中，生产也就发生变动；消费的需要也决定着生产，等等。但这是每一个有机整体中，各个不同要素之间存在着相互作用的表现，并没有否定生产最终的决定作用。所以，在生产关系的体系中，直接生产关系是主要的、决定的关系。

在直接生产关系中，所有制关系与其他生产要素相比，又是主要的，它决定社会的性质。因为决定社会性质的，不在于生产什么，而在于怎样生产，即劳动者和生产资料结合方式。这是同生产资料归谁所有这一问题密切联系在一起的。社会生产究竟采取什么所有制形式，完全是由生产水平决定的。但它一旦形成之后，就决定着生产的性质和社会的制度。所以所有制关系又是生产关系中最主要的关系。忽略这一主要之点，就会分不清甚至混淆不同社会性质的界限。

马克思在论述生产关系时的另一科学贡献，是阐明了生产关系的基本特征，即它的物质性和客观性。所谓生产关系的物质性，并不是说它具有

---

① 《马克思恩格斯文集》第 8 卷，人民出版社 2009 年版，第 12—13 页。
② 《马克思恩格斯文集》第 8 卷，人民出版社 2009 年版，第 23 页。

实物性，如物化的东西那样；而是首先在于，这些关系是存在于社会历史过程的现实的实践的第一性存在之中，而不是存在于法、政治、宗教等等第二性复制品之中。其次，是在于生产关系的一般结构发展以及作用后果，是不依赖于个人和集体的最近目的，而是决定于生产力发展的水平。生产关系物质性这一特点，决定了它的客观性。生产关系的客观性则是说：第一，生产关系是由生产力发展到一定的，即历史上所达到的水平而产生的，就其一般特点来说是与生产力相适应的；第二，人们在自己的生产过程中，彼此结成的经济关系，是不依他们的意志而转移的，它取决于所有制的现实关系。不同的所有制规定着不同社会性质的特征，这是人们不能随意确定的。马克思对生产关系的这样确定，就可用此标准来说明其他社会关系，并判明在一般的社会关系中的重复性。而判明重复性，就有利于发现它的规律性。所以，对生产关系物质性和客观性的揭示和论证，是使唯物史观由科学假说变为科学原理的重要前提。

生产力和生产关系的有机的统一，表现了物质技术和社会性的统一，构成社会生产方式的两个基本方面。二者缺一，就不能科学地把握现实的生产方式。

马克思还指出，现实的生产方式处于不断运动之中，并遵循着生产关系适合生产力性质和水平规律。这一规律，一方面揭示了生产力的决定性作用，生产力发展的性质和水平最终决定着生产关系的性质；不仅如此，而且生产力发展的规模、水平、质量结构，决定社会的进程，对社会发展有着十分重要的意义。另一方面，也揭示了生产关系的反作用，即生产关系决定着生产力发展的社会目的、动因、方向、范围、结构，以及它的发展速度。此外，生产关系再生产的过程，也是阶级、社会集团以及它们之间一定关系的生产和再生产的过程。生产关系适合生产力的规律是社会发展的基本规律之一。

二、经济的社会形态和自然史过程理论

马克思在《资本论》中还以资本主义产生和发展的具体现实，验证和

论证了经济的社会形态范畴和经济的社会形态的发展是一种自然历史过程的思想。马克思在《资本论》第一卷第一版序言说:"我的观点是把经济的社会形态的发展理解为一种自然史的过程。"①

1. 社会经济形态理论

经济的社会形态是马克思创造性地制定的一个哲学历史范畴。所谓哲学历史范畴,就是说,它所反映的,不是社会的一个个别方面,而是社会生活的一切方面,其中不仅反映经济方面本身,而且反映社会的、政治的和精神的方面,以及它们的有机的统一。社会经济形态意指社会在它发展的相应阶段上存在的具体的历史形式。这一具体的历史形式是一个完整的社会机体。它的前提是生产力发展的一定性质和水平以及与其相适应的生产关系的一定性质。它的内容包括作为生产关系总和的"基础"与竖立其上的上层建筑和社会意识形式,以及由此所形成的各阶级、社会集团的生活方式。所有这些组成部分都处于辩证相互作用之中。这一范畴的制定,具有巨大的方法论意义:它可以揭示人类社会历史发展的统一性,使社会历史各时期的科学分期的建立成为可能;可以发现社会历史过程中的共同标志和独特的东西。这一科学范畴,在《德意志意识形态》一书中已初步提出,在《〈政治经济学批判〉序言》中作了简要规定。马克思在《资本论》中又对这个范畴作出极其深刻的论证,使其形成一个完整的科学理论。

马克思在《资本论》中所要研究的,"是资本主义生产方式以及和它相适应的生产关系和交换关系"②,即资本主义生产关系的总和,也就是资本主义的经济结构或经济基础。但它实际上并不限于此,而是随时随地既探究适合于这种生产关系的上层建筑和社会意识形式,又揭示出由这种生产关系所产生的阶级状况。"使骨骼有血有肉。"关于这点,列宁作过下列的说明。他说,《资本论》"使读者看到把整个资本主义社会形态是个活生生的形态:有它的日常生活的各个方面,有它的生产关系所固有的阶级

---

① 《马克思恩格斯文集》第 5 卷,人民出版社 2009 年版,第 10 页。
② 《马克思恩格斯文集》第 5 卷,人民出版社 2009 年版,第 8 页。

对抗的实际社会表现，有维护资本家阶级统治的资产阶级政治上层建筑，有资产阶级的自由平等之类的思想，有资产阶级的家庭关系"①。这就是说，马克思在《资本论》中为我们描绘了一个关于整个资本主义社会经济形态的图景。

马克思在《资本论》中除深刻地剖析资本主义生产方式之外，还以不可争辩的事实和令人信服的逻辑力量，论述了资本主义生产关系、经济关系的体系决定着它的上层建筑的各种因素的性质和面貌，深刻地阐明了经济基础和上层建筑的辩证关系。马克思之所以这样做，是由于作为一个有机整体的社会，它的经济结构同上层建筑的因素在社会进化的统一过程中是有机地交织在一起的，而且上层建筑因素同经济调节因素紧密地互相影响，并在这个过程中起着积极的作用。

马克思考察了作为政治上层建筑的国家与法问题，在马克思看来，"国家"这一概念同"社会的政治结构"一词具有同义语的意义。国家的活动"既包括由一切社会的性质产生的各种公共事务的执行，又包括由政府同人民大众相对立而产生的各种特有的职能"②，即管理和镇压的职能。在资本主义社会中，这种职能都是为资本家服务、为资本家谋福利的，并且表现为集中的和有组织的社会强力或暴力。马克思对英国"原始积累"的分析，令人信服地表明国家政权是怎样把封建主义生产关系加速转变为资本主义生产关系，是怎样缩短它的过渡阶段的。"暴力是每一个孕育着新社会的旧社会的助产婆。暴力本身就是一种经济力"③，这是马克思对国家这个上层建筑因素的反作用所作的辩证结论。关于法和法律的实质、特点及其反作用，马克思认为，法是统治阶级意志的体现；法律是阶级社会的物质生产关系的产物。社会关系的实现，需要有法律上的表现。由此马克思把那种认为"法律不是物质生产关系的产物，而相反地物质生产关系是法律的产物"的观点，称之为"法律幻想"，是一种虚伪的唯心主义观点。实际上，立法不过是把经济关系所提出的要素记录在案。但是，马克

---

① 《列宁选集》第1卷，人民出版社1995年版，第9页。
② 《马克思恩格斯文集》第7卷，人民出版社2009年版，第431—432页。
③ 《马克思恩格斯文集》第5卷，人民出版社2009年版，第861页。

思又指出，由于法律关系的抽象性和相对独立性，绝不能将二者等同起来，即只凭法律关系本身来判断法律关系主体的真正的面貌。他曾以资本家与工人之间形成的劳动法律关系为例，说明资产阶级法律关系表面平等的虚伪性。这是因为在阶级社会里，法具有显明的阶级性。社会中占统治地位的这一点，却远远不是一件简单的事情，而是一个复杂的过程。马克思对英国一些工厂法的制定的叙述，充分说明这一复杂过程"是长期阶级斗争的结果"①。马克思还认为，在资本主义条件下，无产阶级在立法活动上取得的胜利具有重要的意义。原因是，工人阶级通过普遍的立法行为能够得到靠许多分散的个人努力所无法得到的东西。同时，马克思又认为："……革命不是靠法律来实行的。"② 只有劳动者打碎资产阶级统治的枷锁时，才能彻底抛弃那些体现剥削阶级的法的范畴。

马克思也考察了作为意识形态上层建筑的某些资产阶级意识形态的特点及其产生的社会经济根源。他指出，资产阶级的自由、平等、博爱，只不过是资本主义商品交换的等价原则观念的表现。由于在资本主义私有制条件下，人们的生产关系不得不采取神秘的"物"的形式，所以商品拜物教、货币拜物教就成其中心、典型的表现形态。马克思在批判各种拜物教的阶级根源和社会根源时，深刻地阐明了这些思想作为阶级意识对于资产阶级社会生活状况和资本主义经济关系的依赖性。马克思同样依据这一观点，在《资本论》，特别是第四卷中，批判了资产阶级政治学的各种流派，揭露了它们的阶级基础。这一切都是对社会存在和社会意识、经济基础和上层建筑之间辩证关系的最好的说明。

马克思在《资本论》中也论述了资本主义的生产关系、经济关系的体系决定着资产阶级社会的阶级的形成和状况。按照《资本论》的结构，可以看出马克思打算在书的最后，即在全面剖析资本主义经济结构之后，对由此而产生的各个阶级进行专门的系统的探讨，来回答"什么事情形成阶级？"特别是"是什么使雇佣工人、资本家、土地所有者成为社会三大阶

① 《马克思恩格斯文集》第 5 卷，人民出版社 2009 年版，第 326 页。
② 《马克思恩格斯文集》第 5 卷，人民出版社 2009 年版，第 860 页。

级的成员"① 等问题。虽然最终这一目的没有实现而"中断"了，但这一思想却贯穿于全书之中。他在分析资本主义经济中的每一个问题时，无不揭示出它的背后的人与人的关系，即阶级关系及其作用。《资本论》不仅揭示和阐明了资本主义生产方式的产生、发展和灭亡的历史，而且也揭露和说明了资产阶级的全部罪恶和无产阶级所蒙受的苦难，以及无产阶级反对资产阶级的斗争并最终必然取得胜利的历史。

2. 自然历史过程理论

社会历史过程首先是人的实践活动的过程。历史过程的规律首先是生产规律。但生产规律包括在人的实践活动之中，既不在其外，也不在其上。因而社会规律有着同自然界规律不同的特点：前者有人参与，是自觉的；而后者没有人参与，是自发的。但二者之间，也有相似之处，即社会历史规律也具有不依人的意志为转移的客观性。马克思把这一特点，称之为"自然历史过程"。它意味着任何生产方式的发展都是合乎规律的过程，而且这种规律的作用，正像自然规律所表现那样，从外面被事先规定好了而不受个人的控制，正如资本主义通过市场的联系决定生产的要素和倾向，以及资本主义生产不可避免地要产生社会性无政府状态一样。

马克思在《资本论》中，运用这一观点具体而深刻地分析了资本主义这一经济的社会形态的产生、发展以及必然灭亡的过程，从而阐述了有关这一观点的主要内容。

与资产阶级经济学家不同，马克思认为，资本并不是永恒的自然的生产形式，而是一个历史的生产形式。它有自己的产生、存在和发展的历史。而且这一历史过程不是偶然的、任意的，而是具有自然过程的必然性。

首先，作为以剥削雇佣劳动的剩余劳动为内容的资本的出现需要一定的客观条件（也就是需要有一个原始积累的过程）。这个条件就是生产者和生产资料相分离。马克思在"原始积累的秘密"一节中，阐述了这一条件出现的自然过程。他指出，封建社会原是以使用价值生产为目的和以个

---

① 《马克思恩格斯文集》第 7 卷，人民出版社 2009 年版，第 1002 页。

人自己劳动为基础的私有制的经济结构。在这里，作为个人劳动的私有者的劳动客观条件和劳动本身是统一的。但是，随着交换的扩大，货币的发展，以致达到这种程度：一方面货币能买到劳动的客观条件，另一方面也能从已经自由的工人那里换到活劳动本身。这样就促进货币转化为资本。造成了资本主义生产的基本条件。最初，资本只是零散地或在个别地方出现，与旧的生产方式并存，但逐渐地到处破坏旧的生产方式。当资本主义生产，一旦站稳脚跟，它就不仅保持这种分离，而且以不断扩大规模的再生产这种分离。因此，资本关系的创造过程，是与劳动者和劳动条件的所有权分离的过程相联系的。"这个过程一方面使社会的生活资料和生产资料转化为资本；另一方面使直接生产者转化为雇佣工人。"所以，"资本主义社会的经济结构是从封建社会的经济结构中产生的"①。这是一个必然的自然过程。

随着资本主义生产的确立，它的存在和发展也是一个自然过程。因为资本主义的存在和发展过程，是通过资本的集中进行的，而且是在日益发展的生产过程的社会性和生产资料的私人占有之间的矛盾推动下进行的。马克思在《资本论》中对资本主义的这一基本矛盾所造成的必然后果，作了详尽的考察，并在"资本主义积累的历史趋势"一节中，对它的发展前景作了科学的概述。他指出，由于资本主义生产本身的内在规律的作用，其结果是："随着这种集中或少数资本家对多数资本家的剥夺，规模不断扩大的劳动过程的协作形式日益发展，科学日益被自觉地应用于技术方面，土地日益被有计划地利用，劳动资料日益转化为只能共同使用的劳动资料，一切生产资料因作为结合的、社会的劳动的生产资料使用而日益节省，各国人民日益被卷入世界市场网，从而资本主义制度日益具有国际的性质。随着那些掠夺和垄断这一转化过程的全部利益的资本巨头不断减少，贫困、压迫、奴役、退化和剥削的程度不断加深，而日益壮大的、由资本主义生产过程本身的机制所训练、联合和组织起来的工人阶级的反抗也不断增长。资本的垄断成了与这种垄断一起并在这种垄断之下繁盛起来

① 《马克思恩格斯文集》第 5 卷，人民出版社 2009 年版，第 822 页。

的生产方式的桎梏。生产资料的集中和劳动的社会化，达到了同它们的资本主义外壳不能相容的地步。这个外壳就要炸毁了。资本主义私有制的丧钟就要响了。剥夺者就要被剥夺了。"于是，"资本主义生产由于自然过程的必然性，造成了对自身的否定"①。社会主义代替资本主义成了不可抗拒的历史规律。因此，资本主义必然灭亡、社会主义必然胜利，都是一个自然历史过程。

当马克思谈到经济的社会形态的发展是一个自然史过程时，强调它的自然过程的必然性，并不否认主观活动、政治因素即上层建筑的作用。恰恰相反，马克思在阐述这一理论时，正是以正确理解和分析主观活动和客观规律的辩证关系为前提的。例如，马克思在分析"创造资本主义关系的过程"，"只不过是生产者和生产资料相分离的历史过程"时指出，这一过程是通过有意识地利用暴力，特别是利用国家政权这个暴力形式向前推进的，并以英国的典型事例，说明资本来到人间，暴力作为主观活动的形式，在客观上是必要的，虽然这对劳动阶级来说是个苦难的过程，随着资本主义制度的确立以及它的矛盾日益尖锐化，资本家为了维护这一制度也愈来愈求助于主观活动。通过国家政权有意识地对经济领域进行干预，就是其中最突出的一点。他们企图藉此来延长这个在历史上已经过时了的经济社会形态的存在。因此，关于自然历史过程理论，并不排斥主观因素对经济因素的作用，因为社会的运动和发展，总是受到许多因素制约的。它所强调的是，归根到底是经济因素决定了历史的进程。马克思正是根据这一观点在分析资本主义生产方式矛盾发展的基础上，得出了资本主义必然为社会主义所代替这一科学结论。

马克思在《资本论》中，还根据经济的社会形态和自然史过程理论，以及当时欧洲（特别是英国）资本主义发展情况，对未来共产主义社会形态的产生及其特征作了初步的对比性的分析。由于马克思是严肃谨慎的科学家，为了不使自己陷于空想，不束缚后人的手脚，"对于未来只是提出一些最一般的暗示"，"它考察的只是未来的制度所由以长成的那些现有的

---

① 《马克思恩格斯文集》第5卷，人民出版社2009年版，第874页。

要素"①。例如，他认为资本主义已为共产主义社会创造了物质条件。"发展社会劳动的生产力，是资本的历史任务和存在理由。资本正是以此不自觉地创造着一种更高级的生产形式的物质条件。"② 在这个更高级的社会形态里，与资本主义不同，它实行生产资料公有制，人们用公共的生产资料进行劳动。随着生产资料公有制的确立，消灭了剥削。劳动者是为自己的利益而劳动；"一切为养活不劳动的人而从事的劳动都会消失"③。随着生产资料公有制的确立，马克思根据当时最发达的资本主义发展趋势，指出，在这种新的社会生产方式下，必然使社会经济成为自觉控制的计划经济。"社会已被组成一个自觉的、有计划的联合体"④，生产者按照预定计划调节生产。而这个社会的产品的分配在初期则是按劳分配。"这个联合体的总产品是一个社会的产品。这些产品的一部分重新用做生产资料。这一部分依旧是社会的。而另一部分则作为生活资料由联合体成员消费。因此，这一部分要在他们之间进行分配"⑤，"生产者……从社会的消费品的储备中，取走一个与他们的劳动时间相当的量"⑥，以及其他等等。从此，人们的能力得到了全面发展，随着"作为目的本身的人类能力的发挥，真正的自由王国，就开始了"⑦。

《资本论》正是以这种资本主义必然灭亡和共产主义必然胜利的规律性，武装着无产阶级以及一切被压迫的劳动者的头脑，鼓舞着他们葬埋旧社会创造新社会的斗志。

三、唯物辩证法的理论体系

马克思在研究经济学理论时，很重视唯物辩证法。1858 年年初，在写

---

① 《列宁选集》第 1 卷，人民出版社 1995 年版，第 51 页。
② 《马克思恩格斯文集》第 7 卷，人民出版社 2009 年版，第 288 页。
③ 《马克思恩格斯文集》第 7 卷，人民出版社 2009 年版，第 960 页。
④ 《马克思恩格斯文集》第 7 卷，人民出版社 2009 年版，第 745 页。
⑤ 《马克思恩格斯文集》第 5 卷，人民出版社 2009 年版，第 96 页。
⑥ 《马克思恩格斯文集》第 6 卷，人民出版社 2009 年版，第 397 页。
⑦ 《马克思恩格斯文集》第 7 卷，人民出版社 2009 年版，第 929 页。

《资本论》的初稿时，他在给恩格斯的信里写道："如果以后再有工夫做这类工作的话，我很愿意用两三个印张把黑格尔所发现、但同时又加以神秘化的方法中所存在的**合理的东西**阐述一番，使一般人都能够理解。"① 在《资本论》第一卷问世以后，马克思在 1868 年 5 月 9 日给约瑟夫·狄慈根的信中又提到这种想法："一旦我卸下经济负担，我就要写《辩证法》。辩证法的真正规律在黑格尔那里已经有了，当然是具有神秘的形式。必然去除这种形式……"② 在恩格斯看来，"从黑格尔逻辑学中把包含着黑格尔在这方面的真正发现的内核剥出来，使辩证方法摆脱它的唯心主义的外壳并把辩证方法在使它成为唯一正确的思想发展形式的简单形态上建立起来"，马克思无论过去和现在"都是唯一能够担当起这样一件工作的人"③。由于没有时间，马克思生前没有完成这一工作，可是他逝世后给我们留下了《资本论》的逻辑。在《资本论》中，辩证法和逻辑、唯物主义认识论应用于同一门科学，并取得了普遍的方法论的意义。正如恩格斯指出的："马克思对于政治经济学的批判就是以这个方法作基础的。这个方法的制定，在我们看来是一个其意义不亚于唯物主义基本观点的成果。"④ 可以说，《资本论》是关于科学地认识与把握世界的思维形式的辩证方法的光辉的体现，标志着唯物辩证法理论体系的形成。

（一）主观辩证法和客观辩证法的一致

马克思在《资本论》中之所以能够成功地将辩证法、逻辑和唯物主义认识论有机地运用于同一门科学，首先在于他唯物主义地坚持了主观辩证法和客观辩证法一致的原则。

在唯物主义者看来，客观辩证法是物质世界（自然界和人类社会）本身所固有的辩证法；而主观辩证法则是人们对客观辩证法的反映。这就是说，客观辩证法和主观辩证法在本质上是一致的，只是在表现形式上有所不同：一个是客观的，另一个是主观的；而且客观辩证法决定主观辩证

---

① 《马克思恩格斯文集》第 10 卷，人民出版社 2009 年版，第 143 页。
② 《马克思恩格斯文集》第 10 卷，人民出版社 2009 年版，第 288 页。
③ 《马克思恩格斯文集》第 2 卷，人民出版社 2009 年版，第 603、602 页。
④ 《马克思恩格斯文集》第 2 卷，人民出版社 2009 年版，第 603 页。

法。也就是列宁所说的，"**事物**的辩证法创造**观念**的辩证法，而不是相反"①。马克思在《资本论》中所研究的是"资产阶级社会的辩证法"，他把资产阶级社会的客观辩证法作为研究的对象。一般说来，就自然界和历史而言，这只是辩证法的局部情况。但是，马克思在研究时，通过熟练地运用他的辩证唯物主义理论和方法，把作为局部情况的资产阶级社会的客观辩证法提高到具有普遍意义的哲学高度，实现了主观辩证法和客观辩证法的统一。这集中体现在，马克思将全部辩证法原则和基本规律综合地和完整地运用于研究资本主义生产方式，不仅揭示了资本主义社会的客观辩证法，而且深化了主观辩证法，对唯物辩证法作出卓越的贡献。《资本论》是唯物辩证法最深刻、最全面、最详细的验证和运用。

1. 辩证法的唯物主义基础

在人类认识史上黑格尔第一次发现了"辩证法的真正规律"，但他却是以唯心主义方式加以叙述的。这些规律在他那里是作为思维规律强加于自然界和历史，而不是从自然和历史中抽引出来。这就不可避免地产生出整个牵强的并且常常是可怕的虚构，因而也就不可能成为真正科学的思想方法。与此相反，马克思将辩证方法置于坚实的唯物主义基础之上，使它成为唯一科学的思想方法。用马克思的话来说，就是："我的辩证方法，从根本上来说，不仅和黑格尔的辩证方法不同，而且和它截然相反。在黑格尔看来，思维过程，即甚至被他在观念这一名称下转化为独立主体的思维过程，是现实事物的造物主，而现实事物只是思维过程的外部表现。我的看法则相反，观念的东西不外是移入人的头脑并在人的头脑中改造过的物质的东西而已。"② 在这里马克思把作为观念的东西的认识和科学分析方法的本质，理解为现实世界的辩证法在人的意识中复杂的再现过程。而这个复杂的再现过程，是在人的实践中，通过主体的积极的、创造性的活动，即通过"改造"而实现的。因此，对马克思来说，实现这一过程就是科学思维的方法的本质。这样，马克思就在唯物主义地解决思维和存在关

① 《列宁全集》第 2 版第 55 卷，人民出版社 1990 年版，第 166 页。
② 《马克思恩格斯文集》第 5 卷，人民出版社 2009 年版，第 22 页。

系的前提下，最终克服了客观和主观、现实世界和逻辑以及行动和思维之间的脱节（如康德）和颠倒（如黑格尔）的现象，把辩证法置于科学基础之上。马克思在《资本论》中正是依据这一科学方法，从历史上和实际上摆在人们面前的、最初的和最简单的经济关系出发，并分析这一关系，从而准确而如实地再现了资本主义生产方式的运动规律及其不可逆转的发展趋势。

2. 辩证法的基本原则——联系和发展的原则

建立在唯物主义基础上的辩证法，首先要求它能够从总体上如实地反映客观事物的本来面目。依据辩证唯物主义观点，世界本身既统一于物质又处在不断运动变化的状态中。因此普遍联系和永恒发展就成为唯物辩证法的两个基本原则。前者要求反映客观事物之间以及客观事物各种属性之间纵的方面和横的方面的相互联系；后者则要求反映客观事物的前进、后退或平面水平的变化。在唯物辩证法看来，联系原则和发展原则是有机的统一。因为任何客观事物都是发展着的物质特性的统一体。这个统一体不仅具有彼此之间结构上的联系，而且具有发生学上的联系。所以列宁曾指出："必须把发展的普遍原则和世界、自然界运动、物质等等的统一的普遍原则联结、联系、结合起来。"① 这一原则在《资本论》中得到了具体的阐明和运用。这就是马克思既把资本主义生产方式看作是一个社会有机体——特定的经济社会形态；又把它看作是一个过程——自然史的过程。马克思在《资本论》中不仅分析了资本主义生产方式的全部要素，而且把这些要素都作为处于经常运动中的，即作为处于它们的产生、发展和它们行将到来的必然灭亡的过程中来加以考察，从而表明资本主义经济的社会形态是一个不断运动和发展的活的社会有机体。

3. 辩证法的基本方法——矛盾分析法

马克思的唯物辩证法，不仅要求从总体上反映现实本身的联系和发展，而且要求指出作为这一联系和发展的动力即内在机制。这一动力就是被研究客体固有的矛盾。矛盾的客观运动和展开，矛盾的扬弃和在新的基

① 《列宁全集》第55卷，人民出版社1990年版，第216页。

础上的再生，所有这些构成现实的每个现实发展的内部动力。因而分析矛盾成为认识和掌握发展着的现实的基本途径，和坚持彻底的唯物主义的基本方法。

恩格斯在谈到他和马克思所运用的这一方法的实质时说："我们采用这种方法……是从我们所遇到的最初的经济关系出发。我们来分析这种关系。既然这是**一种关系**，这就表示其中包含着两个**相互关联**的方面，我们分别考察每一个方面；由此得出它们相互关联的性质，它们的相互作用。于是出现了需要解决的矛盾。但是，因为我们这里考察的不是只在我们头脑中发生的抽象的思想过程，而是在某个时候确实发生过或者还在发生的现实过程，因此这些矛盾也是在实践中发展着的，并且可能已经得到了解决。我们考察这种解决的方式，发现这是由建立新关系来解决的，而这个新关系的两个对立面我们现在又需要展开说明，等等。"① 这是对矛盾分析法所作的最好的说明。

马克思在《资本论》中创造性地运用了这一方法。他首先从分析资产阶级社会中最常见的最简单的细胞——商品的矛盾开始，并从这个最简单的现象中揭示出资本主义社会中的一切矛盾。"……向我们表明这些矛盾和这个社会——，在这个社会的各个部分的总和中，从这个社会的开始直到终结——的发展（既是生长又是运动）"②。

4. 辩证法的基本规律和范畴及其方法论的意义

辩证法的基本规律和范畴及其方法论意义，是马克思在坚持矛盾分析法中所获得的丰硕成果，这里首先阐明质和量互变规律。

（1）坚持质量分析和数量分析，以及质和量的相互转化

任何事物都是一定的质和量的统一体。每一事物都是由量变引起质变以及相互转化的过程。这是辩证法的一条基本规律。马克思在《资本论》中一开始就谈到，任何事物"都可以从质和量两个角度来考察"③。质量分析是马克思主义方法论的重要方面之一。这是因为，在对一个复杂的研

---

① 《马克思恩格斯文集》第 2 卷，人民出版社 2009 年版，第 603—604 页。
② 《列宁选集》第 2 卷，人民出版社 1995 年版，第 558 页。
③ 《马克思恩格斯文集》第 5 卷，人民出版社 2009 年版，第 48 页。

究对象进行分析时，只有弄清研究对象的质量特征，才能为正确确定该对象的全部数量特征、度量特点和本质特点提出根据。《资本论》的目的，是要发现资本主义社会运动的规律，如果不揭明社会经济现象的本性，不精确地判定它们的质和度，要做到这一点是不可能的。所以，马克思对其中每一种现象，都进行过质量的分析，并在方法论上作出不少贡献，着眼其特点和发展就是其中之一。例如马克思对商品的分析就是这样，他在从商品这个细胞中区别了质的方面（使用价值）和量的方面（价值）之后，首先着眼于特点，指出商品质的多样性：它既具有自然的质（"物质实体"），又具有人赋予它的社会的质（"社会实体"）。此外，商品在资本主义社会中由于极端发达还具有更高的社会性，即作为"价值物"而存在。关于这点，马克思写道："假如商品能说话，它们会说：我们的使用价值也许使人们感到兴趣。作为物，我们没有使用价值。作为物，我们具有的是我们的价值。我们自己作为商品物进行的交易就证明了这一点。我们彼此只是作为交换价值发生关系。"① 其次，他又着眼于发展，即从商品在一般条件下所呈现的质的本性的角度和它在发展过程中所呈现的质的特殊性的角度——这两个方面来考察。从第一个方面揭示对象的一般本性，从第二个方面揭示它的具体历史形态的变化。由此，马克思对同一商品生产，区分为简单商品生产和资本主义商品生产，等等。这种着眼于特点和发展的质量分析的方法，有利于对理论分析的深度和政治评价的精确性。

数量分析，也就是对现象量的关系和比例的分析。马克思在《资本论》中对此十分重视。因为分析整个社会系统，必然涉及各种要素的比例和量的关系。为此，马克思对数学进行了深入的研究并有很深的造诣。不过，马克思在这方面注意的中心是"一定质量的数量"，即把数量分析和最精细的质量分析有机地结合起来。如他在分析生产力量的变化时，将它同其他社会条件联系起来考察；在分析剩余价值量时与绝对剩余价值和相对剩余价值产生的各种条件联系起来考察；等等。质量分析和数量分析的结合就是度量分析。度量分析对于把握现象的某些特殊形式，把握现象的

———

① 《马克思恩格斯文集》第 5 卷，人民出版社 2009 年版，第 101 页。

界限和"临界状态",把握现象在该质范围内发展的可能性,把握各种不同质的结合,以及它的各方面的关系,都具有巨大的意义。

马克思在对现象进行质和量的分析时,也时刻注意它们的发展和转化,并指出,它们的相互转化服从于量变和质变的互相转化规律。马克思在《资本论》中对货币向资本的转化,以及简单商品生产者向资本家的转化的分析,就是说明量转化为质规律发挥作用的范例。

(2)把对立统一规律看作矛盾分析法的核心

对立统一规律是辩证法的基本规律之一。马克思在《资本论》中把它作为自己所运用的矛盾分析法的核心。他依据这一规律从揭示商品的矛盾开始,通过对劳动、商品、货币和资本矛盾的分析,直到考察导致资本主义形态灭亡的对抗性矛盾而结束。马克思在运用这一规律时,首先是把握现象的对立的统一:在对立中把握统一,在统一中把握对立。

在马克思看来,所谓对立的统一,并不是指两个平行的、各自具有绝对独立本质的两极的统一,而是指从一个统一体内部的矛盾中引出彼此相对的、相互依存的对立面之间的两极。例如劳动的二重性,是同一劳动中的两种属性,而不是并存的两种劳动;买与卖是商品流通中同一过程的两种形态,即一方为买,另一方则为卖,而不是两个互不相关的独立过程;资本主义的矛盾对立面,并不在资本主义本身之外,而在其中。因此,矛盾对立的双方,不是作为各自独立本质的存在而出现的,而只是作为在互为前提情况下,被赋予相对独立的东西。统一体内部互相对立要素之间这种互相从属与依存是矛盾的基本特征。因此,要在对立中把握统一性并不抹掉其中的对立,即其中存在着同属于一个统一体并扎根其中而处在相互矛盾之中的对立。正是这种对立,构成整体的内在本质与自身冲突、自我运动,形成了事物发展的动力。这就又要求在统一中把握对立。

马克思在论证和运用对立统一规律时,把矛盾看作是不断发展着的矛盾。矛盾是一个过程,矛盾不仅是对立面的冲突,而且同时也是对立面冲突的展开、解决和再产生的过程。马克思的《资本论》就是研究资本主义一切矛盾的产生、展开、解决和再产生的全部运动的。马克思说:"资本本身就是处于过程中的矛盾。"① 又说:"资本主义生产是在矛盾中运动的,这些矛盾不断地被克服,但又不断地产生出来。"② 这就是说,矛盾不仅是永恒的,而且矛盾的存在与矛盾的解决、矛盾的再产生是分不开的。

例如,商品的内在矛盾是使用价值和价值的统一,这一矛盾在交换过程中是通过一定的价值形式表现出来的,即一商品处于相对价值形式,是使用价值;另一商品处于等价形式,表现价值。而价值形式是一个随着生产和交换的发展而发展的过程:由简单、个别的或偶然的价值形式,到总和的或扩大的价值形式,到一般价值形式,再到货币形式的过程。这一过程也是商品内在矛盾的展开和解决的过程。马克思说:"价值形式本身发展到什么程度,它的两极即相对价值形式和等价形式之间的对立,也就发展到什么程度"③。并进一步指出:在第一种形式中,就已经包含着这种对立,"但没有使这种对立固定下来"。在这里,每一种商品都能时而为相对形式,时而为等价形式。在第二种形式中已确定了这种对立。在这里已经不可能把价值方程式的两项换位而不改变其一般性质了。在第三种形式中,两极之间的分裂完成了。在这里已经有一种商品获得一般的社会形式,使它能够交换任何其他商品,成为一般等价物。最后,当等价形式过渡到货币形式,货币就产生了。而商品的内在矛盾——使用价值和价值的矛盾就在货币中解决了,这就是:商品是各种各样的使用价值,而货币则起一般等价物的作用,表现为价值。

但是这时又产生了新的矛盾,即商品和货币的矛盾。这是商品内的矛盾的继续运动的形态。马克思说:"交换过程造成了商品分为商品和货币这种二重化,即造成了商品得以表现自己的使用价值和价值之间的内在对立的一种外部对立。在这种外部对立中,作为使用价值的商品同作为交换价值的货币对立着。"④

商品和货币的这种矛盾也有着一个展开和解决的过程。这是同货币职

① 《马克思恩格斯全集》第 46 卷下册,人民出版社 1979 年版,第 219 页。
② 《马克思恩格斯全集》第 46 卷上册,人民出版社 1979 年版,第 393 页。
③ 《马克思恩格斯文集》第 5 卷,人民出版社 2009 年版,第 84 页。
④ 《马克思恩格斯文集》第 5 卷,人民出版社 2009 年版,第 125 页。

能的产生和发展相联系的。马克思分析了这一过程。他指出：在交换过程中，货币在价值尺度职能中，还没有与商品尖锐地分离。因为它在度量商品的价值时，作为商品本身的形态出现，虽然是具有理想上的存在。当货币在流通手段这个职能中，就抛弃理想的形态而采取完全现实的形态，即它们与商品分离成为独立的价值，并产生出它的铸币形态，变成了单纯的价值符号。但这时货币毕竟还是与商品联系着，因为它们是商品交换过程中物的媒介。及到货币在作为贮藏的职能中，货币退出流通过程变成了宝藏，这就发生了货币和商品的进一步互相分离。当其在支付手段这个新职能中，它们并不是在流通过程中出现，而是在流通过程以后，并且是独立地出现。也就是"货币不再是过程的媒介"，而成为"交换价值的绝对存在"，这时商品和货币完全对立起来，其发展的最后产物是作为世界市场上的世界货币的出现。在世界货币的职能中，作为抽象的人类运动、社会财富物质化的货币的真正本性，抛弃了地方民族形式，以最完全最纯粹的形态表现出来，从而解决了商品与货币之间原来所反映的商品的内在矛盾。因此，货币是这些矛盾发展的最后产物，同时也是资本出现的最初形态。货币通过一定的途径必然转化为资本。随着资本的产生，一些新的更为深刻的矛盾也随之而产生了。

上述可见，旧的矛盾的展开和解决的过程，同时也是新的矛盾再产生的过程。而且在这个过程中，矛盾随着自身的展开、解决和产生而得到自身的实现。旧矛盾的解决和新矛盾的产生，这并不是两个各不相同的、平行发生的过程，而是一个统一的过程。创造这些矛盾能在其中运动的形式，就是解决实际矛盾的方法。正如"一个物体不断落向另一个物体而又不断离开这一物体，这是一个矛盾。椭圆便是这个矛盾借以实现和解决的运动形式之一"① 一样。马克思在《资本论》中就是这样来考察和分析资本主义一切矛盾的冲突、展开、解决和再产生的。由此而形成一个关于资本主义生产方式矛盾运动的完整的逻辑体系。其中后一范畴，既是前一范畴中所展开的矛盾的解决或"融合"，又是下一个范畴必然要产生出来的

---

① 《马克思恩格斯文集》第5卷，人民出版社2009年版，第125页。

必要前提。所以，马克思曾说过："两个相互矛盾方面的共存、斗争以及融合成一个新范畴，就是辩证运动。"① 但是，这种"融合"并不是政治范畴，而是逻辑范畴。它是指矛盾在对象的新的特殊规定中的解决。这种新的规定又以新的矛盾列入完整的体系之中。辩证法活生生的自我运动的源泉，就在于此。

（3）否定之否定规律是对象、现象的矛盾运动展开、解决过程的体现

否定之否定规律是黑格尔第一次提出并加以论证的。黑格尔在这方面的论述，虽然有许多神秘的色彩和虚构的因素，但其中却包含着一个合理思想，即矛盾运动最终要达到解决，也就是黑格尔所说的由对立达到统一，或由正题、反题达到合题。而且这是一个由低级到高级、由简单到复杂的螺旋式的前进性运动。这一合理思想猜测到了客观辩证法：即现实矛盾经过内在的对立面的冲突、发展，通过一定的形式和达到一定的结果而得到解决，然后又出现新的矛盾运动。这样循环往复，以致无穷。而且这一结果比前一个更丰富，更具体。因此，所谓否定之否定规律的重要含义，不是别的，而是对矛盾运动的解决形式和具体结果的哲学概括。换句话说，矛盾运动的解决形式和具体结果是服从于否定之否定规律的。

马克思在《资本论》中不仅用这一规律概括了资本主义生产方式发展的总趋势的本质特征，而且运用这一规律分析了资本主义制度下经济发展的许多局部过程。前者如，他指出："从资本主义生产方式产生的资本主义占有方式，从而资本主义的私有制，是对个人的、以自己的劳动为基础的私有制的第一个否定。但资本主义生产由于自然过程的必然性，造成了对自身的否定。这是否定的否定。这种否定不是重新建立私有制，而是在资本主义时代的成就的基础上，也就是说，在协作和对土地及靠劳动本身生产的生产资料的共同占有的基础上，重新建立个人所有制。"② 后者如，他提出资本运动的总公式：G—W—G；以及资本是商品和货币发展的结果，货币是第一次否定，而剩余价值则是第二次否定，等等。

由于整个《资本论》是研究资本主义生产方式矛盾运动如何发展和解

---

① 《马克思恩格斯文集》第1卷，人民出版社2009年版，第605页。
② 《马克思恩格斯文集》第5卷，人民出版社2009年版，第874页。

决的，所以它所呈现的逻辑结构，也就体现了这一规律的运用，而表现为一些近似的"圆圈"。从总的方面来看，生产、流通、生产和流通的统一，形成一个大的近似的"圆圈"；从具体部分来看，商品、货币、资本又是一个小的近似的"圆圈"，等等。

此外，还应看到马克思在分析资本主义矛盾运动时，为了全面地本质地把握资本主义的实质及其产生、发展直至灭亡的内在机制，还卓越地运用和丰富了辩证法理论体系的所有的其他范畴。如现象和本质，形式和内容，可能和现实，原因和结果，偶然和必然，等等。《资本论》可称为"唯物辩证法大全"。

（二）研究方法和叙述方法的统一

《资本论》的哲学意义，首先在于它是一部大写的逻辑。它为人们提供了一个科学的逻辑方法。逻辑方法是唯物辩证法理论体系的组成部分，它在《资本论》中得到完备的体现。逻辑方法在《资本论》中之所以能够得到完备的、科学的体现，基于下列两个因素。其一，是由于它同科学的世界观联系着。方法之作为方法，就它的本来意义说，总是和一定的世界观相联系的。《资本论》中的逻辑方法是同辩证唯物主义与历史唯物主义这个科学的世界观存在着不可分割的联系。它是这个科学的世界观在方法中的表现。世界观的科学水平，决定了它的方法论的科学水平。其二，是由于它所考察的对象——资本主义社会的发展水平决定的。作为一门科学的方法，又是跟它所考察的对象和内容分不开的，即要从其中吸取决定性的东西并服从它本身发展的内在逻辑。对象和内容愈发展愈复杂，它的方法也就愈完备。当时资本主义社会是历史上最发达最复杂的生产组织，而对这样复杂的问题，根本不可能采取简单的解决办法，而必须有一个完备的方法。这就是逻辑方法在《资本论》中之所以能够得到科学的完备的体现之所在。《资本论》对逻辑的贡献是多方面的，而马克思关于研究方法和叙述方法的区别和联系的论述，就是其中之一。

马克思在谈及他在《资本论》中运用的方法时，首先指出："在形式上，叙述方法必须与研究方法不同。"进而他又指出这两种不同方法的具体含义和联系："研究必须充分地占有材料，分析它的各种发展形式，探寻这些形式的内在联系。只有这项工作完成以后，现实的运动才能适当地叙述出来。这点一旦做到，材料的生命一旦在观念上反映出来，呈现在我们面前的就好像是一个先验的结构了。"① 这也就是说，研究方法，是一种揭示客观经济关系的内在联系，即它的本质和规律的思维方式，它叙述现实的运动。这两种方法的结合构成逻辑认识的全部过程。

1. 关于研究方法

根据马克思的上面阐述，可以看出研究方法主要是凭借思维形式和抽象的方法，对所掌握的有关事实材料和文献资料进行概括，从而形成概念、范畴等抽象规定，为叙述方法提供进一步逻辑加工的思维材料。它的主要要求有二。

一是"必须充分地占有材料"，其中包括事实材料和文献材料。这是属于在研究工作中坚持唯物主义思想路线的问题。马克思在创作《资本论》的过程中，首先对资产阶级社会这个研究对象进行认真的调查研究，广泛收集现实的材料。在这方面，马克思除了直接进行调查研究之外，还注意书籍、报刊、各种文件以及恩格斯直接提供的第一手材料等等。其资料之多，正如马克思所说的："多得要命"。② 在他看来，没有材料的创作是没有生命的。《资本论》的出版，之所以能够做到"推翻整个旧的经济学"，其原因之一，就在于他在每一步分析中，都是依据事实进行理论论证和批判的。其次，广泛收集文献资料，即对资本主义生产方式在经济学说史上的文献资料进行批判地吸收和完善。马克思在论及《资本论》的创作过程中的方法时强调指出："我们的方法表明必然包括着历史考察之点。"③ 马克思认为，只有通过对这门科学的历史考察，才能掌握到大量的历史文献资料，以便从中找出对它进行研究的"自然线索"，探明在这门科学领域中，到底要研究哪些问题，其中，何者又是基本的问题，各个问题之间的历史联系和逻辑联系是什么，逻辑的开端和终点是什么，等等。正是由于这样，马克思在创作《资本论》的过程中首先从剩余价值学说史

---

① 《马克思恩格斯文集》第 5 卷，人民出版社 2009 年版，第 21—22 页。
② 《马克思恩格斯〈资本论〉书信集》，人民出版社 1976 年版，第 43 页。
③ 《马克思恩格斯文集》第 46 卷上册，人民出版社 1979 年版，第 458 页。

开始，探讨了自17世纪以来资产阶级经济学从萌芽开始直到进入"坟墓"的整个发展过程。只有做好上述的收集现实材料和文献资料工作，而充分地占有材料之后，才能为进一步进行逻辑加工提供坚实的基础。

二是"分析它的各种发展形式，探索这些形式的内在联系"。也就是要求对已有的资料进行科学抽象。这时科学抽象的作用，既是研究方法中形成概念、范畴等抽象规定的重要手段，也是由研究方法过渡到叙述方法的中介环节。

马克思十分重视科学抽象的作用。他说："分析经济形式，既不能用显微镜，也不能用化学试剂。二者都必须用抽象力来代替。"[①] 这里所说的抽象力就是科学抽象，它贯穿在逻辑认识的全部过程中。科学抽象在研究方法中的作用，具体表现为，从实在和感性具体开始，从实践检验过的实际材料出发，进行逻辑思维和理论分析，抽象出事物的本质的、主要的、内在的因素和联系，并舍弃掉它的非本质的、次要的、外在的因素和联系，然后对这一特定的对象和过程进一步进行抽象概括，找出它的最简单的规定。这样就从不纯的复杂的经济现象、"混沌的表象"中提炼出简单的、高度抽象的概念。这是"一些最简单的规定"，但却是共同的、普遍的本质和规律。例如，马克思在研究资本主义社会经济运动规律时，首先从这个作为混沌整体的社会活动中舍弃上层建筑领域的过程而抽象出经济过程；从经济过程中舍弃生产力而抽象出生产关系；从现实的不纯的生产关系中舍弃非资本主义生产关系而抽象出资本主义生产关系。之后，又选出资本主义经济中最一般的关系——商品，从中抽象出"商品一般"这个最简单的规定，等等。恩格斯在谈到马克思的这种抽象的特点时说："马克思把存在于事物和关系中的共同内容概括为它们的最一般的思想表现，所以他的抽象只是用思想形式反映出已存在于事物中的内容。"[②] 可见，这种抽象，不过是把"已存在于事物中的内容"，即一般的、本质的东西揭示出来，使它形成概念、范畴等思维形式的重要手段，并为下一步的叙述方法的逻辑加工奠定了基础。

① 《马克思恩格斯文集》第5卷，人民出版社2009年版，第8页。
② 《马克思恩格斯〈资本论〉书信集》，人民出版社1976年版，第448页。

2. 关于叙述方法

叙述方法是在研究工作完成之后，才能开始的。在马克思看来，叙述方法的特征同研究方法不同之处，在于其结果是以"先验的"结构，即逻辑体系的形式呈现在我们的面前的。也就是叙述方法主要是思维方法来进行加工，以便形成理论体系的方法。因此决不能把《资本论》中的叙述方法，简单地归结为语言文字上的一种形式和方式，也不能简单地把它看成只是现成的概念、范畴的排列和组合，而是关于达到真理的一种十分严谨的哲学逻辑方法的体系。马克思在创作《资本论》的过程中，十分重视发挥叙述方法的作用，认为它一方面是创立和发展科学的重要工具；另一方面又是批判资产阶级经济学家的形而上学方法、克敌制胜的有力武器，"通过叙述方式本身使庸俗观点无计可施"①。

叙述方法表现在形式上的特征，首先是呈现出一个完整的严谨的逻辑体系。不过，这是一个彻底唯物主义的完全科学的体系，而不是像黑格尔所主张的那样，是纯粹先验的唯心主义体系。因为这一体系是在对研究的对象进行分析、抽象并从中找出具有决定意义的原始的成分的基础上，再综合地把研究对象作为一个完整的体系复制出来的。《资本论》的逻辑体系是资本主义客观逻辑的再现。

《资本论》第一卷首先再现的是资本的生产过程。因为从社会发展的基本规律来看，生产是决定的因素。而为了要揭示出资本主义生产方式的本质——剩余价值的生产，又先从作为资本主义生产过程的基础——商品和货币这个现象开始。通过这一分析、抽象的过程，达到价值、剩余价值的本质规定。第二卷再现的是资本的流通过程。在现实世界里，一方面它是直接生产过程的补充。因为在直接生产过程中生产出商品资本之后，必须回到流通过程，才能把包含在商品资本中的原有价值和新创造的价值实现出来。另一方面，它又是社会再生产过程的媒介，和从剩余价值本质过渡到剩余价值具体形态的中介。第三卷再现的是资本主义生产的总过程，即生产过程和流通过程的统一。在这里，它把资本运动过程作为整体来再

① 《马克思恩格斯〈资本论〉书信集》，人民出版社 1976 年版，第 234 页。

现时所产生的各种具体形式，以及剩余价值通过这些形式所形成的现实的形态——利润、利息、地租等体现出来。

其次，叙述方法所呈现的这个完整的严谨的逻辑体系的形成，遵循的是由抽象上升到具体的思维原则。也就是这一逻辑体系的形成是从在运用研究方法时所得出的简单的规定出发，加上与之相互联系的新一层关系的规定性，得出较为具体的，即次一级的抽象范畴，如此进一步上升，加上更为具体的规定性，得出更加具体的，即再次一级的抽象范畴，等等。这个上升的终点，便是一个拥有许多规定性的、丰富的具体，从而形成一个逻辑体系。这是《资本论》最突出的特色。对此，我们还要在两种方法的一致中作进一步叙述。

3. 研究方法和叙述方法的一致

整个逻辑认识过程包括研究方法和叙述方法这两个部分。如上所述，前者是感性认识阶段上升到理性认识阶段的方法；后者则是在理论认识阶段对所提出的各种规定进行逻辑加工使其成为理论体系的方法。二者是有区别的。但其间又有着密切的联系，即前者是后者的基础，后者是前者的系统化。特别是从认识论的角度来看，二者在本质上是同一的。即都是人类所特有的"抽象力"活动的结果；都是主体反映客体的表现；而且二者所反映的内容也是同一的。它们所不同的，只是"形式上"的区别。因此，在理论上既不能把二者绝对对立起来，把它们看作是两个互不相干的方法；但也不能将二者完全等同起来，如果这样就会导致否定马克思将此区分开来的实际意义。同样在实践运用上，更不应将二者对立或混淆起来，而要经常交叉地并列地使用它们。马克思在《资本论》中给我们提供了一个很好的范例。

马克思在1844年以来所作的经济研究手稿中，从整体来说，使用的是研究方法，即对经济许多问题，如价值、货币、剩余价值、生产价格、平均利润、地租等等，分别进行专门研究，目的是为了弄清问题。但其中也交叉地使用叙述方法，如对某一个具体问题，作了一定的系统的阐述。不过从总体来看，这时占统治地位的是研究方法，而叙述方法仅是从属于它并为它服务的。《资本论》所使用的，可以说是叙述方法，但其中在某一些具体环节上也交叉地使用了研究方法，即不断以新的材料来丰富它的内容。这时占统治地位的是叙述方法，而研究方法仅是从属于它并为它服务的。这种研究方法中包括和转化为叙述方法，以及叙述方法中包括和转化为研究方法，鲜明地体现了二者的辩证关系。研究方法的唯物主义内容为叙述方法提供了唯物主义基础和出发点，舍此，叙述方法就成为无源之水、无本之木。而叙述方法则是研究方法的结果在逻辑上的进一步加工、发展和完成，舍此，研究方法的结果就不能形成理论体系，就会成为片面的和不完整的。二者在《资本论》的整个创作过程中形成有机的统一，起着相辅相成、相得益彰的作用，从而使这部伟大著作成为一部科学认识的"艺术整体"。

（三）由抽象上升到具体的科学方法

马克思在《资本论》中根据主观辩证法与客观辩证法一致的原则，在坚持研究方法与叙述方法相统一的基础上，叙述他的研究成果时，通过批判资产阶级经济学家的形而上学性，创造性地制定了由抽象上升到具体的科学方法。这一方法是《资本论》所使用的、全部逻辑方法的轴心。也正是这一方法，使《资本论》对资本主义社会各种经济关系作了深入而全面的理论分析，使它具有秩序井然、有条不紊的范畴次序，最严谨的结构（卷、篇、章）与极为严密的理论体系。这里充分体现了理论体系性质与方法论的一致性。同时，由抽象上升到具体这一思维原则第一次在这里得到科学的表述和卓越的运用。

1. 由抽象上升到具体的实质

关于抽象和具体的含义，辩证唯物主义一般有两种规定。一是同"可感"、"可见"的东西相联系的，即通常所谓的感性具体。与此相应，抽象则被理解为思维的概括，或"一般概念"的同义语。这种含义对区分认识过程中的感性认识和理性认识具有一定的意义。它们具有不可忽视的认识论价值。此外，它们还有另一种意义，即在逻辑思维的过程中，也有抽象和具体之分。由抽象上升到具体所指的就是这种抽象和具体。在这种情况下，抽象和具体的关系，绝不是"思想"对于"被感觉"的关系，而具有更广泛和更丰富的内容。具体被理解为"多种规定性的统一"，而抽象则是这种统一中相对独立的因素。这时，具体和抽象的关系，在一定的意义上，具有"整体"和"局部"的含义。但这两类范畴又不完全相同。因为整体和局部具有机构整体的性质，而抽象和具体则是表述有机整体的概念。例如，马克思常有"抽象的个体"的说法，就意味着片面地、畸形地发展的个体，是与具体的个体，即全面发展的个别相对立的。有时，马克思又把抽象理解为"一般"，而把具体理解为"总和的过程"。例如，他说："劳动产品的价值形式是资产阶级生产方式的最抽象的，但也是最一般的形式。"① 在这里，抽象是作为"一般"的同义词使用的。在这种情况下，一般作为脱离它的单一、特殊而孤立存在的抽象，而同完全作为"关系的总和"的具体相对立。

由抽象上升到具体的实质，就是从对"混沌表象"所作的最抽象最简单的范畴出发。不断增加新的规定，通过一系列多级抽象范畴的中介，一步步地展示出具有多方面规定的具体。也就是思维从一个事实上被确定下来的现象向另一个事实上被给予的现象运动的方式。这种运动方式，不是纯形式的"分类"、"系统化"，也不是纯"演绎式推出它们"，而是合乎逻辑地、合乎方法论地进行的对经验事实的理解。因为经验事实本身客观上就存在着各种不同部分的总和，多种规定性的统一。

马克思在《资本论》中为了研究资本主义生产方式就是运用这一方法，从最抽象的范畴引导出一系列抽象性程度不等的范畴。在这种范畴体系中，后一范畴较前一范畴丰富、具体。例如，他以商品、货币、资本、剩余价值、资本积累等表现直接生产过程；继以资本循环、资本周转、流通资本、固定资本、物质补偿、价值补偿等表现流通过程；最后又以平均利润、利息、企业主收入、地租等表现资本总过程。可见，马克思在《资本论》中由抽象上升到具体的逻辑思维进程，也就是生产关系的不同方面、环节、层次的理论表现出政治经济学的范畴体系的形成过程。由于由抽象上升到具体的逻辑思维秩序的严格性，因而决定了各个经济范畴的排列次序的严谨性和条理性，决定了各个经济范畴体系的层次井然的结构。

---

① 《马克思恩格斯文集》第5卷，人民出版社2009年版，第99页，注（32）。

从而在人们的眼中展现出一幅有纽结、有网络、有深刻层次的资本主义经济的总体的图画。这样，资本主义经济就不再是一个混沌的表象，而是一个以观念形态再现的庞大的复杂的，但纲目分明、轮廓清楚的资本主义经济结构。这个最终确立起的观念形态的具体结构，正是资本主义经济的内在结构的确切而全面的理论反映。

2. 由抽象上升到具体的基本方法和原则

由抽象向具体的每一级的上升，都不是任意的，而是客观的；不是直观的，而是逻辑的。其中所运用的最基本的方法和原则是，分析和综合、归纳和演绎的结合，逻辑和历史的一致。

分析和综合、归纳和演绎的结合，这是实现由抽象上升到具体的基本方法。

所谓分析就是在思维中将整体分解为部分而加以认识的方法；综合则是在思维中将客观事物的各个部分组合为整体的认识方法。二者是有区别的。但分析是综合的前提，综合又为进一步分析开辟道路，因而二者又有联系，是辩证的统一。由于由抽象上升到具体，是从最简单的规定出发，这就离不开分析；最终要达到多种规定性的具体，这又离不开综合。一般说来，从感性具体到思维的抽象过程，主要是经过分析过程；而从抽象上升到思维具体的过程，则主要是经过综合的过程。但从认识的具体过程来说，认识的每一步都是分析和综合的结合。马克思在《资本论》的第一卷和第二卷中首先把统一的资本过程分解为生产过程和流通过程来分别考察。然后在第三卷中又综合为资本的总过程。前两卷以分析为主，同时辅以综合；后一卷以综合为主，但也辅以分析。这样分析和综合的相互结合以及交替使用，从而形成了由抽象到具体、由简单到复杂的螺旋运动，直至再现了资本主义经济社会形态。

同样，归纳和演绎也是如此。所谓归纳是从个别中认识一般的方法，演绎则是从一般认识个别的方法。归纳是演绎的基础，演绎又为归纳创造条件。二者也是辩证的统一。由抽象到具体要用演绎进行逻辑推演和证明，又要用经验归纳的事实作为出发点。二者在认识过程中是方向相反而又相辅相成的。马克思在《资本论》中所进行的一系列逻辑范畴的推演，主要是运用演绎的方法。例如，马克思从一般的商品推演出特殊的商品即货币，又从一般的货币推演出特殊的货币即资本，然后再从一般资本中划分出不变资本和可变资本，从可变资本中发现剩余价值，等等。这是由叙述方法的特点所决定了的。但是这每一步推演都是以最顽强的事实为出发点的。而这正是以归纳为前提的。可见，归纳和演绎同分析和综合一样，二者是结合在一起的，绝不能强调一种方法而排斥另一种方法。这就是马克思在方法上不同于资产阶级经济学家的形而上学的重要所在。

逻辑和历史的一致，这是由抽象上升到具体所依据的唯物主义基础。因此它既是一种方法，也是一条重要原则。

逻辑与历史一致的思想，最初是由黑格尔提出并加以表述的。即他"把他的概念、范畴的自身发展和全部哲学史联系起来了"。列宁称此是"给整个逻辑学提供了又一个**新的**方面"①。但是，这一思想在黑格尔那里是以极端的唯心主义形式阐发的。他把二者的一致看作是逻辑与绝对观念发展的历史相符合的一致，而且其中逻辑的东西起着决定作用。显然，这种建立在唯心主义基础上的一致，是不能作科学方法使用的。马克思在《资本论》中唯物主义地改造和吸收其中的合理思想，并把它作为自己的方法论的重要原则。

马克思首先在唯物主义基础上，严格区分和规定了逻辑与历史的关系。他指出"思维具体"作为逻辑的东西，"只是思维用来掌握具体，把它当做一个精神上的具体再现出来的方式，但决不是具体本身的产生过程"②。而是"这个抽象思维的进程符合现实的历史过程"③。这就是说，客观实在的历史是逻辑的基础。而逻辑只是客观实在的历史在思维形式中的反映或再现。但是这一反映是一个过程，即表现在人们对历史过程的认识的"总计、总和、结论"之中，也就是表现在人类思想史和认识史之中。因此，历史的东西这个范畴应包括两种含义，一是客观现实的历史过程，另一是作为反映客观历史过程的人类认识史的发展过程。而逻辑的东

---

① 《列宁全集》第 55 卷，人民出版社 1990 年版，第 97 页。
② 《马克思恩格斯文集》第 8 卷，人民出版社 2009 年版，第 25 页。
③ 《马克思恩格斯文集》第 8 卷，人民出版社 2009 年版，第 26 页。

西这个范畴则是指人的思维形式，它的内容是对历史的东西的概括和反映。

由抽象上升到具体的思维运动是在严格的逻辑连贯性中进行的。这种逻辑连贯性并不是主观任意的，而首先是它的逻辑形式对历史客观现实，和对被历史地理解了的现实进行反映的结果。前者意味着逻辑与客观现实的历史过程相一致，后者意味着逻辑与人类认识的发展历史相一致。二者是对同一对象认识的两个不可分割的方面。因为对事实的新的合乎逻辑的理解，只有通过批判地掌握思想的全部的以往发展成果，才能产生。

马克思在建立他的《资本论》的逻辑体系时，一刻也没有离开历史这一基础，即资本主义经济运动的现实和历史。马克思说："我要在本书研究的，是资本主义生产方式以及和它相适应的生产关系和交换关系。到现在为止，这种生产方式的典型地点是英国。因此，我在理论阐述上主要用英国作为例证。"[1] 正是由于这一点，马克思使《资本论》的逻辑体系放置在十分牢靠的客观物质基础之上。同时《资本论》的逻辑体系又是从资本主义这一对象的历史直接升华而来的，即以经济学说史为中介，通过对经济学说的批判、继承和发展而建立起来的。这是因为任何一种认识都是一个深化的过程，而经济学说史资本主义部分就是人类对资本主义这个经济形态不断探索而形成的理性认识。所以，马克思以此为中介，作为思想材料，建立起整个逻辑体系。因此，《资本论》以"政治经济学批判"为副标题，这绝不是偶然的。该书的第四卷即《剩余价值理论》，也绝不是头三卷的偶然补充，而是逻辑与历史一致原则的具体体现。

其次，马克思认为逻辑与历史的一致，并不是机械的符合，而是辩证的统一。在马克思看来，在一般的情况下，"从最简单上升到复杂这个抽象思维的进程符合现实的历史过程"[2]。而"历史发展总是建立在这样的基础上的：最后的形式总是把过去的形式看成是向着自己发展的各个阶段"[3]。因此，比较简单的范畴在历史上一般在比较具体的范畴之前存在。

---

① 《马克思恩格斯文集》第 5 卷，人民出版社 2009 年版，第 8 页。
② 《马克思恩格斯文集》第 8 卷，人民出版社 2009 年版，第 26 页。
③ 《马克思恩格斯文集》第 8 卷，人民出版社 2009 年版，第 30 页。

例如,《资本论》全书的逻辑次序:商品—货币—资本—地租(资本主义的),大致是同历史上商品先于货币,货币先于资本,资本主义生产先于资本主义地租的次序一致的。又如,《资本论》第一卷的逻辑次序:商品与货币—资本与剩余价值—资本积累一般趋势,也同历史上资本主义的产生、发展和必然灭亡的次序相一致。但是也有这样的情况,即在历史上还不成熟的社会形式中,有最高级的经济形式;或在历史上最发达的社会形式中,尚存在着未还克服的遗物,它原来只是征兆的东西现在发展到具有充分的意义。这是因为:"比较简单的范畴可以表现一个比较不发展的整体的处于支配地位的关系或者一个比较发展的整体的从属关系。"① 例如,地租在资产阶级社会之前就已存在,那时它处于支配的地位。但资本主义地租必须产生于资本主义生产之后,这时它仅处于从属的地位。因为"资本是资产阶级社会的支配一切的经济权力。它必须成为起点又成为终点,必须放在土地所有制之前来说明"。"因此,把经济范畴按它们在历史上起决定作用的先后次序来排列是不行的,错误的。"在这种情况下,"它们的次序倒是由它们在现代资产阶级社会中的相互关系决定的,这种关系同看来是它们的合乎自然的次序或者同符合历史发展的次序恰好相反。"但这是否说明逻辑与历史不一致呢?不是的。正如马克思指出的:"问题不在于各种经济关系在不同社会形式的相继更替的序列中在历史上占有什么地位。更不在于它们在'观念上'……的顺序。而在于它们在现代资产阶级社会内部的结构。"② 也就是说,我们不应从现象上、观念上而应从本质上、现实性上来理解逻辑与历史的一致。逻辑是历史的反映。其反映形式可能有所不同,但归根到底,历史是基础、是原型,逻辑的发展始终是这样或那样地、自觉地或不自觉地不能脱离这个基础,并向着这个原型看齐的。

恩格斯曾进一步发挥了这一思想。他说:"历史从哪里开始,思想进程也应当从哪里开始,而思想进程的进一步发展不过是历史过程在抽象的、理论上前后一贯的形式上的反映;这种反映是经过修正的,然而是按

---

① 《马克思恩格斯文集》第 8 卷,人民出版社 2009 年版,第 26 页。
② 《马克思恩格斯文集》第 8 卷,人民出版社 2009 年版,第 31—32 页。

照现实的历史过程本身的规律修正的，这时，每一个要素可以在它完全成熟而具有典型性的发展点上加以考察。"① 由此可见：逻辑与历史的一致，首先是在开端上的一致；其次，在其发展过程中，这种一致是按照现实的历史过程本身的规律经过修正的一致。

为什么要经过这样"修正"呢？根据马克思和恩格斯的论述，这是由于把握逻辑的方法和把握历史的方法在方式上不尽相同。例如：逻辑方法的特点，是以一系列概念、范畴的理论体系来揭示认识对象的本质及其发展规律的。它注意的是必然性和一贯性；而历史方法的特点在于使对必然性的揭示和某些感性形式、偶然性保持统一，而且总是跳跃地和曲折地前进的。逻辑方法提供的是认识对象的结构表现，是以同时存在的事实分析为基础，注意它的横剖面；而历史方法则是按时间序列来支配自己的材料，是以某种现象的不同发展阶段的事实对比为基础，注意的是纵剖面。逻辑方法在作出对象的各种规定时，要时常使这些规定性同某些共同的实体的基础保持统一，实现从一个到另一个的推导，它所遵循的路线是由抽象到具体；而历史方法则是要求阐明同一种现象和同一个范畴如何在不同的历史条件下发生重大的变化，如何被改造和失去自己原来的本性和获得完全不同的本性，它所呈现的路线是由具体到具体。此外，二者还有一个重要的区别，就是逻辑方法可以直接从已有的成熟的复杂的形态开始，因为复杂的有机体常常提供了理解简单有机体的钥匙，正如"人体解剖对于猴体解剖是一把钥匙"② 一样。在这时的完全成熟的形态上，它的本质、特征已充分暴露，就可以对它们进行充分而彻底的揭示。而历史方法则只能按从简单到复杂、从低级到高级的顺序来进行。否则就不成为历史了。正因为如此，所以不能机械地而应辩证地理解逻辑与历史的一致。

逻辑与历史一致的原则和方法，为由抽象上升到具体这一科学方法奠定了基石。

综上所述，可见《资本论》的方法是由各因素组成的复杂的体系。其中包含：唯物主义历史观的各种原则，辩证法的规律和范畴，研究方法，

① 《马克思恩格斯文集》第 2 卷，人民出版社 2009 年版，第 603 页。
② 《马克思恩格斯文集》第 8 卷，人民出版社 2009 年版，第 29 页。

叙述的结构，等等。正由于此，列宁称"辩证法**也就是**……马克思主义的认识论"①，应当充分地利用这种逻辑来解决当前的问题。"在《资本论》中，唯物主义的逻辑、辩证法和唯物主义的认识论［不必要三个词：它们是同一个东西］都应用于同一门科学。"②

四、恩格斯与《资本论》的创作与出版

1848 年欧洲革命失败之后，历史发展的进程，不仅要求马克思和恩格斯从总结革命实践经验中为无产阶级的革命活动指明前进的方向，而且要求他们从理论上深刻回答无产阶级革命运动的前途，增强共产主义的信念。因此，正确认识和把握资本主义社会发展的规律性是首要任务。因而，也就决定了马克思和恩格斯在这段时期中，除积极组织和领导国际工人协会的活动，还要特别注意研究经济学，阐明资本主义社会发展的规律性。特别是 1857 年资本主义历史上第一次爆发的世界性的经济危机，更加促使他们对资本主义经济运动的研究。马克思详尽地考察了资本主义社会生产发展的规律性，写出了大量的经济学手稿，并于 1859 年出版了《政治经济学批判》及其《导言》、《序言》，1867 年出版了《资本论》第一卷，完成了第二、三卷的初稿。

《资本论》是马克思毕生事业中最光辉的成就，也是恩格斯晚年一项杰出的贡献。它集中了马克思主义在哲学、政治经济学和科学社会主义方面的最卓越的成就。它不只是一部最重要的经济学著作，同时也是最重要的哲学著作和科学社会主义著作。它是工人阶级反对资本家阶级的理论武库，是马克思主义的百科全书。《资本论》的问世，标志着马克思主义政治经济学理论体系的完成；标志着马克思主义的辩证思维方法的科学体系建立起来了，并成功地把唯物辩证法运用于认识论，第一次全面地、系统地阐述了唯物辩证法的基本规律和基本范畴；特别是在《资本论》中历史

---

① 《列宁全集》第 55 卷，人民出版社 1990 年版，第 308 页。
② 《列宁全集》第 55 卷，人民出版社 1990 年版，第 290 页。

唯物主义作为严格的科学方法论被运用于经济学的研究，从而使历史唯物主义的原理、范畴得到最深刻的检验和精确的表述，历史唯物主义获得了高度发展。

（一）恩格斯的《卡尔·马克思〈政治经济学批判〉序言》的理论意义

恩格斯对马克思研究资本主义社会制度和经济关系工作的支持及对其研究成果的宣传、评论及阐述是一贯的。马克思《政治经济学批判》于1859年6月出版后，恩格斯于8月就发表了评论——《卡尔·马克思〈政治经济学批判〉》。这是恩格斯宣传、捍卫和阐发《资本论》的总纲，不仅在马克思主义政治经济学发展史上具有重要理论意义，而且在马克思主义哲学发展史上也同样具有重要的理论意义，是对马克思主义学说的巨大贡献。

第一，揭示了马克思主义政治经济学与资产阶级政治经济学的本质区别之一，就是理论基础的根本不同。马克思主义政治经济学"本质上是建立在唯物主义历史观的基础上的"[①]。恩格斯指出，马克思的经济学理论同唯物史观之间的内在联系表现之一，就是马克思的《〈政治经济学批判〉序言》中对唯物史观原理的"扼要的阐述"。唯物史观的基本概念有两个主要方面：即关于社会形态的结构理论和社会形态历史发展划分的理论，这是使政治经济学实现伟大变革的理论基础。就是说，序言中对唯物史观原理的"扼要阐述"充分表明：马克思是严格依据唯物史观的理论和方法考察了资本主义社会形态的各个方面，从资本主义社会的经济基础到它的上层建筑，从资本主义社会的阶级和阶级对抗到它的家庭关系，从维护资本主义社会制度的国家政权到它的民主、自由等意识形态，并把资本主义社会形态的发展看作是自然历史过程。或者说，"扼要简述"的深层含义，就在于表明马克思严格运用唯物史观的理论和方法，考察和剖析了人类有史以来的整个社会历史发展的一般规律及其发展的不同历史阶段。他在《政治经济学批判》（包括全部《资本论》）中，详细地剖析了历史上最复

[①] 《马克思恩格斯选集》第2卷，人民出版社1995年版，第37—38页。

杂的社会形态——资本主义社会形态，不仅剖析了它的经济政治结构，还揭示了它的经济发展的规律性。从而深刻表明，马克思主义政治经济学的最终目的，就是按照唯物史观的理论和方法，科学阐明资本主义生产方式的发生、发展及其必然灭亡的客观规律性。

恩格斯关于唯物史观和马克思主义经济学相互关联、相互影响的论断，是和马克思探讨和制定政治经济学的历史过程相一致的。唯物史观的发现，是马克思主义政治经济学产生的最重要理论前提，而政治经济学的研究和制定，又为唯物史观的原理和范畴作了丰富和发展，并予以科学检验。恩格斯着手研究经济学虽然先于马克思，但没有像马克思那样，自1843年年末开始着手研究经济学之后，就一直在坚持深入持久地进行研究。在这个研究的历史过程中，十分清楚地体现了唯物史观原理同政治经济学理论之间的紧密联系和互相影响的关系。《1844年经济学哲学手稿》是马克思当时研究经济学的初步总结，其中全面地研究了劳动的经济作用，特别是对劳动异化过程和表现的研究，揭开了资本主义制度下工人阶级受剥削、受压迫、受奴役的根源，并进一步从分析资本主义私有制和劳动异化的内在关系，提出了消灭私有制、扬弃异化劳动、实现共产主义的结论，从而孕育了唯物史观的萌芽。到19世纪40年代中期，马克思写了《关于费尔巴哈的提纲》后，又在恩格斯的合作下写了《德意志意识形态》，系统地制定和论述了唯物史观的基本原理，为马克思主义政治经济学的研究奠定了理论基础。并在此基础上于19世纪40年代后半期写成了《哲学的贫困》、《雇佣劳动与资本》、《工资、价格和利润》等著作，其中在批判资产阶级政治经济学的形而上学和庸俗政治经济学的折中主义观点的同时，深刻阐发了唯物史观的基本原理，揭露了以剥削雇佣劳动为基础的资本主义生产方式的实质，完成了劳动价值理论，为创立剩余价值学说奠定了初步基础，从而丰富和发展了唯物史观的理论和范畴。1848年革命使马克思的经济研究一度中断，但自1850年他到了伦敦之后，在恩格斯的积极协助下，夜以继日地研究了政治经济学，并很快发表了《〈政治经济学批判〉序言》。这是马克思的经济学理论形成中重要历史阶段的一部杰作，是他对资本主义生产方式研究和对资产阶级政治经济学批判的具有崭新性质的著作。正如恩格斯在"评论"中指出的，马克思的《〈政治经济学批判〉序言》的主要部分是阐述唯物主义历史观原理的。"这个原理，不仅对于经济学，而且对于一切历史科学（凡不是自然科学的科学都是历史科学）都是一个具有革命意义的发现。"① 唯物主义历史观的发现之所以"对于一切历史科学都是一个具有革命意义的发现"，就在于唯物主义历史观认为，"物质生活的生产方式制约着整个社会生活、政治生活和精神生活的过程"。因此，对于"在历史上出现的一切社会关系和国家关系，一切宗教制度和法律制度，一切理论论点，只有理解了每一个与之相应的时代的物质生活条件，并且从这些物质条件中被引申出来的时候，才能理解"。恩格斯又进一步说："只要进一步发挥我们的唯物主义论点，并且把它应用于现时代，一个强大的、一切时代中最强大的革命远景就会立即展现在我们的面前。"② 就是说，唯物主义历史观是无产阶级的科学世界观，是无产阶级认识世界和改造世界的指导思想和理论武器。所以，马克思主义的政治经济学"本质上是建立在唯物主义历史观的基础上的"。由于它一产生就给一切历史唯心主义哲学和资产阶级的传统观念予以彻底打击，因而，必然引起资产阶级思想家的反对和诋毁。恩格斯指出："人们的意识决定于人们的存在而不是相反，这个原理看来很简单，但仔细考察一下也会立即发现，这个原理的最初结论就给一切唯心主义，甚至给最隐蔽的唯心主义当头一棒。关于一切历史的东西的全部传统的和习惯的观点都被这个原理否定了。政治论证的全部传统方式崩溃了；爱国的义勇精神愤慨地起来反对这种无礼的观点。因此，新的世界观不仅必然遭到资产阶级代表人物的反对，而且也必然遭到一群想靠自由、平等、博爱的符咒来翻转世界的法国社会主义者的反对。这种世界观激起了德国庸俗的民主主义空喊家极大的愤怒。"③ 由此可见，无产阶级乐于接受这个新世界观，把《资本论》看作是"工人阶级的圣经"，就是很自然的了。无产阶级及其政党

---

① 《马克思恩格斯选集》第 2 卷，人民出版社 1995 年版，第 38 页。
② 《马克思恩格斯选集》第 2 卷，人民出版社 1995 年版，第 38 页。
③ 《马克思恩格斯选集》第 2 卷，人民出版社 1995 年版，第 39 页。

"有个很大的优点，就是有一个新的科学的观点作为理论的基础"①。

　　第二，恩格斯揭示并论证了唯物史观的建立和运用必须借助于辩证方法，唯物主义历史观同辩证法是内在地结合在一起的。在恩格斯看来，马克思在19世纪50年代运用唯物主义历史观研究政治经济学的伟大成果之一，就是在批判资产阶级政治经济学的形而上学和彻底改造黑格尔唯心主义辩证法中，对唯物辩证法进行了全面应用和系统阐述。恩格斯指出，马克思的《〈政治经济学批判〉序言》，不是对资产阶级政治经济学的某些章节作零碎的批判，而是一种系统的全面批判；也不是对经济学上的某些分歧问题作孤立的研究，而是要系统地科学总结经济学的全部复杂的内容，以便从历史联系中阐明资产阶级生产方式运动的规律性。他说："这部著作，决不是对经济学的个别章节作零碎的批判，决不是对经济学的某些争论问题作孤立的研究。相反，它一开始就以系统地概括经济科学的全部复杂内容，并且在联系中阐述资产阶级生产和资产阶级交换的规律为目的。"② 为此，首先遇到了用什么方法对待科学，尤其是社会科学的问题。恩格斯认为，这是在马克思主义出现以前没有正确解决的问题。资产阶级经济学采用的方法，仍然是传统的那种平庸的、缺乏联系的、自相矛盾的、僵死不变的形而上学方法。这种方法不是力图说明资本主义经济关系的起源，而是看作已知的前提，它不把资本主义生产方式解释为暂时的历史形式，而是说成是社会生产的永恒的自然形式。很显然，这种形而上学的方法是为马克思反对和批判的。另一种方法，就是黑格尔的唯心主义辩证法，在它现有形式上是完全不能采用的。但是，它比前一种形而上学方法有巨大优越性。因为"黑格尔的思维方式不同于所有其他哲学家的地方，就是他的思维方式有巨大的历史感作基础。形式尽管是那么抽象和唯心，他的思想发展却总是与世界历史的发展平行着……他是第一个想证明历史中有一种发展、有一种内在联系的人"③。恩格斯认为，这种唯心主义的辩证历史观不仅为马克思剖析资本主义生产方式提供了逻辑方法的出发

① 《马克思恩格斯选集》第2卷，人民出版社1995年版，第39—40页。
② 《马克思恩格斯选集》第2卷，人民出版社1995年版，第40页。
③ 《马克思恩格斯选集》第2卷，人民出版社1995年版，第42页。

点，而且也为唯物主义历史观的产生提供了直接的理论前提。他说："这个划时代的历史观是新的唯物主义观点的直接的理论前提，单单由于这种历史观，也就为逻辑方法提供了一个出发点。"① 但是，在其现有形式上是完全不适用的。"因此，首先应当对黑格尔的方法作一番透彻的批判。""对这个方法的批判不是一件小事，全部官方哲学过去害怕而且现在还害怕干这件事。" 只有 "马克思过去和现在都是唯一能够担当起这样一件工作的人"。② 当时，马克思根据系统科学的要求，为了把他多年收集和积累起来的无比丰富的经验材料进行逻辑概括，使经验材料变成严谨的理论体系，他重新发现和评价了黑格尔辩证法的全部意义，尤其是在逻辑学和认识论方面的巨大意义。所以，马克思当时对黑格尔的《逻辑学》非常重视。1858 年年初，他在致恩格斯的信中说："我又把黑格尔的《逻辑学》浏览了一遍，这在材料加工的方法上帮了我很大的忙。如果以后再有工夫做这类工作的话，我很愿意用两三个印张把黑格尔所发现、但同时又加以神秘化的方法中所存在的合理的东西阐述一番，使一般人都能够理解……"③ 事实上，如恩格斯所说，马克思 "从黑格尔逻辑学中把包含着黑格尔在这方面的真正发现的内核剥出来，使辩证方法摆脱它的唯心主义的外壳并把辩证方法在使它成为唯一正确的思想发展形式的简单形态上建立起来"④。这里所说 "正确的思想发展形式的简单形态" 就是逻辑的形式。在恩格斯看来，逻辑的研究方式是唯一适用的方式，这方式也是历史的研究方式，不过摆脱了历史的形式以及起扰乱作用的偶然性而已。所以，恩格斯说："历史从哪里开始，思想进程也应当从哪里开始，而思想进程的进一步发展不过是历史过程在抽象的、理论上前后一贯的形式上的反映；这种反映是经过修正的，然而是按照现实的历史过程本身的规律修正的，这时，每一个要素可以在它完全成熟而具有典型性的发展点上加以考察。"⑤ 恩格斯认为，这个唯物辩证方法的制定，其意义不亚于唯物主义基本观点的成

① 《马克思恩格斯选集》第 2 卷，人民出版社 1995 年版，第 42 页。
② 《马克思恩格斯选集》第 2 卷，人民出版社 1995 年版，第 42 页。
③ 《马克思恩格斯文集》第 10 卷，人民出版社 2009 年版，第 143 页。
④ 《马克思恩格斯选集》第 2 卷，人民出版社 1995 年版，第 43 页。
⑤ 《马克思恩格斯选集》第 2 卷，人民出版社 1995 年版，第 43 页。

果，马克思的政治经济学批判就是以这个方法论为基础的。

唯物辩证方法的制定，其意义之所以不亚于唯物主义基本观点的成果，就在于对社会历史作唯物主义的解释，要以辩证的思维方法为前提，或者说，没有辩证方法就不能把唯物主义原则贯彻到对复杂多变的社会历史现象的解释中。黑格尔的唯心主义辩证法是德国古典哲学的杰出成就，也是近代辩证法思想发展的顶峰。因为黑格尔较之他的前辈中的任何人都要善于利用辩证法，辩证法在他手里是认识一切存在物的强大工具。他强调"正确地认识和掌握辩证法是至关重要的"，并指出"辩证法构成科学进展的推动的灵魂，只有通过辩证法原则，科学内容才能达到内在联系和必然性，并且只有在辩证法里，一般才包含有真实的超出有限，而不只是外在的超出有限"。"凡有限之物不仅受外面的限制，而且又为它自己的本性所扬弃，由于自身的活动而自己过渡到自己的反面。"① 由此可见，恩格斯在"评论"中之所以高度评价黑格尔的思维方式，再三强调马克思对黑格尔辩证法，特别是辩证逻辑形式的改造及其重要意义，就在于它对唯物主义历史观的建立提供了直接的理论前提，因而黑格尔辩证法的真正本质和它的合理内核，具有划时代的理论意义。

总之，恩格斯的《卡尔·马克思〈政治经济学批判〉》是一部重要的经济学、哲学著作，它在经济学、哲学及其在方法论上也都是具有重要的历史意义，它为在世界范围内广泛传播马克思主义经济学和哲学起了巨大作用，在马克思主义发展史上有深远的影响。

（二）恩格斯为《资本论》的创作、出版宣传所作的重要贡献

人们在研究恩格斯和《资本论》出版的关系中，在评论恩格斯对马克思创作《资本论》的贡献中，多是局限于恩格斯在物质生活方面给马克思的无私援助，或者注重于在宣传和传播《资本论》方面的一般情况，而没有作深层的研究和实质性的评述，这是不全面的。事实上，恩格斯对马克思创作《资本论》的贡献是十分全面和重要的。可以说，从物质经济方面的无私援助到思想精神方面的鼓舞和支持；从写作《资本论》计划到具体

---

① ［德］黑格尔：《小逻辑》，贺麟译，商务印书馆 1980 年版，第 176—177 页。

研究方法；从《资本论》的理论框架到具体内容的如何阐述；从理论观点的审定到实际资料的研究和运用；从《资本论》的出版到对它的宣传和传播；等等，恩格斯都作出了杰出的重要贡献。完全可以说，没有恩格斯的全面的、无私的援助，《资本论》就难以问世。所以，当1867年马克思写完《资本论》第一卷时，立即致函恩格斯说："这一卷就完成了。其所以能够如此，我只有感谢你！没有你为我作的牺牲，我是决不可能完成这三卷书的巨大工作的。我满怀感谢的心情拥抱你！"① 因此说，《资本论》既是马克思毕生事业的光辉成就，也是马克思和恩格斯40年革命友谊的伟大结晶。马克思在创作《资本论》第一卷由于多次引用恩格斯的《英国工人阶级状况》一书的主要内容而经常向恩格斯求教。他于1866年7月7日致函恩格斯，热诚希望恩格斯直接以合作者身份出现，而不只是作为被引证者。马克思在信中说："如果你能在我的主要著作（到目前为止，我只写了些小东西）中直接以合著者的身份出现，而不只是被引证者，这会使我多么高兴！"② 由此可见，当代西方某些学者把马克思和恩格斯对立起来，说恩格斯在编辑《资本论》第二卷和第三卷时，其中背离了马克思，并进一步引申出《资本论》和《反杜林论》对立的论调，是十分错误的。

要科学地概述恩格斯对马克思创作《资本论》的贡献，可概括为两大历史阶段三个方面：即马克思逝世前全力协助马克思撰写《资本论》，特别是第一卷的出版和评论；马克思逝世后着手编辑出版《资本论》第二、三卷和准备整理出版《资本论》第四卷。

第一，恩格斯经常无私的援助，才使马克思能完成《资本论》的写作。

恩格斯为保证马克思能顺利地创作《资本论》，首先在经济上给予了无私的持久援助。马克思在创作《资本论》时，正遭遇"种种不幸"，处于极端困窘的境地，他和夫人燕妮均身患疾病，孩子患病因无钱及时医治而夭亡；周围的友人都贫困，无法借贷，因而长期处于负债累累、生计无着的重压下，只好经常向恩格斯求救解饥。而恩格斯总是有求必应，并且

---

① 《马克思恩格斯〈资本论〉书信集》，人民出版社1976年版，第223页。
② 《马克思恩格斯〈资本论〉书信集》，人民出版社1976年版，第203页。

常常是主动供给。当时的情况正像后来的列宁所说："马克思及其一家饱受贫困的折磨。如果不是恩格斯牺牲自己而不断给予资助，马克思不但无法写成《资本论》，而且势必会死于贫困。"① 马克思对恩格斯的援助所表示的感激之情，也是十分动人的。他在致恩格斯的信中写道："我希望，并且坚信，再过一年我会成为一个不愁吃穿的人……没有你，我永远不能完成这部著作。坦白地向你说，我的良心经常像被梦魇压着一样感到沉重，因为你的卓越才能主要是为了我才浪费在经商上面，才让它们荒废，而且还要分担我的一切琐碎的忧患。"②

第二，恩格斯为协助马克思完成《资本论》的创作，不仅以自我牺牲精神在经济上给予无私的援助，而且更重要的是在事业上和学术上给予积极合作。

这种合作首先是在写作的方法论上。恩格斯在马克思研究方法的基础上，强调了逻辑抽象法和历史方法的统一性。这个方法论原则，既有利于对资本主义社会经济发展作综合分析研究，又便于清晰地揭示出其内部联系的客观必然的实在性；从而能更好地与唯心主义形而上学和庸俗经济学的折中主义方法论对立起来。为此，恩格斯以肯定的语气向马克思提出，《资本论》第一卷中论价值形式的那部分，在方法上应该作两方面的修改：一是采用历史验证的方法去阐述，不必局限于抽象逻辑上的抽象争辩。1867 年 6 月 16 日，恩格斯在致马克思的信中提出，对第二个印张中关于论价值形式的部分不必再作任何补充，"因为庸人确实不习惯于这种抽象思维，而且一定不会为价值形式去伤脑筋。至多可以把这种用辩证法获得的东西，从历史上稍微详细地加以证实，就是说，用历史来对这些东西进行检验，虽然这方面最必要的东西都已经说过了。但是你在这方面掌握了许多材料，所以你一定能就这个问题写出很好的补充论述，从而用历史方法向庸人证明货币形成的必然性并表明货币形成的过程"。二是恩格斯提出采用多分一些小节和多加一些小标题的方法，以使抽象阐述的思路明显地表现出来，便于广大读者理解。他向马克思说："这一部分你应当用黑

① 《列宁选集》第 2 卷，人民出版社 1995 年版，第 416—417 页。
② 《马克思恩格斯〈资本论〉书信集》，人民出版社 1976 年版，第 212 页。

格尔的《全书》那样的方式来处理，分成简短的章节，用特有的标题来突出每一个辩证的转变，并且尽可能把所有的附带的说明和例证用特殊的字体印出来。这样，看起来就可能有点像教科书，但是对广大读者来说要容易理解得多。"①

其次，恩格斯在提出写作方法的同时，为完善《资本论》第一卷的框架结构，向马克思提出了许多建设性的建议。因为《资本论》的框架结构是一个十分严谨的艺术整体，如何建构得更好，需要以科学的历史辩证法作指导。恩格斯仔细研究了原订的写作《政治经济学批判》六册的计划之后，就积极协助马克思完成了从六册结构向四卷结构的理论框架过渡。这样，使马克思更便于关注和强调了方法与结构的统一性问题。在《资本论》第一卷的理论结构形成过程中，恩格斯还说服了马克思在其余各卷未脱稿前先出版第一卷。当第一卷出版后，恩格斯一方面向马克思表示由衷的祝贺，认为马克思出色地把错综复杂的经济问题处理得如此清晰，对其复杂关系的内在联系作出规律性的揭示，是十分有意义的；另一方面，为了《资本论》在结构上更加完善化，也诚恳地提出了在结构方面存在的问题，并积极建议如何修改。他在 1867 年 8 月 23 日致马克思的信中说："我祝贺你，只是由于你把错综复杂的经济问题放在应有的地位和正确的联系之中，因此完满地使这些问题变得简单和相当清楚。我还祝贺你，实际上出色地叙述了劳动和资本的关系，这个问题在这里第一次得到充分而又互相联系的叙述……但是你怎么会把书的**外部**结构弄成现在这个样子！第四章大约占了二百页，才只分四个部分，这四部分的标题是用普通字体加空排印的，很难找到……在这里题目分得更细一些，主要部分更强调一些是绝对合适的，在准备英文版时这一点一定要做到。"②

再次，恩格斯对《资本论》第一卷的创作，不只在方法和结构上作了许多积极贡献，而且理论内容和实际材料的调查与运用上同样作了积极贡献。马克思在写作《资本论》的过程中，经常提出一些拿不准的理论问题和因缺少实际材料而弄不清楚的问题，致函恩格斯求教。如马克思为了批

---

① 《马克思恩格斯〈资本论〉书信集》，人民出版社 1976 年版，第 213—214 页。
② 《马克思恩格斯〈资本论〉书信集》，人民出版社 1976 年版，第 223—224 页。

判李嘉图的地租理论同恩格斯研究绝对地租的来源和级差地租问题；关于棉花危机引起的纺织危机与织工、居民群众的关系问题；资本周转和资本的问题；机器设备折旧和修理费等问题。恩格斯对以上问题的理论分析和基本观点，都为马克思所接受。其中关于机器设备折旧提成作为积累基金的意义问题，马克思要求恩格斯能当面具体讨论下折旧提成在扩大再生产中的作用问题。马克思在信中写道："你能不能来这里逗留几天？我在我的批判中要推翻许多旧东西，因此我想有几点要预先同你商量一下。这一切靠通信，你我都会觉得乏味的。"① 不久，恩格斯就到马克思住处去了一趟，两人共同研讨的一致看法，被马克思用于他的《剩余价值理论》手稿中。同时，马克思不仅经常向恩格斯提出一些理论问题求教，而且遇到一些实际的问题更需要恩格斯的帮助才能最后作出结论。马克思认为，恩格斯既是经济学方面的理论家，同时也是经济学方面的实践家，总想从恩格斯"那里得到一些实际材料的解释，因为这在理论著作中是找不到的"，有些问题还多次向恩格斯询问。如 1862 年 8 月 20 日，马克思打算在经济学推翻许多旧观点时，但对于机器的价值和机器的损耗期限等问题，在理论上拿不准，想从实际材料方面作些理解，就给恩格斯致函求教。其中写道："你是实践家，有一点必定知道得很清楚，这就是：假定某一个企业在开业时，它的机器价值等于一万二千英镑，这些机器平均使用十二年。如果每年投到商品上一千英镑，那末机器的价格在十二年内就得到补偿。亚·斯密以及他的追随者都这样说。但是事实上这只是一个平均数。"② 恩格斯于 9 月 9 日很快作了回答，并认为马克思在机器损耗问题上"走入了歧途"，因为机器的损耗期并不是一切机器都是相同的。后来，马克思再次致函恩格斯询问此类问题："你作为一个厂主一定会知道，在必须**以实物的形式**去补偿固定资本**以前**，你们是怎样处理那些为补偿固定资本而流回的货币的。你一定要回答我这个问题（不谈理论，**纯粹谈实质**）。"③ 恩格斯接连写了两封信作了答复，提供了"关于机器设备的两个计算表"专

① 《马克思恩格斯〈资本论〉书信集》，人民出版社 1976 年版，第 168 页。
② 《马克思恩格斯〈资本论〉书信集》，人民出版社 1976 年版，第 168 页。
③ 《马克思恩格斯〈资本论〉书信集》，人民出版社 1976 年版，第 226 页。

门阐述了这一问题。此外，恩格斯还主动为马克思编制了意大利簿记的材料等。所提供的纯粹实际材料，马克思在撰写《资本论》时全部利用了。

第三，恩格斯不仅是《资本论》第一卷创作的合作者，同时也是第一卷的传播者和诠释者。马克思逝世后，他既是《资本论》第一卷德文第三、四版的校订出版者，并使之成为各国通用的定型版本；又是该卷英文本和波兰文本出版的指导者。

1867 年《资本论》第一卷出版之后，恩格斯为打破资产阶级经济学界以"沉默"的方式抵制、阻挡《资本论》在全世界传播的计谋，他多次致函马克思，商讨如何宣传《资本论》第一卷的问题。恩格斯在 1867 年 9 月 11 日致马克思的信中主动提出："为了推动事情，我是否需要从资产阶级的观点对书进行抨击？迈斯纳或济贝耳一定会把这种文章登在报纸上的。"① 马克思十分称赞恩格斯的这个"军事机智"的策略，并提出在具体方法上应该注意的事情。次日（9 月 12 日），马克思在复信中说："**你从资产阶级观点**对书进行抨击的计划是**最好的作战方法**。但是我认为，书一出版之后，这件事通过济贝耳或里特尔斯豪兹而不通过迈斯纳来做比较合适。甚至最好的出版商也不应该让他们太多地知悉内情。另一方面，你应该给**库格曼**写信（他已经回来了），对于他应该强调的肯定方面给他一些指点。否则他会做出蠢事来，因为在这里单凭热情是不够的……劳拉和拉法格正在给《**法兰西信使报**》翻译序言的一部分。"② 恩格斯接受了马克思的关注和提醒，并给库格曼等写了信，以便组成一个宣传网和一个小型的写作班子。并对《资本论》中的资本的产生、剩余价值、工作日、对李嘉图定律的修改等主要点，都作了简要叙述。通过多种形式的通俗化宣传，诱导人们来谈论《资本论》。使资产阶级经济学界的先生们所奉行的完全沉默的政策行不通。这样，就形成了以恩格斯为主的包括马克思、库格曼、济贝耳、迈耳尔、李卜克内西、拉法格和劳拉以及其他革命友人在内的宣传网，并在许多刊物上相继发表了许多篇宣传和阐释性的文章。再加之国外友人的积极赞助和配合，终于打破了资产阶级改良派和庸俗经

---

① 《马克思恩格斯〈资本论〉书信集》，人民出版社 1976 年版，第 233 页。
② 《马克思恩格斯〈资本论〉书信集》，人民出版社 1976 年版，第 233 页。

济学家的封锁，使他们的"沉默抵制"的策略完全破产。正如恩格斯所指出的："无论如何，沉默现已结束，该书正在为自己开辟道路，尽管是缓慢的。这一点现在已毫无疑问了。"①

恩格斯把宣传和传播《资本论》看作是党的最重要任务。因此，他"随时准备为党服务"，并亲自写了九篇书评。首先他指出，《资本论》是工人阶级自己理论的圣经。他说："自从世界上有资本家和工人以来，没有一本书像我们面前这本书那样，对于工人具有如此重要的意义。资本和劳动的关系，是我们全部现代社会体系所围绕旋转的轴心，这种关系在这里第一次得到了科学的说明，而这种说明之透彻和精辟，只有一个德国人才能做得到。"② 这个人就是马克思。马克思在《资本论》中针对资产阶级经济学的错误观点，深刻论证了资本主义制度不是永恒存在的社会制度，它是人类社会历史发展中的一个具有暂时性的历史阶段，它的发展必然过渡到社会主义社会。马克思以无可争辩的理论和事实，分析、考察了资本主义制度固有矛盾及其不可克服的对抗性质，揭示出资本主义社会的经济运动的规律性，从而得出资本主义制度必然灭亡，社会主义社会必然产生的科学结论。正如恩格斯为第一卷写的"英文版序言"中所说："《资本论》在大陆上常常被称为'工人阶级的圣经'。任何一个熟悉工人运动的人都不会否认：本书所作的结论日益成为伟大的工人阶级运动的基本原则，不仅在德国和瑞士是这样，而且在法国，在荷兰和比利时，在美国，甚至在意大利和西班牙也是这样；各地的工人阶级都越来越把这些结论看成是对自己的状况和自己的期望所作的最真切的表述。"③

其次，恩格斯认为，对《资本论》的积极传播和宣传，还应突出宣传其中的新因素。马克思曾指出《资本论》中有崭新的思想观点，并且希望恩格斯在宣传中要突出对新因素的宣传。马克思说《资本论》中有"三个崭新的因素"：（1）"分析和说明了剩余价值的一般形式与表现为地租、利润、利息等固定形式的剩余价值特殊部分之间的区别和联系。这种区别

---

① 《马克思恩格斯全集》第32卷，人民出版社1975年版，第126页。
② 《马克思恩格斯选集》第2卷，人民出版社1995年版，第589页。
③ 《马克思恩格斯文集》第5卷，人民出版社2009年版，第34页。

和联系在资产阶级经济学里没有区分开。他们一开始就把这些部分当作已知的东西加以研究";（2）科学地揭示出了商品二重性及其体现在商品中的劳动二重性，劳动二重性的发现，"是批判地理解问题的全部秘密"，这也是古典经济学家们所不能解释许多现象的关键问题；（3）"工资第一次被描写为隐藏在它后面的一种关系的不合理的表现形式"，并通过"计时工资和计件工资"① 予以确切说明。这三个崭新的因素，就是马克思主义政治经济学革命变革的主要标志。

再次，恩格斯认为，《资本论》第一卷读起来还有一定的难度，特别是它是"远远高于现今一般社会民主主义书刊的一部著作"，必须积极向广大读者推荐。同时，恩格斯也向读者指出，要潜心研读，是完全可以读懂的。他说："除了开头 40 页有些难度较大的辩证法的东西外，这部书尽管具有极严格的科学性，但还是十分浅显易懂，而且由于作者对任何人都毫不留情的讽刺文笔，甚至使这部书妙趣横生。"② 为此，恩格斯于 1868 年还写了一个解释《资本论》第一卷的《提纲》，其中将《资本论》第一卷的基本立场、观点和方法作了通俗性的解释，为工人阶级政党的领导者和先进人士提供了学习和掌握《资本论》的指南，从而造就了像倍倍尔、拉法格这样一代马克思主义理论家和社会活动家。恩格斯对《资本论》的阐释至今仍有其不可估量的意义和作用；他对《资本论》的全面的杰出贡献，是永远不能被磨灭的。

（三）恩格斯对《资本论》第二、第三卷手稿的整理编辑出版以及为第四卷出版的准备

《资本论》是马克思的主要科学著作，可是由于要指导国际工人运动的活动，占去他许多时间，加之贫困和疾病的折磨，以及他精益求精的严谨学风，因而，在 1867 年《资本论》第一卷出版之后，一直到 1880 年年初，其他各卷还只是一些草稿。马克思重病期间，预感到自己经过生病之后，来不及完成其他各卷的定稿和出版，就嘱咐他女儿爱琳娜把《资本

---

① 《马克思恩格斯〈资本论〉书信集》，人民出版社 1976 年版，第 249—250 页。
② 《马克思恩格斯全集》第 16 卷，人民出版社 1965 年版，第 240 页。

论》的手稿交给恩格斯，期望恩格斯根据这些材料"做点什么来"①。1883 年 3 月 14 日马克思逝世，恩格斯十分沉痛。在马克思逝世以后的 12年间，他时刻在怀念自己的老战友，并精心收藏和整理马克思的遗物和手稿，以对亡友的深情来激励自己去完成其未竟事业，他把自己的成就和荣誉看成是"马克思播种的"，要"把它作为荣誉的花环奉献在马克思的墓前"；并决心"为了今后无愧于他而能做的一切，我都做到"。② 事实上，恩格斯对《资本论》的第二、第三卷的整理、编辑和出版就是抱着这种无限忠诚、无私奉献的态度和精神去完成的。

　　马克思逝世后，有人建议在马克思墓前为他建造一座纪念碑。恩格斯和马克思的女儿一样不赞成这样做。恩格斯认为，整理、编辑和出版马克思的遗著，既是自己的头等重要任务，又是为马克思树立的比任何纪念碑更加宏伟的纪念碑。因为它是用马克思的著作和创造力建造的一座坚如磐石的永远照耀着人类进步的纪念碑。正如恩格斯在致劳拉的信中所说："不管怎样，我要把整理摩尔的书的工作坚持下去。这部书将成为他的纪念碑，比别人能为他树立的任何纪念碑都更加宏伟。"③ 恩格斯办理完马克思的丧事之后，立即制订整理、编辑和出版马克思的遗著的计划，并作为自己的"压倒一切的任务"，毅然放下了《自然辩证法》的写作和军事学、语言学的研究，搁置了为撰写爱尔兰史和德国史的大量史料的编纂工作。恩格斯为更好地整理、编辑和出版《资本论》第二、第三卷，首先，规定了整理和编辑的原则和方法；其次，为传播和阐明《资本论》第二、第三卷的意义，深刻批判了庸俗经济学；再次，根据整理编辑的原则和马克思有关最后手稿的思路，探讨和提出自由资本主义向垄断过渡的问题。

　　第一，恩格斯认为，整理和编辑《资本论》第二、第三卷的原则，就是要按照马克思生前的愿望，以最忠实的态度编出"应当是马克思的真正著作"。他在致拉甫罗夫的信中说："对我最重要的是尽快出书。其次，特

---

① 参阅《马克思恩格斯全集》第 22 卷，人民出版社 1965 年版，第 100—104 页。
② 参阅《马克思恩格斯全集》第 22 卷，人民出版社 1965 年版，第 100—104 页。
③ 《马克思恩格斯全集》第 36 卷，人民出版社 1974 年版，第 286 页。

别重要的是，我所出的应当是马克思的真正著作。"① 可是"要完成《资本论》第二册的付印工作，使本书既成为一部连贯的、尽可能完整的著作，又成为一部只是作者的而不是编者的著作，这不是一件容易的事情"②，需要付出巨大的精力和极为艰苦的劳动。然而，这对于恩格斯说来，却是十分愉快的劳动。因为他觉得这仿佛"又和自己的老朋友在一起了"，是在为共同的共产主义事业而劳动。因此，恩格斯在整理和编辑的方法上，严格按照手稿的特点采取了相应的方法，以保证是"马克思的真正著作"。恩格斯说，留下来的手稿有许多使整理上发生困难的特点：a. 很多需要修订的文稿，多半带有片断性质，需要彻底校订；b. 材料的主要部分，虽然在实质上已经大致完成，但是在文字上没有经过推敲，甚至存在着马克思写摘要时的习惯用语，即不讲究文体，有随意性的、往往是粗鲁而诙谐的措辞和用语，乃至夹杂英法两种文字的术语，以及整句和整页的英文；c. 有些同样重要部分的论述，详略不均；d. 许多用于例解的事实材料，既没有分类，也没有加工整理；e. 有些章的结尾，不仅存在急转下一章，而且只写下几个不连贯的句子，表明没有完全阐述；f. 有些相当潦草的字体，连马克思自己有时已不易辨认出来。

因此，恩格斯在整理方法上，首先，必须在阅读手稿的基础上，仔细辨认手稿原文，接着抄写清楚，弄出一个易读的抄本，然后才能开始真正编辑。其次，在着手编辑时要按照原稿的逻辑使之成为连贯的篇章和完整的著作，恩格斯对两卷结构作了极为严肃的科学建构。再次，凡是意义明确的地方，甚至在意思上略有疑难的地方，都尽可能地保存原稿的性质。对于个别重复的地方，作为马克思从不同角度研究的问题而保有原样。又次，必须要改动或增补的地方，都是以马克思提供的材料为依据；或者是绝对必要而且意思不会引起怀疑的地方，恩格斯才加进几句解释性的话和承上启下的句子。最后，在选择文稿方面，"总是把最后的文稿作为根据"，同时"参照以前的文稿"。此外，在整理和编辑的过程中，还研究了批判庸俗经济学的问题。

① 《马克思恩格斯〈资本论〉书信集》，人民出版社 1976 年版，第 425—426 页。
② 《马克思恩格斯文集》第 6 卷，人民出版社 2009 年版，第 3 页。

恩格斯整理和编辑《资本论》手稿的这些方法，虽然是根据手稿存在的特点而采用的，但是，它们却具有普遍意义。因为，这些方法不仅体现了理论分析方法的原则，而且更体现了严格遵循整理史料的方法，即包括辨别与证实、辑佚与集语以及校勘方面的若干具体方法：如确定底本与不轻易改动原字，以及参照校正方法等校勘法原则。特别要提出的就是恩格斯的实事求是的马克思主义学风，永远是我们效法的光辉榜样。

第二，为捍卫《资本论》第二、第三卷在理论上的科学性和变革性，恩格斯分别为第二、第三卷写了序言，其中除了阐述如何整理、编辑两卷的篇章，主要是阐明了两卷的基本内容和理论意义，以及对资产阶级经济学特别是庸俗经济学的批判。恩格斯经过近 12 年的卓著辛劳，终于在 1894 年 12 月出版了第三卷。他以十分欣慰的愉悦心情写道："我终于把马克思的主要著作的第三卷，理论部分的终结，交给读者了。"① 在《资本论》三卷相继出版之后，恩格斯继续写文章介绍。他指出这三卷《资本论》是一个完整的科学体系，贯穿全书的中轴线就是剩余价值理论。根本不存在庸俗经济学派洛贝尔图斯等人所说的第一卷和第二、第三卷相矛盾的问题。《资本论》第一卷研究分析了资本的生产过程，着重揭示资本家如何从工人劳动中榨取剩余价值的；第二卷考察研究了资本的流通过程，着重分析了可变资本与不变资本的不同职能，从而进一步揭示了剩余价值的来源；第三卷是研究资本生产的总过程，着重剖析剩余价值如何在资产阶级的各个集团之间分割为利润、利息和地租的。这样，《资本论》就深刻而科学地阐明资本主义发展的规律性；揭示了资本主义社会的基本矛盾，特别是资产阶级和无产阶级之间矛盾对抗的根源；论证了无产阶级的历史使命。《资本论》使社会主义理论建立在坚实的社会经济基础之上，成为工人阶级的巨大理论武库。

为了使《资本论》更好地传播开来，恩格斯在整理、编辑第二、第三卷的过程中，批判了洛贝尔图斯及其拥护者对马克思的毁谤。他们围绕《资本论》的剩余价值理论对马克思提出种种批评和挑战。他们普遍提出，

① 《马克思恩格斯文集》第 7 卷，人民出版社 2009 年版，第 3 页。

关于利润平均化和劳动价值论是相"矛盾"的，并把这个"矛盾"当作新发现。实际上，如恩格斯所指出的，这个矛盾，李嘉图已经指出了，而只是李嘉图学派没有能够提出解决这个矛盾的办法，并不是什么新问题。但是，马克思早在 1861—1863 年手稿中已经解决了这个矛盾；并在《资本论》第三卷中加以考察和说明的。为此，恩格斯在为第三卷写的序言中，详细地分析和评述了第三卷出版前报刊上出现的有关部门解决剩余价值与平均利润率相互关系问题的一些理论观点，批判了庸俗经济学派的捏造及其荒谬性；解答了康·施米特等关于平均利润率的疑点。特别是在为《资本论》第三卷增补中，专门写了《价值规律利润率》这一部分，恩格斯逝世后不久，发表在《新时代》上。

但是，恩格斯编辑出版了《资本论》第三卷之后，长时期来国外理论界持有歧义，围绕这一卷展开的争论从来没有中断过。20 世纪 60 年代以来，西方有些学人不仅认为恩格斯没有按照马克思的思想整理编辑其手稿，而且还认为在有些理论内容和观点上，恩格斯篡改和背离了马克思。这种论断是错误的。因为：第一，这种篡改和背离论调的提出是有其理论背景的，自乔治·卢卡奇和卡尔·柯尔什以来，西欧的马克思研究者提出了"马克思和恩格斯对立论"，对恩格斯编辑出版《资本论》第三卷的诘难，就是在这种"对立论"的思潮中宣扬起来的。可以说，这是一种未做深刻研究的迎合"时尚"之言。第二，"篡改和背离"论是不符历史事实的。我们认为，恩格斯为出版《资本论》第三卷所付出辛劳功不可没。列宁在《弗里德里希·恩格斯》一文中说得好："恩格斯出版《资本论》第二、三卷，就是替他的天才朋友建立了一座庄严宏伟的纪念碑，无意中也把自己的名字不可磨灭地铭刻在上面了。的确，这两卷《资本论》是马克思和恩格斯两人的著作。"①

当然，文字的主体是马克思写的，只有少数段落或表述出自恩格斯之手，恩格斯的这种做法在马克思生前也做过，对马克思的有些文字也作过修改，这在我们前面阐述马克思写作《资本论》第一卷的过程中已经说明

---

① 《列宁选集》第 1 卷，人民出版社 1995 年版，第 95 页。

了。当然，恩格斯在马克思逝世后，编辑出版《资本论》第二卷和第三卷的长达十多年间，资本主义的现实也有很大的发展和变化，如果恩格斯根据资本主义的新变化把马克思手稿的有关内容修改得更加完善，也是无可非议的。因为，他们之间的伟大友谊非同寻常，马克思和恩格斯在半个世纪的共同工作中，无论是在公开场合，还是在他们的著作中，原则相同，观点一致。他们两个写的每一行字，只要未经过另一个事先审阅认可，或者至少在主要思想上未取得一致意见，是不让发表的。所以，列宁说："要正确评价马克思的观点，无疑必须熟悉他最亲密的同志和合作者弗里德里希·恩格斯的著作。不研读恩格斯的全部著作，就不可能理解马克思主义，也不可能完整地阐述马克思主义。"① 因此，我们认为，在研究《资本论》的过程中，要坚持科学的正确态度，要尊重历史，要有科学的方法，不能主观武断。当然，我们也不能完全否认恩格斯编辑出版的《资本论》第二卷和第三卷中，在某些问题、某些编排或某些表述上可能与马克思的手稿存在着不完全一致之处，但绝不能把某些不一致之处说成是"篡改和背离"。

　　第三，恩格斯原准备在编辑出版了《资本论》第二、第三卷这项重要任务之后，打算以《资本论》第四卷的形式把篇幅巨大的《剩余价值理论》手稿整理出版。这在《资本论》第二卷的序言中，恩格斯曾经谈过他的这个设想。他认为，马克思的《剩余价值理论》手稿，是《资本论》第二、三卷论述的许多题目的主要部分，是政治经济学的核心问题，并进一步阐明了剩余价值理论完成了政治经济学发展的伟大变革。他说："在剩余价值理论方面。马克思与他的前人的关系，正如拉瓦锡与普利斯特列和舍勒的关系一样。在马克思以前很久，人们就已经确定我们现在称为剩余价值的那部分产品价值的存在；同样也有人已经多少明确地说过，这部分价值是由什么构成的，也就是说，是由占有者不付等价物的那种劳动的产品构成的。但是到这里人们就止步不前了。"② 甚至有些资产阶级经济学家和社会主义者企图说明和解决工人和资本家这种分配不公平的问题。

① 《列宁全集》第 26 卷，人民出版社 1990 年版，第 94—95 页。
② 《马克思恩格斯文集》第 6 卷，人民出版社 2009 年版，第 21 页。

"由于这两种人都为既有的经济范畴所束缚",并没有解决问题,只是确认分配不公平的经济事实。马克思却根据这种事实,研究了全部既有的经济范畴,说明了劳动形成价值的特点;进而研究了商品和货币的关系;阐明了以劳动力的买卖为基础的货币向资本转化的事实;确定了资本分为不变资本和可变资本的区别,从而揭示出剩余价值形成的实际过程。恩格斯认为,马克思"确定了资本自身内部的区别",是洛贝尔图斯的资产阶级经济学家都完全不可能作出的,这个区别提供了一把解决经济学上最复杂的问题的钥匙。为此,恩格斯在编辑《资本论》第二、第三卷时,打算把《剩余价值理论》手稿保留下来,"作为《资本论》第四卷出版"。因为这个很有价值的手稿用于第二、第三卷里的地方并不多。恩格斯编辑《资本论》第四卷的计划,直到他逝世前数月还一再想动手准备整理。他在1895 年 3 月 28 日致劳拉·拉法格的信中说,他"将着手《资本论》第四卷的工作",并说卡尔·考茨基抄写的部分"要看一遍并加以校正",等等。1895 年 4 月 10 日恩格斯致斯·鲍威尔的信中又表明他要出版《资本论》第四卷的强烈愿望。他说:"如果我能有机会把《资本论》第四卷也出版的话,您将在书中看到对于魁奈及其门人的功绩的更加详尽、更加充分的赞许。"① 然而,由于病情的恶化使恩格斯没有完成第四卷的编辑任务,就于 1895 年 8 月 5 日与世长辞了。

恩格斯逝世之后,这部手稿由卡尔·考茨基于 1905—1910 年以《剩余价值学说史》的书名分三卷出版,公然违背了恩格斯再三表示过的以《资本论》第四卷的形式出版的愿望。考茨基还认为这部手稿是与马克思的主要著作"平行的"著作,是潦草写出的,段落也不清楚,条理性差。因而他就随意改了作品的结构,并对原本作了不合理的调整。这是不对的,是与马克思创作《资本论》的历史不相符合的。尽管如此,他发表了马克思这部巨著,对于传播和研究马克思主义还是有很大意义,他的这个版本仍然是值得重视和研究的主要版本。

---

① 《马克思恩格斯全集》第 39 卷,人民出版社 1974 年版,第 442 页。

五、《资本论》是列宁毕生活动的宝典

苏联社会主义制度解体已有二十多年，但是，曾指导苏联社会主义制度的建立和发展的列宁主义，并没因苏联解体而被消弥；列宁的历史地位和伟大历史作用，也无法予以否定掉。因为，以列宁名字命名的列宁主义，是马克思主义普遍原理与当时俄国的国情相结合的产物，是列宁正确地运用《资本论》的理论科学地分析当时俄国实际状况的结晶。它作为一种理念，不仅没有过时，而且同马克思主义一样还在延续着。因为，它蕴含着对当今马克思主义理论发展和社会主义实践运动的巨大意义，受到国际理论界和政治界所关注和研究。

（一）《资本论》指引列宁马克思主义世界观的形成

"列宁与马克思"这个论题，含义既大又甚为宽泛。但从列宁的思想发展历程看，应以《资本论》对列宁终生的巨大影响为主题进行研究，比较恰当。关于列宁的马克思主义世界观的形成，特别是他的马克思主义哲学思想的形成和发展问题，从苏联时期以来就存在着纷争。而其中关于列宁哲学思想的发展与普列汉诺夫著作之间的关系问题是纷争的焦点。在苏联哲学史上对这个问题曾存在三种基本看法。1956年之后，以列宁哲学思想与普列汉诺夫哲学之间的关系，是"青出于蓝而胜于蓝"的师生关系，为主导方面。现在看来，这种观点也欠全面。我们认为，包括哲学思想在内的列宁的马克思主义思想的形成和发展，是受到多方面的影响和启迪的；而且，随着客观环境的变化和发展，他的思想也在不断地演进、发展、丰富和完善中。不过其中起主导作用的重要因素，一是列宁本人的主动性和自觉性；二是马克思《资本论》的启迪和引导。从列宁毕生的理论研究和实践活动来看，《资本论》影响着他终生。列宁在不同时期理论研究重点，实践活动的策略，均是在《资本论》的启迪中完成的。

我们知道，列宁接触马克思主义的开端是《资本论》，在《资本论》影响和启迪下，开始研读马克思和恩格斯的著作，包括研读普列汉诺夫的著作。列宁早在 1885 年至 1886 年就开始学习马克思、恩格斯的著作。他哥哥放在家里的《资本论》，正是列宁首次读到的马克思的著作。1887年，列宁进入喀山大学，在研读《资本论》的启迪下，继而研读马克思和恩格斯的其他著作，由于参加革命活动，在当年年终被开除学籍，被放逐到喀山省拉伊舍沃县科库什基诺村一年，列宁在那里如饥似渴地读书之多，胜于被流放的任何时期。1888 年秋被准予回喀山之后，他积极参加了尼·叶·费多谢夫组织的马克思主义小组。在小组组织的学习中，列宁努力研读马克思、恩格斯的著作，并参加了热烈讨论普列汉诺夫批判民粹派的论著。受到费多谢也夫的高度的评价。据列宁的姐姐安娜回忆，列宁在喀山时期开始深入研读马克思的《资本论》，并热情洋溢地给她讲解马克思主义学说的基本原理及其伟大实践意义。[①] 安娜认为，列宁对马克思主义的信仰是在这年（1888 年）深冬形成的。

列宁在喀山马克思主义小组，虽然同小组的成员深入研讨马克思、恩格斯著作的秘密版本或译文手稿，以及普列汉诺夫宣讲马克思主义的著作，乃至组织马克思专题报告，但他的马克思主义世界观，还缺乏理论上和实践上的检验。可以说，他的马克思主义世界观的形成过程尚未完成。到 1889 年夏开始的萨拉马时期，同民粹主义斗争中，列宁的马克思主义世界观最终形成，并得到了理论的和实践的检验。

列宁的萨马拉的四年间，对马克思主义著作的研读相当广泛和深入。特别是他利用去彼得堡参加彼得堡大学法律系课程考试的机会，拜会了那里的马克思主义者，并得到一些马克思主义的书刊。列宁在这期间，除了继续研究《资本论》，还研读了《哲学的贫困》、《反杜林论》、《英国工人阶级的状况》及马克思和恩格斯的其他著作，并翻译《共产党宣言》，在马克思主义小组中研读。据有关回忆资料表明，列宁在萨马拉时期，积极研究和宣传马克思主义的同时，积极参加了批判民粹派思想的斗争，并取得了把马克思主义理论运用于考察俄国社会实际的成绩。[②] 这主要表现在对俄国农村经济状况的分析和研究，从调查分析的实际情况看，列宁认

① 参见《回忆列宁》，人民出版社 1982 年版第 1 卷，第 19—20 页。
② 参见［苏］伊万斯基编《列宁的青年时代》，孙广英译，中国青年出版社 1959 年版，第 246 页。

为，俄国村社已经瓦解，民粹派关于俄国经济发展的独特道路的观点完全
是呓语。列宁在批判尼·弗·丹尼尔逊的《我国改革后的社会经济状况》
的基础上，写成的《农民生活中新的经济变动》一文，完全证明列宁已经
牢固树立了马克思主义的世界观。

1895 年春，列宁病后出国疗养期间，一方面，在国外研究了马克思和
恩格斯合著的《神圣家族》一书，并作了摘要。在摘要中研究了马克思和
恩格斯的哲学观点和政治观点的形成，探讨了马克思、恩格斯对鲍威尔兄
弟的唯心主义思辨哲学观的批判；其中特别摘录了马克思评述 17—18 世
纪英国和法国唯物主义哲学的那一章，显示出列宁准备集中精力研究哲学
的意图。同年秋后，列宁为纪念恩格斯逝世撰写了《弗里德里希·恩格
斯》一文，其中简要而精辟地概述了马克思和恩格斯批判改造黑格尔辩证
唯心主义哲学，创立马克思主义哲学辩证唯物主义和历史唯物主义的基本
情况。另一方面，他迫切地进行与《劳动解放》的主将普列汉诺夫会面的
活动。在 1895 年 5、6 月间，23 岁的列宁同 39 岁的普列汉诺夫于日内瓦
首次会面，列宁对普列汉诺夫的《论一元论历史观之发展》予以高度评
价，普列汉诺夫和"劳动解放社"的其他成员对列宁的《什么是"人民
之友"以及他们如何攻击社会民主主义者?》给予积极肯定，共同商讨了
有关俄国革命的许多问题，之后不久，在苏黎世列宁和普列汉诺夫又多次
交谈，研究了理论批判和革命实践问题。由此表明，普列汉诺夫及其著作
对列宁有着深刻的影响，乃至对列宁以后的理论批判和革命实践活动，都
有积极的作用。但是不仅不能由此说明，列宁的马克思主义世界观和哲学
思想的形成，与普列汉诺夫是"青出于蓝而胜于蓝"的师生关系；反而完
全表明，在列宁的马克思主义世界观形成过程中，马克思的《资本论》起
着主导性的重大作用，也正是在《资本论》的巨大影响和启迪下，列宁研
读了马克思和恩格斯的其他著作，包括研读普列汉诺夫的著作。但是，他
以《资本论》的理论和方法，写成的第一部名著《什么是"人民之友"
以及他们如何攻击社会民主主义者?》是在会见普列汉诺夫及真正研读其
著作之前，因而不能说列宁与普列汉诺夫之间是"青蓝关系"。

（二）列宁运用《资本论》的理论和方法批判民粹主义

列宁在初登政治舞台时，就运用《资本论》的理论和方法对俄国民粹

主义进行了彻底批判，并获得全胜的功绩。1892 年，自由主义民粹派的首领米海洛夫斯基任《俄国财富》杂志主笔之后，就在该杂志上发表了否定《资本论》的文章，无视马克思著作中对唯物主义历史观的基本内容，为其向沙皇妥协的经济纲领和政治纲领辩护，大肆宣扬在俄国资本主义不可能得到发展等主观社会学的论调。断言马克思没有创立唯物主义历史观，硬说《资本论》中的辩证方法是黑格尔的"三段式"，其中的科学社会主义理论依据，就是靠黑格尔的"三段式"得出"历史必然性"的结论，它之所以得到广泛传播并不是因为它立足现实，而是因为它以"美好的未来"向人们作了许诺。列宁为彻底批判这些谬论，以《资本论》的理论和方法，撰写出《什么是"人民之友"以及他们如何攻击社会民主主义者?》，捍卫和发展了《资本论》的理论和方法，彻底批判了自由主义民粹派的主观社会学的思想体系，并着重阐明了构成社会经济形态的生产方式是社会基础的原理。

列宁在他的这部巨著开头，引证出米海洛夫斯基曲解《资本论》的一大段话之后指出："这一大段话清楚地说明人们多么不理解《资本论》和马克思。他们被马克思论述中的巨大论证力量所折服，只得奉承他，称赞他，同时却完全忽视学说的基本内容，若无其事地继续弹着'主观社会学'的老调。"因此，列宁严厉指出："米海海夫斯基先生应当少称赞马克思，多用心阅读他的著作，或者最好是认真思索自己所读的东西。"① 以米海洛夫斯基为首领的《俄国财富》所属的那个圈子里的政论家和经济学家们，热衷于"社会学中的主观方法"，不理解或不承认马克思关于研究"社会经济形态的发展规律"的唯物主义历史观方法。米海洛夫斯基却不得说不马克思是"对有关事实的细心研究"的方法。列宁指出，马克思得出"社会经济形态的发展是一种自然历史过程"这一基本思想，他所使用的方法，"就是从社会生活的各种领域中划分出经济领域，从一切社会关系中划出生产关系，即决定其余一切关系的基本原始的关系"② 的方法。列宁说："《资本论》不是别的，正是把'堆积如山的实际材料总结为几

① 《列宁选集》第 1 卷，人民出版社 1995 年版，第 2—3 页。
② 《列宁选集》第 1 卷，人民出版社 1995 年版，第 195 页。

点概括性的、彼此紧相连的思想'。如果谁读了《资本论》，竟看不出这些概括性的思想，那就怪不得马克思了，因为我们知道，马克思甚至在序言中就已指出这些思想。"马克思推翻长官意志个人决定社会发展的唯心主义主观社会学的观点，"探明了作为一定生产关系总和的社会经济形态这个概念，探明了这种形态的发展是自然历史过程，从而第一次把社会学放在科学的基础之上。现在，自从《资本论》问世以来，唯物主义历史观已经不是假设，而是科学地证明了的原理"①。列宁在讥笑和批判米海洛夫斯基无视《资本论》中唯物主义历史观中，举出《共产党宣言》、《哲学的贫困》中以唯物主义历史观的方法对现代制度的解释，乃至依据生产关系的性质对以往种种社会主义和共产主义理论的批判，以及对蒲鲁东社会学的剖析等事实。列宁说："凡熟悉马克思的人，都会反问他：马克思在哪一部著作中没有叙述自己的唯物主义历史观呢？"②

与此同时，列宁还进一步批判了米海洛夫斯基把历史唯物主义歪曲为经济唯物主义的错误论调。列宁说："可是他，尽管在任何地方都没有找到对唯物主义历史观的论证，甚至没有找到对唯物主义历史观的叙述，却开始把这个学说从未企求过的东西硬加到它的头上……接着讥笑他自己所捏造的这种企求，最后，把恩格斯确切的意见引出来"③，然后对恩格斯的原意予以曲解，作为他把历史唯物主义歪曲为经济唯物主义的论据，列宁对此作了深刻的批判，指出马克思、恩格斯在说明自己的世界观时，只是把它叫作唯物主义而已。"他们的基本思想是把社会关系分成物质的社会关系和思想的社会关系。思想的社会关系不过是物质的社会关系的上层建筑，而物质的社会关系是不以人的意志和意识为转移而形成的，是人维持生存的活动的（结果）形式。马克思在上述引文中说，对政治法律形式的说明要在'物质生活关系'中去寻找。怎么，难道米海洛夫斯基先生以为子女生产关系是思想关系？"④ 米海洛夫斯基还以氏族联系去说明民族和民

---

① 《列宁选集》第 1 卷，人民出版社 1995 年版，第 9—10 页。
② 《列宁选集》第 1 卷，人民出版社 1995 年版，第 11 页。
③ 《列宁选集》第 1 卷，人民出版社 1995 年版，第 13—14 页。
④ 《列宁选集》第 1 卷，人民出版社 1995 年版，第 18—19 页。

族联系，是完全错误的，也是不能用来把历史唯物主义曲解为经济唯物主义的论据，而是一种主观社会学的庸俗见解。所以，列宁予以深刻地批判："米海洛夫斯基先生举出这两件事实，都是自己打自己的耳光，而给予我们的不过是标本的资产阶级的庸俗见解而已，其所以是庸俗见解，是因为他用子女生产及其心理来解释遗产制度，而用氏族联系来解释民族；其所以是资产阶级的，是因为他把历史上一个特定的社会形态（以交换为基础的社会形态）的范畴和上层建筑，当作同子女教育和'直接'两性关系一样普遍的和永恒的范畴。"①

列宁在他著作中还批判了米海洛夫斯基歪曲《资本论》中的唯物辩证法为黑格尔的三段式的谬论。他指出："说马克思主义是黑格尔辩证法，这种责难看来已被批评马克思的资产阶级批评家用得够滥的了。这帮先生不能从实质上对这个学说提出任何反驳，就拼命抓住马克思的表达方式，攻击这个理论的起源，想以此动摇这个理论的根基。米海洛夫斯基先生也毫不客气地采用了这种方法"②，来混淆马克思的辩证方法与三段式的实质区别，他在马克思著作中，常常看到其中的"辩证方法"，也碰见社会问题范围内的"辩证思维"，但却误认为这个方法就是黑格尔三段式的规律来解决一切社会问题，是十分令人可笑的荒谬见解。列宁指出，凡是读过恩格斯的《社会主义从空想到科学的发展》、马克思的《资本论》中的各条注释和第 2 版《跋》、《哲学的贫困》关于辩证法的定义和叙述的人，"都会看出根本没有说到黑格尔的三段式，而全部问题不过是把社会演进看作是社会经济形态发展的自然历史过程"。这就是说，马克思把社会运动看作受一定规律支配的自然历史过程，这些规律不仅不以人的意志、意识和意图为转移，反而决定人的意志、意识和意图。米海洛夫斯基为否定辩证法，就借黑格尔三段式进行论证的办法硬加给马克思头上，其目的就是否定"马克思关于资本主义发展规律必然使剥夺者被剥夺的论断"。

列宁批判自由主义民粹派的焦点问题，是俄国资本主义的存在和发展的问题。这不仅是理论问题，更是如何正确认识俄国国情的问题，因而它

① 《列宁选集》第 1 卷，人民出版社 1995 年版，第 22 页。
② 《列宁选集》第 1 卷，人民出版社 1995 年版，第 30 页。

是关乎俄国革命发展以及领导权问题。民粹派经济学家断言资本主义在俄国没有发展的空间和条件，国内市场日益缩小，国外市场对晚起的俄国资本主义发展是不可能进入的，因而资本家无法实现其全部剩余价值的。列宁依据《资本论》的基本理论，考察了俄国资本主义发展的实际过程，科学地分析了俄国的社会经济结构和阶级结构，清晰地指出了市场经济在俄国孕育发展的历程，揭示了市场经济早期发展的规律性。为此，列宁在批判中还撰写出《俄国资本主义的发展》等著作。

（三）列宁在《资本论》启迪下系统研究黑格尔哲学

学界关于列宁对黑格尔哲学的研究，多是在论述列宁对唯物辩证法研究议题下，或在论述列宁的《哲学笔记》中，予以论之，这当然是可以成立的，特别是已正式出版的关于《哲学笔记》的论著，在阐明列宁撰写《哲学笔记》的历史背景和目的时，停留在关于第一次世界大战中，帝国主义的各种矛盾激化、社会历史发展剧变和无产阶级革命的兴起等客观情况的分析说明上，没有深入发掘列宁研究唯物辩证法，为什么用那么多的精神和时间研读黑格尔的哲学著作。我们认为，这是与列宁研读和运用《资本论》过程中，受到其中的启迪有直接的思想理论关系。

1894 年出版的《什么是"人民之友"以及他们如何攻击社会民主主义者？》中，在着重论述了《资本论》中的唯物主义历史观，也批判了米海洛夫斯基错误的以黑格尔的"三段式"混淆《资本论》中的辩证法的谬论。但是，当时的批判只是以恩格斯对杜林批判的观点逻辑，来论证马克思的唯物主义辩证方法与黑格尔"三段式"的根本区别，没有展开对黑格尔"三段式"作进一步的分析和批判。可是对此，列宁对唯物辩证法的深入研究，特别是他关注《资本论》、《跋》中关于黑格尔的唯心主义辩证法与马克思的辩证法的区别与联系问题，是早有企划研究的考虑。1895 年，为悼念恩格斯在伦敦逝世撰写《弗里德里希·恩格斯》之后，始终十分重视唯物辩证法方面的问题。特别是 1913 年写完《卡尔·马克思》和研究了刚刚出版的《马克思恩格斯通信集》，就具体开展对黑格尔哲学研究，从而体现了《资本论》对列宁的具体启迪。

首先，在列宁对《马克思恩格斯通信集》所作的摘录中，他写下了这样的批语："黑格尔《逻辑学》中合理的东西在于他的方法（马克思1858：又把黑格尔的《逻辑学》浏览了一遍，并打算用两三个印张把其中合理的东西阐述一番。）［他（黑格尔）的缺点是神秘化了］。"① 在边页上列宁特别标记："黑格尔《逻辑学》中合理的东西。"这里充分表明，列宁对马克思在这封信中心愿的深刻领悟，准备写一部使一般人都看懂的唯物辩证法著作。因为，马克思在信中说："我又把黑格尔的《逻辑学》游览了一遍，这在材料加工的方法上帮了我很大的忙。如果以后再有功夫做这类工作的话，我很愿意用两三个印张把黑格尔所发现、但同时又加神秘化的方法中所存在的合理的东西阐述一番，使一般人都能够理解。"对此，列宁要继续马克思准备要做的工作，撰写一部全面阐述唯物辩证法的专著。事实上，列宁提出了建立唯物辩证法科学体系的原则和基本纲目。这在他拟的《辩证法要素》中列出的十六条纲目，就比较系统地揭示了唯物辩证法的对象、性质、基本内容和逻辑体系。其次，列宁在批判民粹派米海洛夫斯基的过程中，曾多次指出《资本论》的哲学基础是唯物辩证法。所以，他在研究黑格尔的《逻辑学》所做的"摘要"中强调说："马克思把黑格尔辩证法的合理形式运用于政治经济学"，"不钻研和不理解黑格尔的全部逻辑学，就不能完全理解马克思的《资本论》，特别是它的第一章。因此，半个世纪以来，没有一个马克思主义者是理解马克思的"②!! 列宁为何发出这话呢？因为他对黑格尔《逻辑学》的系统研究，作了《黑格尔〈逻辑学〉一书摘要》笔记之后，既加深了马克思把黑格尔辩证法合理形式的运用，又进一步理解了马克思关于私有制发展的规律性。我们知道，在《什么是"人民之友"以及他们如何攻击社会民主主义者?》中，列宁对马克思以"否定的否定"表述私有制发展的规律性，资本主义私有制必然为社会主义所代替时，对"否定的否定"这一辩证法规律的理解还持不明确、不肯定的态度。可是，他在研究了黑格尔《逻辑学》之后，对"否定的否定"规律作了明确的肯定，并进行了具体阐明："发展似乎是在重复以往的阶段，但它是以另一种方式重复，是在更高的基础上重复（'否

---

① 《马克思恩格斯通信集（1884—1883）提要》，人民出版社1982年版，第34—35页。
② 《列宁全集》第55卷，人民出版社1990年版，第151页。

定的否定'），发展是按所谓螺旋式，而不是按直线进行。"① 同时，还明显地突出了对立统一规律在事物发展中的重要地位。之前，列宁在论述辩证法的要点：否定的否定、量到质的转化、矛盾是事物发展的内因、一切现象的相互联系和有规律的运动时，还没有明显突出对立统一规律的地位。但是，在《辩证法的要素》中，明确地写道："可以把辩证法简要地规定为关于对立面的统一的学说。这样就会抓住辩证法的核心，可是这需要说明和发挥。"② 对此，列宁在《谈谈辩证法问题》的开头进一步指出："统一物之分为两个部分以及对它的矛盾着的部分的认识，是辩证法的实质（是辩证法的'本质'之一，是它的主要特点或特征之一，甚至是它的最主要的特点或特征）。"同时，列宁还依据对立统一规律的思想，结合《资本论》深刻阐述了一般与个别的辩证关系。他说："马克思在《资本论》中首先分析资产阶级社会（商品社会）里最简单、最普通、最基本、最常见、最平凡、碰到过几万次的关系——商品交换。这一分析从这个最简单的现象中（在资产阶级社会的这个'细胞'中）揭示出现代社会的**一切**矛盾（或一切矛盾的胚芽）。往后的叙述为我们揭示了这些矛盾以及这个社会在这个社会的各个部分的总和中，在这个社会的开始直到终结的过程中的发展（和生长，和运动）。"接着又说："一般辩证法的阐述（以及研究）方法也应当如此……从任何一个命题开始……就已经有辩证法：**个别就是一般**……这就是说，对立面（个别跟一般相对立）是同一的；个别一定与一般相联系而存在。一般只能在个别中存在，只能通过个别而存在。任何个别（不论怎样）就是一般。任何一般都是个别的（一部分，或一方面，或本质）。任何一般只是大致地包括一切个别事物。任何个别都不能完全地包括在一般之中等等。任何个别经过千万次的转化而与另一类的个别（事物、现象、过程）相联系。诸如此类等等。"③ 我们之所以作如此冗长的引证，主要是为说明：列宁对唯物辩证法的研究，特别是对黑格尔《逻辑学》的系统研究，是与马克思《资本论》的深刻启迪分不开

① 《列宁选集》第 2 卷，人民出版社 1995 年版，第 423 页。
② 《列宁选集》第 2 卷，人民出版社 1995 年版，第 412 页。
③ 《列宁选集》第 2 卷，人民出版社 1995 年版，第 558 页。

的。实际上，列宁在这里，将《资本论》与黑格尔《逻辑学》联系起来阐述辩证法，也深刻体现了列宁对《资本论》方法论体系的认识。再次，列宁明确提出《资本论》作为逻辑学的意义："虽说马克思没有遗留下'逻辑'（大写字母），但他遗留下'资本论'的逻辑，应当充分地利用这种逻辑来解决当前这一问题。在'资本论'中，唯物主义的逻辑、辩证法和唯物主义的认识论［不必三个词：它们是同一个东西］都应用于同一门科学，这种唯物主义从黑格尔那里吸取了全部有价值的东西，并发展了这些价值的东西。"① 这里表明，列宁系统研究黑格尔《逻辑学》而总结出来的一个重要的思想，既是对黑格尔没有明确说出来的"逻辑、辩证法和认识论三者同一思想"的唯物主义改造，更是表明列宁关于三者同一的原理是对马克思、恩格斯思想的继承和发展。由此也更加深刻地显示了《资本论》对列宁系统研究唯物辩证法和黑格尔哲学的影响和启迪。在此基础上，列宁以马克思的《资本论》为典范，撰写出《帝国主义是资本主义的最高阶段》的巨著，提出并论证了社会主义革命首先在一个国家内胜利的可能性和必然性，创造性地运用和发展了马克思主义，使列宁主义的思想达到全面成熟。十月革命后，列宁又运用《资本论》的理论和方法提出、制定俄国向社会主义过渡和建设社会主义的理论、道路、纲领及各项方针策略等，充分显示出《资本论》对列宁终生的深刻影响。

六、《资本论》中协作理论的辩证系统方法的整体性原则及其意义

在马克思和恩格斯的著作中，有着丰富的系统论思想，是为现代系统论的提出者和研究者所共同承认的。现代系统论的提出者贝塔朗菲在追溯系统论思想发展史时，就论及了马克思的系统论思想；当代许多系统论研究者，高度地评价了马克思在系统论思想发展史上的历史地位，如美国学

---

① 《列宁全集》第 55 卷，人民出版社 1990 年版，第 290 页。

者麦奎因·安贝吉称马克思是"一位早期的系统论者","他的理论工作的主要部分都可以看作是富有成果的现代系统方法研究的先声";而波兰学者希通卡把马克思称为"社会科学中现代系统方法的鼻祖";苏联学者库兹明就认为马克思是系统论世界观的"奠基人",并说"历史唯物主义从方法论方面看,实际上就是系统理论",《资本论》是马克思用系统论观点研究社会发展和变化的科学巨著。库兹明的这个看法是正确的,也是我们所赞同的。

我们认为,系统方法和唯物辩证法共同的方面,就是二者均具有辩证的实质。马克思在《资本论》中对资本主义生产方式的分析和研究,是建立在社会有机体这一思想基础上的。他指出,这种有机体自身,作为整个来看,有它的各种前提,而它所以能够发展为一个整体,恰恰就在于:所有的各种因素都从属于社会,或把它还缺少的器官从社会中创造出来。这样,它就在历史上发展为一个整体了。向整体的转化构成了这种有机体过程的一个环节,发展中的一个环节。马克思把资本主义社会作为一个有机体进行系统研究,其科学价值在于阐明了支配着一定社会机体的产生、生存、发展和灭亡,以及为另一更高的机体所代替的特殊规律。从而也深刻体现了马克思主义历史观的重大特征之一,就是它的辩证性、系统性和整体性的统一。这里仅就《资本论》中的劳动协作理论中所体现的系统方法整体性原则,作初步探索,以具体再现马克思历史观的系统性、辩证性和整体性原则。

(一)

马克思说,协作是"资本主义生产方式的基本形式"。在这种劳动形式中,许多人在同一生产过程中,或在不同的但互相联系的生产过程中,有计划地一起协同劳动。也就是说,协作劳动在实际上就是一个由许多单个劳动者结合的系统整体。但是,应以何种方法论原则研究资本主义协作系统的作用呢?

在马克思以前,有两种基本的社会历史分析方法。一是因果一元论分析法。这种方法不仅把事物发展看作具有单向性,而且把事物发展的根本原因归结为某一种起永恒作用的实体,这种实体可以是自然,也可以是精神。二是要素—功能分析法。这种方法不是从单向性看待，而是从双向性的相互作用上考察要素和要素之间的关系，但是还没有上升到从总体上认识事物，只是把事物的性质归结为要素性质的简单相加，把事物的功能归结为要素功能的机械相加，而没有从系统的整体上、从社会机体的自组织性上看待社会的运动和发展。法国结构主义者阿尔都塞看到了这两种分析方法的局限性，因而在他的《读〈资本论〉》中提出了结构因果观。他认为马克思思维方法的一个最重要的特点是总体思维方式，并认为马克思的"总体"不是莱布尼兹或黑格尔的总体所表达的精神统一体，而是由某种复杂的形式构成的。他说马克思的总体的统一体是由构成这个复杂统一体的可称之为层次和要素的东西——特殊的相对自主的东西构成的，最后由经济层次和要素确定。阿尔杜塞在这里，实际上提出了整体内部的自组织性和整体内部的层次结构问题。然而，他却不把这种结构看作是形成的，而是预成的。所以说，他没有真正理解马克思的系统整体的分析方法。

马克思的系统分析方法是建立在历史唯物主义的社会有机体理论之上的。在马克思看来，任何社会都是一个经济、政治和思想文化等多层次的严密的自组织系统，它是由各个细胞、各种器官、组织按一定次序建立起来的有机整体。这个社会的有机整体，既有它的横向结构，又有其纵向历史演进；既有宏观整体，又有微观要素和细胞；既有它不断发展和变化的内容，又有其服务于内容的外在形式。因此，研究社会有机体的发展和变化，必须从整体出发。否则，就难以理解其部分。马克思对协作劳动的分析和研究，就坚持了从系统整体性出发。不过，在《资本论》中，系统整体性原则是以"总体"范畴表示的。马克思对资本主义协作劳动者作用的分析，就是从劳动者总体活动的角度去考察的。他认为，协作劳动者总体的作用与劳动者分散为单个劳动者作用的总和有极大不同。

首先，劳动者总体"可以在空间上多方面对劳动对象进行加工"。因为结合着的劳动者或总体劳动者前前后后都有眼睛和手，在一定程度上是全能的，所以能够通过扩大劳动的空间范围提高劳动生产率，如开凿运河，修筑道路，铺设铁路，等等。总体劳动者也可以在空间上缩小生产领域。"劳动空间范围的这种缩小，会节约非生产费用，这种缩小是由劳动者的集结、不同劳动过程的靠拢和生产资料的积聚造成的。"① 其次，作为劳动者总体，在生产中又可以通过分解复杂的劳动过程，大大缩短制造总产品所必要的劳动时间。例如，总体劳动者用 24 只手传，比单个劳动者每人都用两只手搬着砖上下脚手架要快，并且传送的砖的数量也多。因为作为劳动对象的砖是在比较短的时间内通过了同样的空间。总体劳动者的作用优于同样数量的单个劳动者的作用，在生产部门的紧急时期，更是无法代替的。马克思说："和同样数量的单干的个人工作日的总和比较起来，结合工作可以生产更多的使用价值，因而可以减少一定效用所必要的劳动时间。"这种达到提高的生产力，就是结合工作日的特殊生产力。"结合工作日的特殊生产力都是劳动的社会生产力或社会劳动的生产力。这种生产力是由协作本身产生的。劳动者在有计划地同别人共同工作中，摆脱了他的个人局限，并发挥出他的种属能力。"② 马克思的这个由劳动者总体创造的协作生产力的深刻揭示，为揭露资产者无偿占有协作生产力的秘密提供了科学依据。就哲学方法论看，马克思的上述分析无疑包含着现代系统论的系统整体性原则。因为总体劳动者在这里实际上构成一个统一功能的系统整体，该系统整体内部出现某种稳定的结构联系，即协作关系。通过这种劳动协作关系，劳动者能够互相提携，扬长避短，即所谓"摆脱了他的个人局限，并发挥出他的种属能力"，使劳动生产率大幅度提高，从而创造出一种新的生产力。

马克思在研究资本主义协作系统的作用中所体现的系统整体性原则，在方法论上具有重要的变革意义。若依据传统的机械要素论的方法，以单个劳动者（要素）的作用为出发点，并把这些单个劳动者的作用累积起来估算总体劳动者（系统整体）的作用，资本主义协作劳动中的联系或结构的新质必然被置于研究之外，从而也导致忽视在这种联系基础上形成的社会生产力，即劳动者的系统整体所产生的新功能。与机械要素论分析方法相反，马克思不是把单个劳动者置于研究的中心，而是以劳动者的整体协作为中心，分析的起点首先是一个完整和系统整体，即许多劳动者通过协

① 《马克思恩格斯全集》第 23 卷，人民出版社 1972 年版，第 365 页。
② 《马克思恩格斯全集》第 23 卷，人民出版社 1972 年版，第 365、366 页。

作关系结合的总体，单个劳动者则表现为劳动者整体的功能部分、因素、成分。因而，从劳动者总体中既能够认识到劳动者在联合为一个系统整体水平上出现的某些新的特点，又能够观察到劳动者之间的协作关系，从而全面认识和估计这种协作系统整体联系的意义，揭示出在劳动者相互关系基础上所产生的那种现实的力量。马克思的这个系统整体分析方法论原则，对于研究社会的综合治理，对自然资源的综合开发和利用，对整个社会主义的全方位的改革开放等等方面的研究与实践，都具有重要的指导意义。

（二）

马克思对资本主义协作的局部工人所作的专门和多方面的分析，体现了马克思的系统方法整体性原则思想的又一个方面。如前所述，机械主义的、传统的分析方法认为，个别事物在某一系统整体中的属性，和人们从每一单个事物观察到的属性是毫无差别的。若运用这种方法研究资本主义协作的局部工人，就必然将他们同个体劳动者同等看待，马克思坚决摒弃了这种方法。他在《资本论》中曾不止一次地指出，事物或要素在系统整体运动中的表现和作为单个事物考察的表现是根本不相同的。他说："事物在社会资本即单个资本的总和的运动中的表现，和它从每个个别考察的资本来看的表现，也就是从每一单个资本家角度来看时的表现，是不同的。对每一单个资本家来说，商品价值分解为：1）不变要素（斯密所说的第四要素），2）工资和剩余价值之和，或工资、利润和地租之和。而从社会的观点来看，斯密的第四要素即不变资本价值，就消失了。"① 他特别指出，作为资本主义协作的局部工人，和个体劳动者相比有显著的区别。因为"劳动者在有计划地同别人共同工作时，摆脱了他的个人局限，并发挥出他的种属能力"。这里，马克思深刻揭示了客观世界存在的普遍现象，即事物作为组成要素一旦进入某一系统整体后，会丧失自身某些原有性质，并获得某些新的性质。

马克思认为，协作中局部工人与个体劳动者所不能达到的生产率这种

---

① 《马克思恩格斯全集》第 24 卷，人民出版社 1972 年版，第 427 页。

新的属性出现，或者说，协作中局部工人与个体劳动之间出现这种质的差异，决"**不是单个人孤立地所具有的，而是只有在他和其他人同时协同动作时才能产生（注重号系引者所加）**"①。这清楚地表明，局部工人在协作系统整体中之所以能获得新的性质，并发挥出前所未有的功能，乃是因为协作的各个劳动者彼此之间建立了新的共同联系，即协作关系，为这些结合起来的局部工人提供了新的活动条件，弥补了原先劳动者自身某种质的缺陷。由此可见，事物的系统整体正是通过自身关系之网赋予其组成要素新的性质。这既是马克思在《资本论》中普遍运用的一个方法原则，如他不止一次地谈到，资本主义社会系统商品交换关系之网如何使产品变成了商品；资本主义社会生产关系之网又如何使劳动演变为典型的雇佣劳动；等等。同时，这也是马克思对现代系统论的所谓"系统质和系统关系"的表现。关于系统质和系统关系的规律性的方法，具有重大意义。在运用这种方法研究社会历史等复杂对象时，可以避免把复杂事物予以简单化的错误倾向。马克思的协作理论是事物系统整体的一定联系方式出发，去说明系统整体及其要素的属性。换言之，就局部工人是资本主义协作的要素来说，他和个体劳动者的区别，决不在于劳动者本身的体质和生理特征，而是在于劳动者执行职能所处的系统（或系统联系）条件已经发生变化。既然事物要素的特征强烈依赖于系统整体，那么，在考察资本主义协作的局部工人时，就需要从方法论的高度充分估计到协作系统整体对其产生的影响，否则不可能准确揭示他们的属性及其变化。

马克思在《资本论》中关于《分工和工场手工业》的分析，特别是其中的"工场手工业的二重性"和"工场手工业的两种基本形式"的分析，充分体现了"从事物系统整体的一定联系方式出发，去说明系统整体及其要素的属性"的思想方法。他指出，在资本主义发展初期，劳动者还多少保持着个体生产的习惯和能力，然而一旦他们卷入资本主义协作，个体劳动者的许多属性"很快就发生了本质的变化"。这种变化主要表现在，原先的"专门从事马车制造的裁缝、钳工、铜匠等等"个体劳动者，随着资

① 《马克思恩格斯全集》第 47 卷，人民出版社 1979 年版，第 293—294 页。

本主义协作内部分工的完善，"逐渐失去了全面地从事原有手工业的习惯和能力"①。与此同时，资本主义协作又促使劳动者的某些技能获得了空前的发展，产生出孤立工人根本不可能具有的那种能力。就此，马克思曾批评说，资本主义协作导致了"工人畸型发展"，从而造就出局部工人，这种"局部工人作为总体工人的一个器官，他的片面性甚至缺陷就成了他的优点"②。在这里，"个人劳动直接表现为社会机体的一个肢体的机能"③，每个人都变成极端抽象的个人，变成局部工序的执行者，开始起协作系统给他规定的职能，即标准部件的作用。如马克思指出的，"从事片面职能的习惯，使他变成本能地准确地起作用的器官，而总机构的联系迫使他以机器部件的规则性发生作用"④。被协作关系束缚手脚的个人可能继续认为自己是"独立"的个人，实际上则变成附属的个人。总之，在资本主义协作中，单个工人的所有其他"具体的"质，都成了某种非本质的、无关紧要的，并逐步消失，只留下"某种简单的质，这种质表现为始终如一的单调的同一动作，工人的全部生产能力、他的种种才能都在这种质上耗费掉了"⑤。

以上所述表明，承认事物的系统整体对其组成要素的决定作用，或者从事物的系统整体出发导致对该整体组成要素的理解，乃是马克思系统方法整体性原则的一个重要方面。它的方法论意义在于提出了研究事物组成要素的正确途径，促使人们积极思考要素在结合为系统整体时自身可能出现的某些质的变化，从而全面认识事物系统整体的要求。研究和运用马克思的这种方法论原则，对于解决我们面临的各种实际问题，有着极重要的现实指导作用。

（三）

马克思对资本主义协作工场手工业的两种基本形式——有机工场手工

---

① 《马克思恩格斯全集》第 23 卷，人民出版社 1972 年版，第 373—374 页。
② 《马克思恩格斯全集》第 23 卷，人民出版社 1972 年版，第 387 页。
③ 《马克思恩格斯全集》第 13 卷，人民出版社 1963 年版，第 22 页。
④ 《马克思恩格斯全集》第 23 卷，人民出版社 1972 年版，第 387 页。
⑤ 《马克思恩格斯全集》第 47 卷，人民出版社 1979 年版，第 317 页。

业和混成工场手工业的研究，实际上是对现实世界系统的两种普遍的整体形式，即有机系统整体和混成系统整体的区别和分类研究。其中深刻体现着马克思的协作理论的系统方法的整体原则。所谓有机系统整体，是系统的各种要素完整结合的统一体，如现实世界中的人、狗、三叶草等。混成系统整体则指一些相同的或不相同的独立要素的机械组合或简单汇总，例如大自然中的小沙丘、花岗石、小树林等。从此角度看，有机工场手工业那种以分工为基础的协作乃是有机系统整体，而混成工场手工业的简单协作则显示了混成系统整体的特征。因此，马克思说："工场手工业的组织有两种基本形式，这两种形式虽然有时交错在一起，但仍然是两个**本质上不同的类别**（着重号系引者所加）。"①

　　（1）在马克思看来，有机系统整体和混成系统整体的首要区别，是系统内部联系的类型不同。在有机工场手工业协作中，劳动者在生产中直接互相依赖，始终处于一种有序联系之中。对此，马克思曾列举具体事例作了说明："要使同一工人每天总是只从事同一种操作，不同的操作就必须使用不同比例数的工人。例如在活字铸造业中，如果一个铸工每小时能铸2000个字，一个分切工能截开4000个字，一个磨字工能磨8000个字，雇用一个磨字工就需要雇用4个铸工和2个分切工。在这里，又回到了最简单形式的协作原则：同时雇用许多人从事同种工作。但现在这个原则表现为一种有机的关系。"② 而混成工场手工业协作内部则是一种机械组合的联系。马克思曾以18世纪的钟表生产协作说明机械组合联系的特征。他说，钟表生产协作"只是在最终把它们组合成一个机械整体的人的手中才集合在一起。在这里，同在其他类似的制品上一样，成品和它的各种不同的要素的外在关系，使局部工人在同一个工场中的结合成为一种偶然的事情"③。

　　（2）马克思认为，有机系统整体和混成系统整体的第二个区别，表现在各自要素的特点不同。在有机工场手工业中，每个局部工人作为协作系

①　《马克思恩格斯全集》第 23 卷，人民出版社 1972 年版，第 379 页。
②　《马克思恩格斯全集》第 23 卷，人民出版社 1972 年版，第 383—384 页。
③　《马克思恩格斯全集》第 23 卷，人民出版社 1972 年版，第 380 页。

统的组成要素，都不能完全独立于该协作系统整体。局部工人的职能受到协作系统整体活动的制约，具有强烈的有序性。由于协作系统整体中的各个工人之间有着"直接的互相依赖，迫使每个工人在自己的职能上只使用必要的时间，因此在这里形成了和独立手工业中，甚至和简单协作中完全不同的连续性、划一性、规则性、秩序性，特别是劳动强度"①。在混成工场手工业协作中，情况则迥然不同。每个劳动者（要素）在协作系统整体中，具有一定的相对独立性。这种情况表现在，每一局部劳动本身又可以作为彼此独立的手工业进行，即"在制品是一个由局部产品纯粹机械地组合成的整体的地方，局部劳动又可以独立化为特殊的手工业"②。

（3）有机系统整体和混成系统整体的第三个区别，在于它们量的规定性不同。在有机工场手工业协作系统整体中，由于社会分工使劳动者的职能逐步简单化和多样化，在不同的局部工人之间发展了严格的、固定的"量的规则和比例性"。马克思说："工场手工业的分工在发展社会劳动过程的质的划分的同时，也发展了它的量的规则和比例性。""如果各个不同的局部工人小组之间最合适的比例数，已由经验为一定的生产规模确定下来，那么，只有使每个特殊工人小组按倍数增加，才能扩大这个生产规模。"③ 但是在混成工场手工业中，劳动者之间一般不存在严格的量的规则和比例性。因为，这是一种简单协作。它表现为同种并同时发生作用的工作机在空间上的集结，它的量没有严格的规则和比例性。而且，混成工场手工业协作系统整体的量的界限还具有很大的灵活性，混成工场手工业协作中的工人数目在一定范围内可多可少，但它仍然可以作为一个协作的系统整体发挥作用。

（4）有机系统整体和混成系统整体的第四个区别，是它们各自质的特点不同。由于有机工场手工业协作系统整体的量的规定性是严格的、确定的，因此它具有严格确定的质的规定性。马克思在分析说明英国玻璃生产有机协作中的"炉口小组"时，指出："这个劳动只有作为一个整体，即

① 《马克思恩格斯全集》第 23 卷，人民出版社 1972 年版，第 383 页。
② 《马克思恩格斯全集》第 23 卷，人民出版社 1972 年版，第 391—392 页。
③ 《马克思恩格斯全集》第 23 卷，人民出版社 1972 年版，第 384 页。

具有通过五个人的直接协作才能起作用。如果这个由五个部分构成的躯体少了一个成员，它就瘫痪了。"① 这就是说，它的协作系统整体的质丧失了。然而，混成工场手工业协作的系统整体，在其中工人（要素）数量发生一定增减的情况下，不会立即丧失自身的系统整体质。或者说，混成系统整体的质能够始终存在于自身一定量的变化范围之中。譬如，一个湖的面积可能有几百平方公里，也可能有几千平方公里；一处小树林可能有上千棵或几千棵树，也可能只有几百棵或近千棵。在这个意义上，作为混成系统整体的质的存在与其量的关系并不那么严格。

就上述而言，有机系统整体和混成系统整体之间存在着诸方面的本质区别，是确定无疑的。但是，从唯物辩证法的角度看，这些区别是具有相对性和条件性的，在不同系统类型之间并没有绝对界限。马克思一方面认为，混成工场手工业表现为由许多劳动者集结的混成系统整体；另一方面认为，若就劳动者和生产资料结合的关系上看，它又是有机结合的系统整体。这是他在分析说明英国玻璃生产的工场手工业的不同的结合时，所阐明的系统辩证观点。由此可见，马克思关于资本主义工场手工业的两种基本形式——混成工场手工业和有机工场手工业的理论分析和研究，充分体现了他对系统整体分类的一般原则，特别是对系统方法的整体性原则极为重视的思想，是具有重要意义的。按照系统整体分类的一般原则要求，一定人系统的质、量、要素及其联系的规定性等方面，区分不同的系统整体类型。就方法论的角度而言，这种分类原则乃是系统方法整体性原则的一个方面。故马克思非常注重系统方法整体性原则的研究和应用，他要求人们在认识和实践的活动中，要正确地把握和应用整体和部分的关系的辩证法。

马克思协作理论的系统方法整体性原则，对现代系统论和现实活动的指导意义也是巨大的。整体性原则，是掌握系统方法的机制和功能所首先必须深入理解和应用的最基本原则，它把人们认识的目光引导到事物系统的整体、联系、动态、有序、非线性、多因果、自组织、自调节、目的性

① 《马克思恩格斯全集》第 23 卷，人民出版社 1972 年版，第 385 页。

等方面的研究上，从而为人们提供了全面、高效的观察系统世界的多棱镜。这与传统机械论方法局限于"实物中心"的认识框架是完全不同的。而"实物中心"的认识方法把人们的目光引到事物的局部、分解、静态、单因果、简单化、外在化、力学性等方面的研究中，从而给人们以片面性，限制了人们科学探索的视野。整体性原则不仅在掌握系统方法的机制和功能方面有其重要意义，而且是把握系统方法其他原则的枢纽和基本点。现代系统方法的基本原则——整体性原则、关联性原则、动态性原则，在系统方法中的意义并不是完全等同的。整体性原则是系统方法中最基本的特征和原则，是它的实质和核心。整体性是通过系统的联系和关系而表现的，因而系统方法必须进一步确立关联性原则。或者说，关联性原则是整体性原则的进一步具体化和深化。当人们从整体出发观察事物系统的各种真实联系时，就需要引入"时间"参数，把系统看作是一个过程的集合体，因而必然进入动态性原则。关联性原则和动态性原则是整体性原则实现的两个方面，关联性原则侧重系统内部及内部与外部的空间联系，动态性原则强调系统各方面的时间联系和过程联系。因此，我们认为，马克思协作理论的系统方法整体性原则，在方法论上具有变革的意义，因为它是建立在唯物辩证法之上的，他的系统观既是整体性的，又是辩证的。整体性、辩证性和系统性的统一是唯物史观的思想基石。所以，在马克思的协作理论中提出并阐明了关于系统的质、量及其关系的思想和方法，这不仅对于现代系统论的发展有巨大意义，而且对于我们的现实实践活动更有其重要的指导意义。它使人们在认识和改造错综复杂的社会问题时，避免犯简单化、片面化的机械论的错误，能够坚持把社会问题作为系统辩证的整体加以研究，从而科学地揭示其规律性，以便更有效地实现人们的需求和目的。

七、《资本论》对历史唯物主义
和唯物辩证法的丰富和发展

2016 年 5 月 17 日，习近平同志在哲学社会科学座谈会上明确指出：

"有人说，马克思主义政治经济学过时了，《资本论》过时了。这个说法是武断的。"因为《资本论》科学地研究和论证了人类社会发展的规律，深刻揭示了资本主义生产方式的产生、发展和走向灭亡的运动规律，它不会过时的。只要世界上存在资本主义剥削、压迫和侵略，《资本论》就永远是劳动人民和追求正义、平等和进步的理论宝库。正如恩格斯1886年所说："《资本论》在大陆上常常被称为工人阶级的圣经。任何一个熟悉工人运动的人都不会否认：本书所作的结论日益成为伟大的工人阶级运动的基本原则。"① 事实上，当今时代发展的趋势表明，世界正按照其中关于人类社会发展规律的指向前进，资本主义世界的新变化、经济全球化新动向正在继续证实《资本论》的伟大意义和当代价值。2008年爆发国际金融危机时，《资本论》在西方国家之所以成为畅销书，因为，《资本论》中不仅深刻地分析和阐明了资本主义经济危机产生的原因、发展过程和对社会经济的负面影响，而且研究和阐明了货币危机问题。货币危机的发展，必然导致以货币资本为中心的金融危机。马克思在《资本论》第一卷第三章论述"货币或商品流通"中，提出了货币危机产生的原因。他说："在生产危机和商业危机中称为货币危机的那一时刻暴露得特别明显。这种货币危机只有在一个接一个的支付的锁链和抵消支付的人为制度获得充分发展的地方，才会发生。"对此，马克思在第三版上加的注，说明这种货币危机的性质和特点。他说："本文所谈的货币危机是任何普遍的生产危机和商业危机的一个特殊阶段，应同那种也称为货币危机的特种危机区别开来。后一种货币危机可以单独产生，只是对工业和商业发生反作用。这种危机运动的中心是货币资本，因此它的直接范围是银行、交易所和金融。"② 这里十分明确地预示了资本主义发生金融危机的必然性和对社会经济发展的负面影响。

（一）马克思在《资本论》中验证、完善和发展了历史唯物主义

《资本论》是马克思"经过艰辛万苦写成的著作"。恩格斯认为："可

---

① 《马克思恩格斯文集》第5卷，人民出版社2009年版，第34页。
② 《马克思恩格斯文集》第5卷，人民出版社2002年版，第161—162页。

能从来没有一部这种性质的著作是在比这更艰苦的条件写成的。"① 因为，马克思在身患重病而生活条件又十分贫困的情况下进行撰著，他一方面要通过研究经济学说史批判资产阶级经济学的形而上学性；另一方面，必须研究有关资本主义生产方式的大量资料，通过上述两项实际工作，马克思在《资本论》中就完成了对历史唯物主义的验证、丰富和发展。1848 年革命失败后，马克思到了英国，重新进行研究经济学的工作。他说："到1850 年我才能在伦敦重新进行这一工作，英国博物馆中堆积着政治经济学史大量资料，伦敦对于考察资产阶级社会是一个方便的地点。最后……这一切决定我再从头开始，批判地仔细钻研新的材料。"② 马克思不只艰苦地深刻研究大量书籍、报刊和各种文件，还直接进行社会调查研究，以及从恩格斯那里得到他从事商业活动所掌握的极为重要与珍贵的第一手材料。我们知道，马克思在撰写《资本论》的过程中，为把其中的有关问题研究得更为精确，同恩格斯往来的书信达百多封。所以，马克思在《资本论》第一卷即将面世，把"序言"校完后在致恩格斯的信中说："这一卷就完成了。其所以能够如此，我只有感谢你！没有你为我作的牺牲，我是决不可能完成这三卷书的巨大工作的。我满怀感激的心情拥抱你！"③ 不仅如此，而且还时不时地提出一些具体问题致函恩格斯共同反复研讨。如关于地租理论和货币理论问题，马克思不仅再次细读了李嘉图的《政治经济学和赋税原理》，而且还通过书信同恩格斯就地租和货币的实际情况进行多方面的研讨，不仅理清了地租的各种形式、地租产生的各种条件、计算地租的方法、级差地租的形成等问题，乃至为了说明地租与土地肥力差异问题，马克思还研究了农艺学，特别是农业化学。同时批判了古典经济学家和资产阶级庸俗经济学家关于地租问题的错误观点；而且对货币转化为资本等问题，作了深刻分析，制定了科学的理论规定。马克思为了加快研究实际材料，不顾自身的病情，抓紧一切时间，仔细地研究所掌握的大量资料。他曾在答复魏德迈的信中说："从早晨九点到晚上七点，我通常是

---

① 《马克思恩格斯〈资本论〉书信集》，人民出版社 1976 年版，第 234 页。
② 《马克思恩格斯文集》第 2 卷，人民出版社 2009 年版，第 593 页。
③ 《马克思恩格斯〈资本论〉书信集》，人民出版社 1976 年版，第 223 页。

在英国博物馆里。我正在研究的材料多得要命，虽然竭尽一切力量，还是不能在六至八个星期之内结束这一工作。"① 由于长期通宵达旦的工作，劳累过度，马克思不断患病。1858 年 3 月 29 日他在致恩格斯的信中说："我必须**在下一封信里**把第一分册的纲要写给你，好让你提意见。我又生重病，已经两个星期了。现在开始服治肝病的药。夜间不断工作和白天家庭经济状况引起的许多细小烦恼使我最近经常发病。"② 时隔整整一个月（即 4 月 29 日）在致恩格斯信中又说重病发得很厉害，马克思信中写道："我长久没有写信，可以用一句话向你解释，就是不能执笔。这不仅是就写作而言……给《论坛报》一定要写的少数几篇文章，我是向妻子口授的，但就是这一点，也只是在服用烈性兴奋剂之后才做到的。我的肝病还从来没有这样厉害地发作过，一度曾耽心肝硬化。医生要我去旅行，但是……总是渴望着手工作而又不能做到，结果倒使得情况恶化了……我焦急地盼望这种状况到下星期能够结束。这事来得太不是时候了。显然是我在冬季夜里工作过度所致。"③ 这里充分表明，马克思在身患重病的情况中，通过艰辛地研究有关资本主义生产方式运动的实际材料，验证、丰富和发展了他和恩格斯共同创立的历史唯物主义。从实质上说，历史唯物主义的科学论证是《资本论》的哲学目的之一。

马克思和恩格斯在 19 世纪 40 年代曾在《1844 年经济学哲学手稿》、《神圣家族》、《关于费尔巴哈提纲》、《德意志意识形态》、《哲学的贫困》等著作中，都从不同的方面论述了历史唯物主义的基本原理。如《神圣家族》中提出和论证了"物质生产是历史的发源地"和"人民群众是历史的创造者"。在《德意志意识形态》对历史唯物主义产生的前提、基本原理，进行了比较全面的系统阐述。但是，所有这些历史唯物主义的基本原理，在当时未通过一定的社会经济形态即社会生产方式的分析研究而得到验证。所以，列宁在《什么是"人民之友"以及他们如何攻击社会民主党人?》中称："这种唯物主义思想本身已经是天才的思想。当然，这在那时

---

① 《马克思恩格斯〈资本论〉书信集》，人民出版社 1976 年版，第 43 页。
② 《马克思恩格斯文集》第 29 卷，人民出版社 1972 年版，第 297 页。
③ 《马克思恩格斯文集》第 29 卷，人民出版社 1972 年版，第 310 页。

暂且还只是一个假设。"①《资本论》的哲学目的及其意义，就在于它是对资本主义生产方式以及和它相适应的生产关系和交换关系的分析研究而得到的成就。正如马克思在《资本论》第一卷"序言"所说："我要在本书研究的，是资本主义生产方式以及和它相适应的生产关系和交换关系。""本书的最终目的就是揭示现代社会的经济运动规律。"② 马克思正是依据对资本主义经济形态产生、发展及其走向灭亡的运动规律的详细研究，将历史唯物主义的基本原理作了系统的论述，呈现出历史唯物主义理论体系的基本框架。这就是马克思在《政治经济学批判》"序言"中一段经典性的论述："人们在自己生活的社会生产中发生一定的、必然的、不以他们的意志为转移的关系，即同他们的物质生产力的一定发展阶段相结合的生产关系。这些生产关系的总和构成社会的经济结构，即有法律的和政治的上层建筑竖立其上并有一定的社会意识形式与之相适应的现实基础。物质生活的生产方式制约着整个社会生活、政治生活和精神生活的过程。不是人们的意识决定人们的存在，相反，是人们的社会存在决定人们的意识。社会的物质生产力发展到一定阶段，便同它们一直在其中运动的现存生产关系或财产关系（这只是生产关系的法律用语）发生矛盾，于是这些关系便由生产力的发展形式变成生产力的桎梏。那时社会革命的时代就到来了。"③ 恩格斯对这个基本原理的意义和马克思的艰辛研究曾点评说："德国的经济学本质上是建立在**唯物主义历史观**的基础上的……人们的意识取决于人们的存在而不是相反，这个原理看来很简单，但是仔细考察一下也会立即发现，这个原理的最初结论就给一切唯心主义，甚至给最隐蔽的唯心主义当头一棒……即使只是在一个单独的历史事例上发展唯物主义的观点，也是一项要求多年冷静钻研的科学工作，因为很明显，在这里只说空话是无济于事的，只有靠大量的、批判地审查过的、充分地掌握了的历史资料，才能解决这样的任务。"④ 由此可见，《资本论》不仅验证历史唯物

①《列宁选集》第 1 卷，人民出版社 1995 年版，第 7 页。
②《马克思恩格斯文集》第 5 卷，人民出版社 2009 年版，第 8、10 页。
③《马克思恩格斯文集》第 2 卷，人民出版社 2009 年版，第 591—592 页。
④《马克思恩格斯文集》第 2 卷，人民出版社 2009 年版，第 597—598 页。

主义的真理性和科学性，而且完善、丰富和发展了历史唯物主义，为工人阶级及其政党奠定了理论基础和行动指南。同时，它也是人们树立科学世界观、人生观和价值观的理论依据，是人们进行改造旧世界、建设新世界实践活动的科学指南。

（二）马克思在《资本论》中完善、丰富和发展了唯物辩证法

列宁在《论马克思恩格斯通信集》中，认为"用一个词来表明全部通信的焦点，即其中所发表所讨论的一切思想集结的中心点，那么这个词就是辩证法。"他接着说："运用唯物辩证法从根本上来修改整个政治经济学，把唯物辩证法运用于历史、自然科学、哲学以及工人阶级的政治和策略——这就是马克思和恩格斯所最为关注的事情，这就是他们作出最重要、最新颖的贡献的领域，这就是他们在革命思想史上迈出的天才的一步。"① 列宁的三个"这就是"就深刻表明马克思的《资本论》，是"迈出的天才的一步"的光辉里程碑，其中的唯物辩证法，是马克思在 19 世纪 50—60 年代研究政治经济学的一个伟大成果，是批判资产阶级政治经济学形而上学方法和彻底改造黑格尔唯心主义辩证法的科学结晶。马克思的《资本论》对资产阶级政治经济学的批判和研究是全面的，既批判了其内容，也批判其方法。所以，恩格斯说："我们面前这部著作决不是对经济学的个别章节作零碎的批判，决不是对经济学的某些争论问题作孤立的研究。相反，它一开始就以系统地概括经济科学的全部复杂内容，并且在联系中阐述资产阶级生产和资产阶级交换的规律为目的。"② 但是，采用什么方法研究政治经济学这门历史科学的问题，在马克思主义出现之前是没有得到正确解决的问题。当时存在着两种普遍使用的方法，一是资产阶级经济学采用的方法，即传统的、平庸的、缺乏联系的、自相矛盾的、死板的形而上学方法。这种方法不是力图说明资本主义经济关系的根源，而是看重做已知的前提，它在理论上否认资本主义生产方式是暂时的历史形式，认为资本主义生产方式是永恒的自然形式。实质上，否认资本主义经济关

---

① 《列宁全集》第 24 卷，人民出版社 1990 年版，第 276 页。
② 《马克思恩格斯文集》第 2 卷，人民出版社 2009 年版，第 600 页。

系的矛盾运动，是为资本主义私有制作辩护的。

另一种方法，就是黑格尔的唯心主义辩证法，它比前一种形而上学的方法有巨大的优越性。这种方法是具有巨大历史感的思维方式，它是力求揭示、研究和证明历史是按照自身的必然性永恒发展着的。恩格斯曾对这种辩证法作过评论，他认为，这种唯心主义的辩证历史观，既为唯物主义历史观提供了理论前提，同时也为剖析研究资本主义生产方式提供了逻辑方法的出发点。但是，这种方法在其现有形式上是完全不适用的，要使这种唯心主义辩证法变成能为经济材料进行逻辑加工的科学方法，就必须予以唯物主义的改造。马克思对黑格尔唯心主义辩证法的批判改造，早在1843年就开始了。可以说，《黑格尔法哲学批判》是第一次系统批判黑格尔辩证法的唯心主义性质。接着在《1844年经济学哲学手稿》、《神圣家族》、《哲学的贫困》等著作中，结合批判青年黑格尔派的过程中，对黑格尔辩证法的唯心主义性质和思辨性进行了剖析和批判。但由于历史任务的局限，在批判黑格尔唯心主义辩证法的思辨性和神秘性的过程中，没有对黑格尔辩证法的全部意义，特别是对他的逻辑学没有作充分研究和理解。而在1857—1867年间，马克思撰写《〈政治经济学批判〉导言》和《资本论》过程中，对黑格尔辩证法的全部意义作了全面的研究和评析。当时，马克思依据系统科学的原则和方法，把多年收集和积累起来的大量丰富的经验材料进行逻辑概括，使之整理成严谨的理论体系时，他重新研究和评价了黑格尔辩证法的全部意义，特别是在逻辑方法和认识论方面的巨大意义，马克思对黑格尔的《逻辑学》给了高度评价。他在1858年1月16日致恩格斯的信中说："我又把黑格尔的《逻辑学》浏览了一遍，这在材料加工的方法上帮了我很大的忙。如果以后再有工夫做这类工作的话，我很愿意用两三个印张把黑格尔所发现、但同时又加以神秘化的方法中所存在的**合理的东西**阐述一番，使一般人都能够理解。"① 十年之后，马克思又重申这个意愿。事实上，彻底改造黑格尔辩证法任务，只有马克思才能担当。恩格斯曾说："马克思过去和现在都是唯一能够担当起这样一

---

① 《马克思恩格斯文集》第10卷，人民出版社2002年版，第143页。

件工作的人，这就是从黑格尔逻辑学中把包含着黑格尔在这方面的真正发现的内核剥出来，使辩证方法摆脱它的唯心主义的外壳并把辩证方法在使它成为唯一正确的思想发展形式的简单形态上建立起来。"①《资本论》的问世，就标志着这一任务的完成。我们认为，《资本论》第一卷的出版，既说明了马克思对资本主义生产方式所作的政治经济学的剖析和阐明的完成，建立了剩余价值理论；同时也表明了马克思彻底改造黑格尔辩证法所获得的最大成就。马克思创立的辩证法与黑格尔的辩证法在性质上是截然不同的，前者是唯物辩证法，后者是唯心辩证法。马克思说："我的辩证方法，从根本上来说，不仅和黑格尔的辩证方法不同，而且和它截然相反。在黑格尔看来，思维过程，即甚至被他在观念这一名称下转化为独立主体的思维过程，是现实事物的创造主，而现实事物只是思维过程的外部表现。我的看法则相反，观念的东西不外是移入人的头脑并在人的头脑中改造过的物质的东西而已。"②马克思的唯物主义辩证法和黑格尔的唯心主义辩证法的对立，是两种哲学世界观的对立。黑格尔的辩证法是资产阶级的理论形态，它在本质上是为现存事物作辩护的，所以它成了德国的时髦理论。马克思的辩证法是工人阶级及其政党的理论形态，是工人阶级及其政党认识世界和改造世界的理论武器。它是"在对现存事物的肯定的理解中同时包含对现存事物的否定的理解，即对现存事物的必然灭亡的理解；辩证法对每一种既成的形式都是从不断的运动中，因而也是从它的暂时性方面去理解，辩证法不崇拜任何东西，按其本质来说，它是批判的和革命的"③。这里充分表明，马克思在批判经济学的形而上学方法和彻底改造黑格尔唯心主义辩证法中，对唯物辩证法做了完善和发展，特别是对唯物辩证法的性质和伟大意义作了深刻的阐述。

马克思采用唯物辩证法剖析研究资本主义生产方式存在的固有矛盾及其运动规律，是《资本论》的根本任务。马克思怎样采用唯物辩证法剖析研究资本主义经济关系的固有矛盾呢？现就《资本论》第一卷的基本内容

① 《马克思恩格斯文集》第 2 卷，人民出版社 2002 年版，第 602—603 页。
② 《马克思恩格斯文集》第 5 卷，人民出版社 2002 年版，第 22 页。
③ 《马克思恩格斯文集》第 5 卷，人民出版社 2002 年版，第 22 页。

作简略的说明。

第一，矛盾分析法是《资本论》中辩证法的根本特征。运用矛盾分析法首先从分析商品的二重性开始，商品是资本主义生产方式产生和发展起来的历史起点，同时也是资本主义社会财富的"元素形式"，分析资本主义生产方式的矛盾运动，必须由分析商品开始。马克思在他的遗稿《评阿·瓦格纳的"政治经济学教科书"》中说："我不是从'概念'出发，因而也不是从'价值概念'出发……我的出发点是劳动产品在现代社会所表现的最简单的社会形式，这就是商品。我分析商品，并且最先是在**它所表现的形式上**加以分析。在这里我发现，一方面，商品按其自然形式是**使用物，或使用价值**，另一方面，是**交换价值的承担者**，从这个观点来看，它本身就是'交换价值'。对后者的进一步分析向我表明，交换价值只是包含在商品中的**价值**的'**表现形式**'，独立的表达方式，而后我就来分析价值。"① 马克思分析了商品的二重性之后，接着分析商品二重性——抽象劳动和具体劳动、私人劳动和社会劳动的矛盾。对劳动二重性的分析和论证，就科学地阐明了价值理论，使劳动价值成为真正的科学学说。《资本论》随后的分析就建立在价值上，价值是反映商品生产者之间生产关系的本质概念。恩格斯说："马克思研究了劳动形成价值的特征，第一次确定了什么样的劳动形成价值，为什么形成价值以及怎样形成价值，并确定了价值不外就是这种劳动的凝固。"② 马克思认为，对劳动二重性的揭示、分析和论证，是他的最好部分。因为，这个分析和论证是理解政治经济学的枢纽，不仅使劳动价值成为真正的科学学说，而且是深刻地揭示资本主义生产方式基本矛盾的逻辑起点，因为只有揭示出私人劳动和社会劳动的矛盾，才能进一步揭示出资本主义生产的社会性和资本家私人占有形式之间的矛盾，从而显现出工人阶级和资产阶级之间的阶级矛盾。资本主义基本矛盾不断发展必然导致为社会主义所代替。因此说，《资本论》中矛盾分析的根本内容，就是分析资本主义生产方式的基本矛盾。

第二，马克思在《资本论》中，采用质和量矛盾统一的方法分析了使

---

① 《马克思恩格斯全集》第 19 卷，人民出版社 1965 年版，第 412 页。
② 《马克思恩格斯文集》第 6 卷，人民出版社 2002 年版，第 21 页。

用价值和交换价值的质和量的规定性。这种分析既能科学地把劳动过程和价值增值过程区分清楚，又能把不变资本和可变资本区别开来。马克思说："使用价值或财物具有价值，只是因为有抽象人类劳动对象化或物化在里面。那么，它的价值量是怎样计量的呢？是用它所包含的'形成价值的实体'即劳动的量来计量。劳动本身的量是用劳动的持续时间来计量，而劳动时间又是用一定的时间单位如小时、日等做尺度。"① 这里表明，价值实体和价值量的关系，就是质和量的辩证统一的关系。与此同时，马克思深刻地批判了资产阶级经济学家只看重分析商品的价值量，不分析商品的价值质的错误观点。马克思指出，包括亚当·斯密和李嘉图在内，他们所关注的是资本主义经济关系量的方面，忽视资本主义生产方式质的方面，把资本主义生产方式看成是生产财富的天然合理的经济制度。所以说，其理论实质是为资本主义制度作辩护的。

第三，《资本论》中，否定之否定的辩证法是探求资本主义经济运动产生新结果的重要方法。马克思认为，从一般商品到货币出现，就是否定之否定规定的客观体现。商品价值形态的矛盾运动，相对价值形态和等价形态之间的矛盾运动，是商品的分化为商品和货币的过程，这个过程的终结和矛盾的解决，既是商品形态的完成，也是一般价值形态和货币的确立。这个发展的全过程，就体现了否定之否定的矛盾运动的过程：简单价值形态→扩大价值形态→一般价值形态。马克思说："在第一种形式过渡到第二种形式，第二种形式过渡到第三种形式的时候，都发生了本质的变化。而第四种形式与第三种形式的唯一区别，只是金现在代替麻布取得了一般等价形式。金在第四种形式中同麻布在第三种形式中一样，都是一般等价物。唯一的进步在于：能直接地一般地交换的形式，即一般等价形式，现在由于社会的习惯最终地同商品金的独特的自然形式结合在一起了。"② 在《资本论》中，否定之否定方法是和矛盾分析方法紧密结合在一起的。矛盾是事物运动发展的源泉和动力，而事物的运动发展过程，就是否定之否定的无限前进的过程。马克思从分析生产资料与劳动的结合、

① 《马克思恩格斯文集》第5卷，人民出版社2002年版，第51页。
② 《马克思恩格斯文集》第5卷，人民出版社2002年版，第87页。

分离、再结合的历史过程，从而就揭示出资本主义生产方式必然为新的生产方式，即社会主义的生产方式所取代的客观规律性，为增强工人阶级及其政党推翻资本主义制度斗争的信心，奠定了客观的理论基础。

（三）《资本论》是当代中国共产党人必读的经典著作

习近平同志在中央政治局第十一次集体学习时强调指出："要原原本本学习和研读经典著作，努力把马克思主义哲学作为自己的看家本领，坚定理想信念，坚持正确政治方向，提高战略思维能力、综合决策能力、驾驭全局能力，团结带领人民不断书写改革开放历史新篇章。"《资本论》是习近平同志多次强调研读经典著作的重要著作之一。① 依据习近平同志这个讲话的精神和要求，认真研读《资本论》，既体现了以实际行动纪念马克思诞辰 200 周年，更是使我们深刻认识习近平新时代中国特色社会主义思想的重大意义。研读《资本论》既要认真研读其中的马克思主义基本理论，特别是哲学方面的历史唯物主义和唯物辩证法，又要深刻学习马克思为验证、完善和发展历史唯物主义和唯物辩证法的艰辛困苦的忘我精神和坚定理论信仰、严谨治学的崇高品格。《资本论》的写作是马克思平生身患重病、生活最贫困的时期，为勉强维持日常生活他将外衣送进了当铺，既不能外出，也不能购买肉食。即便如此，他没有放松写作，仍争分夺秒地为完成《资本论》的写作忘我地工作。1867 年 4 月 30 日，马克思在致齐格弗里德·迈耶尔的信中说："您的来信不仅使我**非常高兴**，而且在接到信的这段极端困苦的时期中对我也是一种真正的安慰……那么，我为什么不给回信呢？因为我一直在坟墓的边缘徘徊。因此，我不得不利用我还能工作的**每时每刻**来完成我的著作，为了它，我已经牺牲了我的健康、幸福和家庭。"② 马克思为撰著《资本论》，在极端困苦的条件下，牺牲了健康、幸福和家庭的忘我精神，是和他的踏实严谨的治学品格分不开的。如他在分析研究土地肥力和地租问题，对已占有欧洲主要资本主义国家的大量材料，还感到不足，为了分析研究俄国的土地和地租问题的第一

---

① 见 2013 年 12 月 5 日《光明日报》第 1 版。
② 《马克思恩格斯文集》第 10 卷，人民出版社 2002 年版，第 253 页。

手资料，他还专门学习俄语，这是多么值得我们认真学习的宝贵思想和高尚精神。

我们认为，习近平同志提出"原原本本学习研读经典著作"的根本要求，一是要"立根固本"，即要坚定对马克思主义理论信仰、对共产主义和社会主义的信念、对党和人民的忠诚。二是要努力服务于新时代中国特色社会主义的改革和建设的实践。也就是说，学习研读经典著作不是为学习而学习，也不是为掌握理论而掌握，而是要把经典著作中的基本理论运用于现实的实践活动。所以，研读经典著作必须与新时代中国特色社会主义的实践紧密结合起来。

马克思在《资本论》中，对资本主义生产方式的分析和研究是极为深刻、全面而科学的，我们要努力学习和研读。但是，马克思分析和研究的对象，是发达的自由资本主义。当代世界资本主义发生的新变化，其主要特征已经不同于马克思当时所关注的情况。但是，马克思所分析和研究的资本主义生产方式的基本矛盾是没有变的，如果说有变化的话，那也只是形式上、现象上的改变，它的本质是没有改变的。因此，我们对马克思分析研究资本主义生产方式基本矛盾所坚持的理论原则、基本观点和基本方法，以及他怎样运用基本理论和方法分析、概括有关的大量材料等，是要着重研读的。因为马克思坚持和运用的是历史唯物主义与唯物辩证法，这是马克思主义的科学世界观和方法论，是认识世界和改造世界的理论武器，必须认真学习和牢固掌握这个"看家本领"。当代，最发达的资本主义，为维持其霸道的权势，还在进行着强欺弱、富辱贫政策，但却改变不了和平与发展的时代主流。面对呈现的世界多极化、经济全球化、文化多样化和网络信息化中的复杂矛盾，需要我们以锐利的科学理论予以深刻分析和认真对待。同时，我国经过近 40 年的改革，经济发展的高速增长已进入中速增长的新常态时期，经济社会出现一些新的矛盾问题，都是之前没有过的。因此，面对国际国内的复杂形势，需要用科学的理论进行深入分析和研究。对此，习近平同志在中央政治局第二十八次集体学习时的讲话，给了富有针对性的指导。他说："面对极其复杂的国内外经济形势，面对纷繁多样的经济现象，学习马克思主义政治经济学基本原理和方法论，有利于我们掌握科学的经济分析方法，认识经济运动过程，把握社会经济发展规律，提高驾驭社会主义市场经济能力，更好回答我国经济发展的理论和实践问题，提高领导我国经济发展能力和水平。"习近平同志的讲话中还强调指出："要立足我国国情和我国发展实践，揭示新特点新规律，提炼和总结我国经济发展实践的规律性成果，把实践经验上升为系统化的经济学说，不断开拓当代中国马克思主义政治经济学新境界。"① 应该说，习近平的这个讲话是我们学习研读《资本论》和如何进行研读《资本论》的重要原则和科学指导。

---

① 见 2015 年 11 月 25 日《光明日报》第 1 版。

第五章　马克思主义哲学
史论结合的方法论问题

一、马克思主义哲学发展史研究的历史和现状

在对一门学科或一项课题进行研究之前，要着手搜集整理该学科或课题已经研究的历史和现状，这是十分重要的一项工作和学习。因为，掌握了该学科或课题研究的历史和现状，就有利于在进行研究该学科或课题时找到突破点，就能找到超越前人研究的不足之处，为自己进行开拓性的创新研究抓到前沿性问题的着力点，从而就能保证自己的研究具有较高学术水平和理论深度。研究马克思主义哲学发展史，也应如此。为此，特将马克思主义哲学史研究的历史和现状略作整理，简述于下。

马克思主义哲学发展史作为一门独立的学科进行研究，其历史时间很短，严格地说，这门学科的现行理论体系和逻辑框架是近三四十年间才逐步建立起来的。作为这门学科研究史就更年幼了。在此之前，作为马克思主义学说发展史研究是久已有之。在苏联共产党中央直属马列主义研究院于1969年编辑出版的《马克思恩格斯的遗著——在苏联的发展和研究史》中，曾概括叙述过恩格斯及其同时代人梅林、拉法格、拉布里奥拉、考茨基、普列汉诺夫，以及古斯达夫·迈耶尔等人对马克思主义学说史研究的贡献和不足。但是，作为马克思主义哲学史研究的资料和成果，是非常罕见的。因此，这里有些阐述不是纯哲学史研究的研究史问题，而是关于马

克思、恩格斯的思想观点研究的研究史问题。

（一）马克思主义哲学发展史研究的历史

1. 马克思、恩格斯著作中对马克思主义的思想观点形成的论述

在马克思著作中，年代最早而又比较完整的自述，就是 1859 年 1 月写的《〈政治经济学批判〉序言》，其中马克思谈了他是怎样走向研究经济问题的。他说，1842 年至 1843 年间，通过《莱茵报》以理性国家原则进行政治斗争的时候，遇到对物质利益发表意见的难事，加上关于自由贸易和保护关税的辩论，是促使他去研究经济的最初动因。1843 年春退出《莱茵报》，为了解决使他苦恼的疑问，开始批判研究黑格尔的法哲学时，得出了和黑格尔相反的结论：是市民社会决定国家，而不是国家决定市民社会。对法的关系和对国家的形式理解一样，要从物质的生活关系中找根源，物质的生活关系的总和即是"市民社会"。对市民社会的解剖只能到政治经济学中去寻求。因此，马克思在巴黎开始研究政治经济学，后来，被法国政府驱逐出境，在布鲁塞尔继续研究政治经济学。

从马克思的自述中，首先使我们认识到，马克思的理论观点的形成和发展同他的社会政治实践活动是紧密结合着的。参加《莱茵报》的工作，并通过《莱茵报》进行的社会政治活动是推动他研究经济问题的最初动因，也是促使他认识社会政治问题从理性原则出发下降到社会现实的第一动因，其结果是他自觉意识到必须重新审查对黑格尔唯心主义国家哲学的信仰。其次，表明马克思向唯物主义世界观的转变以及最终形成科学的实践唯物主义世界观，既是开始于对黑格尔法哲学批判性的分析，又是同对黑格尔唯心主义哲学批判的整个过程紧紧联系着的，这在《资本论》第一卷第二版跋中和其他著作中有具体论述。至于马克思怎样批判黑格尔哲学特别是对其辩证法的批判，在恩格斯的《卡尔·马克思〈政治经济学〉批判。第一分册》中，进行了深刻的阐明和论述。

在恩格斯的著作中对马克思的思想理论观点的形成和发展有较多的论述。恩格斯既是马克思的亲密战友，又是马克思的思想理论研究的最早的作者。在他的不同时期的著作中，对马克思的思想观点和马克思主义哲学的发展，都有比较多的论述和说明。

1877 年恩格斯写的《卡尔·马克思》①就具体地概述了马克思的重大科学发现的历史过程。其要点是：说明了促使马克思积极投身政治斗争的客观环境；指出了引起马克思的思想形成中发生转变的直接原因，是弗里德里希·威廉三世逝世后所发生的政治运动；阐明了马克思以在《德法年鉴》上发表的《黑格尔法哲学批判·导言》为开端，陆续写了一系列关于社会主义的文章；深刻地论证了马克思的两个伟大发现——唯物史观和剩余价值学说——的科学内容及其伟大意义。

1876—1886 年间，恩格斯在《反杜林论》、《路德维希·费尔巴哈和德国古典哲学终结》等著作中，都深刻地研究和系统论述了马克思科学世界观产生和发展的过程，以及在哲学和其他各种科学领域中引起的变革。特别要指出的，1888 年，恩格斯在史料方面的重要成果：一是开创了发表马克思的《关于费尔巴哈的提纲》手稿的先例；二是具体说明了马克思和他写作《德意志意识形态》一书的经过、目的及其遭遇；三是说明黑格尔哲学解体过程中，费尔巴哈哲学思想对马克思的思想影响。所有这些说明，对研究马克思主义哲学形成史是极为珍贵的依据。

19 世纪 70—90 年代中期，恩格斯为他和马克思的许多著作写的序言、序言补充，以及《关于共产主义者同盟的历史》中，更为注意对马克思主义形成和发展的历史过程的研究，指出《英国工人阶级的状况》只是"国际社会主义"的胚胎发展的一个阶段②；说明构成和贯穿《共产党宣言》的基本思想——唯物史观，马克思在 1845 年春已基本上整理出来了③；特别指明《哲学的贫困》"是 1846 年到 1847 年那个冬天写成的，那时候，马克思已经彻底明确了自己的新的历史观和经济观的基本点"④。

1893 年 3 月，恩格斯为纪念马克思逝世十周年写的第二部传记《马克思·亨利希·卡尔》，同 1877 年写的第一部传记《卡尔·马克思》⑤有很大区别：不是着眼于马克思的重大科学发现的研究，而是注重马克思的生

---

① 见《马克思恩格斯选集》第 3 卷，人民出版社 1995 年版，第 328—338 页。
② 参看《马克思恩格斯全集》第 21 卷，人民出版社 1965 年版，第 297 页。
③ 参看《马克思恩格斯选集》第 1 卷，人民出版社 1995 年版，第 257—258 页。
④ 参看《马克思恩格斯全集》第 21 卷，人民出版社 1965 年版，第 205 页。
⑤ 参看《马克思恩格斯全集》第 22 卷，人民出版社 1965 年版，第 392—404 页。

平事业的研究和说明，以便具体地澄清形成史中的一些问题。如明确说明了在《德法年鉴》出版时马克思和卢格之间发生的争论，在于"卢格仍然保持黑格尔哲学和政治上的激进主义的路线，马克思则热心地研究政治经济学、法国社会主义者和法国历史。结果马克思转向了社会主义"。在这部传记中，还具体地记述了他和马克思从 1845 年以后的一系列政治活动和理论活动；特别是把马克思已经发表的著作目录详尽地开列出来，其中对马克思在《莱茵报》上发表的三篇文章较为重视①。后来，恩格斯在 1895 年 4 月 15 日写给费舍的信中说，他曾以《卡尔·马克思的处女作》为书名，编辑出版马克思在《莱茵报》上的三篇文章，并作了序②。但令人遗憾的是未等到这部书面世，恩格斯就与世长辞了。

2. 马克思、恩格斯的学生及同时代人对马克思主义形成史的研究

第一，梅林对马克思主义形成史的研究。

梅林是对马克思主义形成过程进行历史地具体研究的先驱者。创作《德国社会民主党史》是促使他研究马克思早期著作的直接思想前提。恩格斯对梅林的信任，交给他马克思的遗稿进行阅读，是他进行马克思思想发展研究的直接推动力量；《莱茵报》和《德法年鉴》上的文章是他研究马克思思想发展的直接依据。

梅林对马克思早期思想研究所起的作用，概括地说，发表马克思的早期著作；阐明青年马克思思想发展的具体历史条件；对马克思早期思想发展过程的具体内容进行了理论分析和对原则的维护。他在《德国社会民主党史》、《马克思、恩格斯和拉萨尔遗著》前三卷和《马克思传》等书中，对马克思思想研究都是具体的深刻的。

梅林研究马克思思想发展的方法特点，就是依据马克思的政治实践活动作为研究其思想发展的出发点，从现实实践的变动中揭示马克思的思想变化的始因。他认为，从马克思于 1841 年完成《博士论文》，欲图在大学谋一教师职务的思想，到 1842 年年初转为通过《莱茵报》参与现实的政

---

① 参看《马克思恩格斯全集》第 22 卷，人民出版社 1965 年版，第 393、400 页。
② 参看《马克思恩格斯全集》第 39 卷，人民出版社 1974 年版，第 445 页。

治斗争，其根源是德国的政治形势的反动。他说："一向狂妄自大的反动势力把这位天生的斗士推入斗争之中。根据马克思的初期活动，我们可以越来越清楚地看出这一斗争怎样一步一步地推动他在认识的道路上前进，这一斗争怎样在他眼前把事物的观念外壳一个接着一个打碎，这一斗争怎样日益深入地把他投入现实生活的汹涌波涛中。"① 他还认为，唯物史观的发现是马克思在现实政治生活本身的规律和阶级斗争的逻辑的直接影响下，创造性地继承发展前人思想成就的必然结果。批判了把唯物史观歪曲为马克思偶然想出来的错误观点，并说明这是对马克思的诽谤。他提出《莱茵报》和《德法年鉴》是马克思早期认识现实、着眼现实途程上的里程碑。

梅林对马克思主义史研究中的一个开创性的理论观点，就是明确提出和论证了马克思确立科学世界观的道路，是克服黑格尔唯心主义思辨哲学的过程，是用历史唯物主义、经济范畴代替黑格尔哲学的观念思辨的过程。他认为，《博士论文》虽然表明马克思还"完全根据黑格尔派哲学的唯心主义立场的"②，同时也表明马克思"在开始反对黑格尔"。指出，马克思参加《莱茵报》工作，接触了现实，但《莱茵报》上的头几篇文章表明是黑格尔唯心主义立场。关于林木盗窃法的那组文章，由于接触到经济事实，就认识到黑格尔唯心主义社会观的反科学性。梅林还认为《德法年鉴》是马克思早期思想观点发展的第二阶段（1843 年年底—1844 年年初），《德法年鉴》上的文章表明马克思从费尔巴哈出发，然后又越过费尔巴哈；批评了黑格尔把国家置于社会之上，国家决定市民社会的观点，提出社会高于国家，市民社会决定国家的论点。③ 梅林在马克思主义史研究中的主要缺点，是未讲辩证唯物主义，并把辩证唯物主义仅看作方法论，不是科学世界观。结果他在某些论述中，混淆了马克思、恩格斯的唯物主义观点同费尔巴哈的唯物主义和法国唯物主义的观点。另外他对马克

---

① ［德］弗·梅林:《德国社会民主党史》第 1 卷，青载繁译，生活·读书·新知三联书店 1963 年版，第 216 页。
② ［德］弗·梅林:《马克思传》，罗稷南译，生活·读书·新知三联书店 1956 年版，第 35 页。
③ 参看［德］弗·梅林:《德国社会民主党史》第 1 卷，青载繁译，生活·读书·新知三联书店 1963 年版，第 166、178 页。

思、恩格斯同拉萨尔、波尔恩分歧的本质没有作出正确的说明，是非常错误的。但是，这些错误并不能降低他在研究马克思主义方面的历史作用。

第二，普列汉诺夫对马克思主义史的研究。

普列汉诺夫对马克思主义史和马克思主义哲学发展的作用是巨大的。他最先深刻认识到在理论上和实践上全面研究马克思主义产生的历史过程的重要意义，他提出修正主义的严重过失之一，就是对马克思主义哲学无知。他说："伯恩斯坦先生和恩格斯多年来过从甚密，却没有理解他的哲学。"① 三年后更加明确地指出："现在伯恩斯坦先生在哲学上的无知已经暴露无遗了，现在我们甚至不必请他回去查看教科书，因为我们可以看到，教科书不是为他而写的。"② 他认为，要真正理解马克思主义哲学，就必须要明了它产生和发展的历史，了解它同德国古典哲学的关系。

普列汉诺夫对马克思主义哲学同德国古典哲学的理论关系作了最重意的深刻研究。他认为不了解马克思主义哲学的理论前提，是不理解马克思主义哲学实质的主要理论根源。他指出马克思主义的理论前提，首先是黑格尔哲学和唯物主义史，研究马克思主义哲学的产生，是正确理解马克思主义哲学实质的理论前提。因此，在他的大多数哲学著作中，都贯穿着继承性和变革性统一的方法论原则。他对马克思主义哲学产生的伟大变革性，以及它对德国古典哲学的继承关系都作了比较透彻的阐述。他特别强调在研究马克思主义哲学产生和发展的历史中，必须坚持变革性和继承性相统一的方法、历史主义的方法和矛盾分析方法，并在他的多数哲学著作中贯彻了这些方法，为马克思主义哲学史研究建立了珍贵的科学工具。

普列汉诺夫在研究马克思主义哲学发展史中，特别强调和注重翻译、宣传马克思和恩格斯的著作。他认为马克思和恩格斯的著作，是工人阶级进行政治斗争的理论武库，翻译和宣传马克思、恩格斯的著作是政治斗争的需要；是从事一般宣传工作的需要；是从理论上培养马克思主义者的必修科目；也是进行意识形态斗争发展的规律性。他身体力行，1892 年翻译出版了《路德维希·费尔巴哈与德国古典哲学终结》，并把《关于费尔

---

① 《普列汉诺夫哲学著作选集》第 2 卷，生活·读书·新知三联书店 1961 年版，第 393 页。
② 《普列汉诺夫哲学著作选集》第 2 卷，生活·读书·新知三联书店 1961 年版，第 432 页。

巴哈的提纲》和《神圣家族》中的"论法国唯物主义"译出作为附录。此外还翻译了《社会主义由空想到科学发展》等著作。

普列汉诺夫在研究和评论马克思的早期思想发展中的主要缺点，可概括为两个方面：一是在 1903 年之后，他脱离了马克思的政治活动对其哲学观点作孤立地、纯逻辑地分析；如对《莱茵报》上的文章考察，起初强调这些文章的观点的革命性。1902 年他说："马克思在开始从事政治活动的时候，只是一个激进主义者，他通过进行哲学批判去打倒专制主义。"①然而，1903 年以后他评价马克思在《莱茵报》上的文章的口气发生了变化。二是在 1907 年写的《马克思主义基本问题》中，夸大了费尔巴哈对马克思的思想观点的影响，其中不再提马克思向无产阶级立场转变了，只是说，马克思在《德法年鉴》上的文章中，"已经牢牢地站在费尔巴哈'人道主义'的立场上，即被费尔巴哈从神学装饰品中解放出来的'斯宾诺莎主义'的立场上"②。这里表明普列汉诺夫没有注意到马克思在 1843年年底彻底批判黑格尔唯心主义观点中的新思想。

第三，保·拉法格、李卜克内西、倍倍尔、拉布里奥拉、考茨基等人关于回忆马克思、恩格斯的有关文章和著作中，都有论述或涉及马克思主义史研究的内容。

在安·拉布里奥拉的著作《纪念〈共产党宣言〉》《论历史唯物主义》中，论证了科学共产主义产生的历史必然性和唯物史观产生和发展的客观必然性。19 世纪末至 20 世纪初卡尔·考茨基作为一个正统的马克思主义者，对马克思、恩格斯生平活动和马克思主义发展史的一些问题，进行过大量研究。他在 1887 年为年鉴《奥地利工人历书》撰写的恩格斯传略，恩格斯本人曾做过修改和补充。对此，恩格斯 1887 年 8 月在致左尔格的信中说过："《奥地利工人历书》将发表考茨基写的我的传记，我看过这篇东西，作了修改和补充，因此，在涉及事实方面，以后如有需要，可以使用它。"③考茨基也出版过马克思的传略。1885 年考茨基迁居伦敦，在

---

① 《普列汉诺夫全集》第 6 卷，苏联政治书籍出版社 1936 年俄文版，第 361 页。
② 《普列汉诺夫全集》第 6 卷，苏联政治书籍出版社 1936 年俄文版，第 360 页。
③ 《马克思恩格斯全集》第 36 卷，人民出版社 1974 年版，第 667 页。

恩格斯的帮助下撰写了一系列有关历史和经济的著作，其中虽有错误，但它宣传了辩证唯物主义和历史唯物主义的原理。其中有的文章得到恩格斯的好评，并在德国再版，译成多种文字广为影响。他在 1886 年的文章中对马克思的《哲学的贫困》和《资本论》作了通俗解释，并驳斥了魏特林和其他小资产阶级社会主义代表人物的观点。但是，他在阐述《资本论》的内容中有原则性的缺点，不懂辩证法这种方法，不能理解马克思主义哲学同德国古典哲学之间的本质关系。以后，在同伯恩斯坦的论战中逐步走向歪曲马克思主义，没有认识到马克思主义同修正主义的本质区别，以至转向机会主义者、中派思想家，背叛了马克思主义。

3. 列宁对马克思主义史的研究和论述是科学地研究马克思主义哲学史的经典依据

列宁研究马克思、恩格斯理论的思想和方法，是研究马克思主义哲学史的科学原则和方法论基础。列宁在他的《卡尔·马克思》、《弗里德里希·恩格斯》、《马克思主义三个来源和三个组成部分》、《马克思主义学说的历史命运》、《马克思主义与修正主义》、《唯物主义和经验批判主义》、《哲学笔记》等许多著作中，对马克思主义的产生和发展、马克思主义发展史的分期、马克思主义发展不同时期的不同特点以及马克思主义哲学范畴和基本原理的实质和意义，都进行过深刻的研究和论述。他认为：马克思、恩格斯在 1844—1847 年间，离开黑格尔走向费尔巴哈，又进一步从费尔巴哈走向辩证唯物主义和历史唯物主义；1841 年的《博士论文》表明马克思完全站在黑格尔唯心主义立场，当时恩格斯"也成了黑格尔的信徒"；1842—1843 年《莱茵报》时期，是马克思和恩格斯开始从唯心主义向唯物主义、从革命民主主义向共产主义转变的时期；1843 年至 1844 年年初《德法年鉴》时期，是马克思和恩格斯完成上述两个转变的时期；1845 年出版的《神圣家族》表明马克思、恩格斯几乎已经形成关于无产阶级革命的观点，提出历史是人民群众的事业，并接近提出"生产关系"的概念；1847 年出版的《哲学的贫困》是马克思主义的第一部成熟著作；《共产党宣言》标志着马克思主义最终形成。他认为，"马克思学说中的主要一点，就是阐明了无产阶级这个社会主义社会创造者的具有世界历史意义的作用"。"于 1848 年问世的《共产党宣言》，已对这个学说作了完整的、系统的、至今仍然是最好的阐述。"① "马克思和恩格斯的具有世界历史意义的伟大功绩，在于他们用科学的分析证明了资本主义必然崩溃，资本主义必然过渡到不再有人剥削人现象的共产主义……在于他们向各国无产者指出了无产者的作用、任务和使命，就是率先起来同资本进行革命斗争，并在这个斗争中把一切被剥削的劳动者团结在自己的周围。"②

列宁明确指出并论证了马克思主义绝不是离开世界文明发展大道而产生的故步自封、僵死不变的学说，它的产生是哲学、政治经济学和社会主义的最伟大代表的学说的直接继续，它对人类先进思想已经提出的种种问题作了回答。列宁说："马克思学说具有无限力量，就是因为它正确。它完备而严密，它给人们提供了决不同任何迷信、任何反动势力、任何为资产阶级压迫所作的辩护相妥协的完整的世界观。马克思学说是人类在 19 世纪所创造的优秀成果——德国的哲学、英国的政治经济学和法国的社会主义的当然继承者。"③ 但是，只有马克思的哲学唯物主义，才给无产阶级指明了摆脱精神奴役的出路；只有马克思的经济学说，才阐明了无产阶级在整个资本主义制度中的真正地位。他认为，"用唯物辩证法从根本上来改造全部政治经济学，把唯物辩证法应用于历史、自然科学、哲学以及工人阶级的政策和策略——这就是马克思和恩格斯最为注意的事情，这就是他们做了最重要最新颖的贡献的地方，这就是他们在革命思想史上英明地迈进的一步。"④

列宁把马克思主义发展史分为 1848 年前的形成时期，在这个时期马克思的哲学观点特别突出；1848—1871 年巴黎公社为马克思主义形成后转入的第一个时期，即风暴和革命时期；1872—1904 年为马克思主义形成后转入的第二个时期，这个时期与第一个时期的区别，就是它带有"和

---

① 《列宁选集》第 2 卷，人民出版社 1995 年版，第 305 页。
② 《列宁选集》第 3 卷，人民出版社 1995 年版，第 574 页。
③ 《列宁选集》第 2 卷，人民出版社 1995 年版，第 309—310 页。
④ 《列宁全集》第 24 卷，人民出版社 1990 年版，第 276 页。

平"性质而没有发生革命；第三个时期是从俄国 1905 年革命以后。

列宁明确指出和阐明了马克思主义的发展和它在工人阶级中的传播和巩固，不是一下子实施的，而是在同资产阶级哲学斗争中实现的。他阐述了从 19 世纪 40 年代起马克思主义存在的头半个世纪中，一直在同各种敌对思想理论进行斗争着。"在 40 年代前五年，马克思和恩格斯清算了站在哲学唯心主义立场上的激进青年黑格尔派。40 年代末，在经济理论方面进行了反对蒲鲁东主义斗争。50 年代完成了这个斗争，批判了在狂风暴雨的1848 年显露过头角的党派和学说。60 年代，从斗争一般的理论方面转移到更接近于直接工人运动的方面：从国际中清除巴枯宁主义。70 年代初在德国名噪一时的是蒲鲁东主义者米尔柏格，70 年代末则是实证论者杜林。但是他们两人对无产阶级的影响都已经微不足道了。马克思主义已经绝对地战胜了工人运动中的其他一切思想体系。"① 然而，在马克思主义把一切比较完整的同马克思主义相敌对的学说从工人运动中排挤出去之后，斗争并没有停止，仍在继续着，但斗争的形式和原因有了变化。列宁指出："马克思主义创立以后的第二个 50 年（从 19 世纪 90 年代起）一开始就是同马克思主义内部的一个反马克思主义派别进行斗争。"② 这个派别就是修正主义。修正主义在哲学方面，跟着资产阶级教授的"科学"的屁股后面跑，提出"回到康德那里去"。反对哲学唯物主义，用素朴而平静的"进化论"去代替"狡猾"而革命的辩证法。

总之，列宁对马克思主义史的研究是深刻的、多方面的，为我们更好地研究马克思主义哲学史留下丰富的理论遗产和方法论思想。

（二）马克思主义哲学发展史研究的现状

就马克思主义哲学发展史研究的现状看，严格地说，对马克思主义哲学史的研究，不论在苏联或其他国家多是从 20 世纪 50 年代末和 60 年代初开展起来的，在我们国家就更晚一些。在 50 年代前，只能说是在准备资料和探讨采取什么样的立场、观点和方法开展研究的问题。这样的工

① 《列宁选集》第 2 卷，人民出版社 1995 年版，第 2 页。
② 《列宁选集》第 2 卷，人民出版社 1995 年版，第 2 页。

作，在苏联酝酿讨论的过程比我们研究的过程要长久得多。

1. 苏联研讨马克思主义哲学史的历史概况

苏联从 20 世纪 20 年代起第一次出版了《德意志意识形态》的第一章、《自然辩证法》、《黑格尔法哲学批判》、《博士论文》的准备材料，到1927 年正式出版了《德意志意识形态》。与此同时，于 1923 年出版了包括马克思、恩格斯 1837 年至 1844 年的论文、通讯和书信在内的《马克思恩格斯全集》的前两卷。所有这些对于苏联关于马克思主义形成史的研究起了促进作用。当时，苏联研究马克思主义形成史的多数著作的一个共同特点，就是力图阐明马克思主义哲学是以往哲学发展的最高阶段，其新内容就是把唯物主义原则贯彻到社会历史领域，创立了唯物史观。但却认为，在认识论方面没有超出费尔巴哈唯物主义的范围。因而，有些著作把辩证唯物主义的形成解释为黑格尔的辩证法同费尔巴哈的唯物主义简单结合。认为马克思和恩格斯从黑格尔唯心主义哲学立场逐渐发展到费尔巴哈唯物主义哲学立场的过程，就是辩证唯物主义形成的过程。这种观点，集中反映在苏联为"纪念费尔巴哈逝世 50 周年"而出版的一些著作中。

从 20 世纪 30 年代开始，苏联对马克思主义哲学形成史的研究，进入了包括列宁哲学思想在内的新阶段，特别是对于列宁关于分析、研究马克思主义学说形成的方法论的研究，不仅推进了对马克思主义哲学形成史的研究，而且奠定了正确研究马克思主义哲学史的科学原则和科学方法。因此，这一时期出版的一些著作大有进步；克服了把马克思主义哲学的形成看作是黑格尔的唯心主义辩证法同费尔巴哈的唯物主义简单结合的倾向；提出了把马克思主义哲学的产生和发展的过程，要同社会实践的发展过程结合起来进行研究的原则。在这一时期出现了另一个特点：就是注意了对恩格斯的思想观点作相对独立的研究，对恩格斯的思想发展的特点以及他在马克思主义形成中所起的巨大作用，都作出了原则上是正确的研究。这一特点在 1935 年为纪念恩格斯逝世 40 周年和 1940 年为纪念恩格斯诞辰120 周年撰写的著作和论文中表现得非常突出。

20 世纪 40 年代，在苏联主要是围绕亚历山大罗夫的《西欧哲学史》一书的讨论，影响着对马克思主义哲学史的研究和进展。由于过分强调马克思主义哲学对德国古典哲学的变革性，影响了对马克思、恩格斯早期著作的研究，把马克思和恩格斯的早期著作排斥在《马克思恩格斯全集》（第二版）之外。因而导致马克思主义哲学的产生变成没有思想前提的偶然产物。20 世纪 40 年代末写成的有关研究早期著作的文章，直到 50 年代中期都没有发表出来。

苏联从 20 世纪 50 年代末和 60 年代初，才比较重视马克思主义哲学史的研究工作，在马克思主义哲学形成过程的研究上出现了高潮。从 20 世纪 60 年代到 80 年代的 20 多年中出版了一系列研究著作，特别是马克思、恩格斯早期著作研究的专著和专论出版较多。如奥伊则尔曼的《马克思主义哲学的形成史》、拉宾的《马克思的青年时代》、巴加图里亚的《马克思的第一个伟大发展》和《马克思和恩格斯的〈德意志意识形态〉第一章手稿的结构和内容》、谢列勃良科夫的《恩格斯的青年时代》，同时，还出版了费多谢耶夫主编的《卡尔·马克思》和伊利切夫主编的《弗里德里希·恩格斯》，以及由纳尔斯基、波格丹诺夫、约夫楚克三人主编，苏联科学院哲学研究所和苏共中央社会科学院的一些学者集体撰写的《十九世纪的马克思主义哲学》，这部书仅是苏联有关马克思主义哲学史系统长篇巨著的第一部。

苏联学者在这一时期的研究有两大显著特点：第一，他们注意掌握和运用列宁的方法论原则。如在拉宾的著作中专门谈了列宁的方法论同普列汉诺夫的方法、梅林的方法的原则区别。拉宾认为，普列汉诺夫的方法，主要的并一再强调的是阐明马克思主义哲学同其他理论前提之间的共同逻辑关系；梅林则是对马克思的早期阶段进行具体的历史研究。列宁的方法与他们则不同，列宁不是把马克思的早期著作看作是不成熟的作品，看作是一个独立的阶段；而是看作是一个形成的过程，看作是从唯心主义向唯物主义、从革命民主主义向共产主义转变过程中的重要阶段。拉宾认为，在列宁看来，提到第一位的不是分析马克思所依据的东西，而是分析马克思在走向辩证唯物主义和历史唯物主义道路上每一个阶段所创造的新内容、新思想、新观点。第二，苏联学者把马克思主义哲学的形成，看作是马克思、恩格斯在参加和研究社会实践的基础上，对黑格尔唯心主义哲学和费尔巴哈唯物主义哲学同时改造的结果。他们认为，只有了解了社会发展的原因，才能够唯物主义地改造旧唯物主义、解决认识论问题，否则就不能克服和改造唯心主义辩证法。还有的学者明确指出，辩证唯物主义和历史唯物主义既是同时形成的，又是在分析经济问题、哲学概括工人运动和人类全部历史经验的基础上形成的。奥伊则尔曼在他的《马克思主义哲学形成史》修订版中指出，不能脱离政治思想和经济思想的形成来研究这个过程，辩证唯物主义和历史唯物主义建立过程本身，就是统一的完整的过程。建立新的哲学世界观的过程本身，主要是通过概括社会发展经验的途径来实现的。他说："这并没有任何理由来断言历史唯物主义的产生早于辩证唯物主义"，早在《神圣家族》中，马克思和恩格斯就"揭示出对社会生活的科学认识与唯物辩证法的一致性。人们的自觉活动与历史的客观必然性的一致性，只有运用唯物辩证法的观点才能理解和说明，因为唯物辩证法完全克服了主观与客观、自由与必然的抽象二元论。而这种二元论不单是形而上学的唯物主义者没有能够克服；就是辩证法家黑格尔，最后也陷入了为绝对唯心主义所完全不可避免的宿命论"①，这是正确的观点。

在东欧和苏联社会主义国家被颠覆之前，苏联马克思主义哲学史研究者认为，对马克思主义哲学史的研究，不单是理解和说明哲学思想的发展过程，而是阐明这些思想同现实实际的联系；不只是描述哲学思想的发展，而且要追溯这些思想对历史发展进程的影响。苏联和德意志民主共和国的马克思主义哲学史研究者，通力合作，在近20年间做了大量工作，不论是在整理出版马克思、恩格斯的手稿和其他资料方面，还是在研究的成果和人员专业培养方面，有很多经验和成果，为我们的研究提供了很好的借鉴。

2. 我国理论界对马克思主义哲学发展史研究的概况

马克思主义哲学史这门学科，在国内来说，还是刚刚起步的新学科。

---

① ［苏］奥伊则尔曼：《马克思主义哲学的形成》，潘培新等译，生活·读书·新知三联书店1964年版，第395页。

20 世纪 50 年代后期曾开始注意对这方面的研究，但是，在设有哲学系的综合大学里，并没有开设马克思主义哲学史这门课程。到 60 年代特别是"文化大革命"的发生，完全中断了这方面的工作。在中国共产党第十一届三中全会之后，对马克思主义哲学史的研究有了新的转机，在短短的两三年里，关于马克思主义哲学史的研究、教学以及专业人员的形成，都有很大的成绩。1978 年教育部在武汉召开文科教材会议，确定编写《马克思主义哲学发展史》教材之后，几所大学的哲学系先后开设了《马克思主义哲学史》这门课程。1979 年在桂林讨论《马克思主义哲学史》部定教材会议的同时，筹备成立"全国马克思主义哲学史研究会"，并于次年在厦门大学召开了"全国马克思主义哲学史研究会"正式成立大会，选出了理事会及会长，通过了其他有关事项。组织团结了国内从事马克思主义哲学史教学和专业研究人员，先后多次召开专题研讨会，并出版了研讨成果论文集和专著。为了开展国际学术交流，1985 年全国研究会第二届理事会研究决定，将"全国马克思主义哲学史研究会"改名为"中国马克思主义哲学史学会"。1982 年教育部又确定"马克思主义哲学史"专业为招考硕士研究生和博士研究生的学科。从此中国社会科学院和几所综合大学的哲学系先后培养出一批理论基础坚实、专业知识深厚、富有开拓性研究能力的研究生，活跃在教学、科研和宣传战线上。与此同时，出版了多种关于马克思主义哲学史的教材，有关马克思、恩格斯、列宁、普列汉诺夫哲学思想的研究，相继出版了高水平的学术专著。马克思主义哲学史方面代表性的学术著作，是由黄楠森等主编的《马克思主义哲学史》（8 卷本），1989—1996 年由北京出版社出版。这是一部资料翔实，立论科学，内容全面系统，忠于原著，富有理论深度，学术价值极高的学术巨著，是马克思主义哲学史研究的历史中少有的学术专著。其中第六、七卷获北京市 1991 年优秀成果特等奖；第一、二、三卷获北京市 1994 年优秀成果特等奖；全书获 1997 年"五个一工程"奖、吴玉章奖，1999 年首届国家社会科学基金项目优秀成果一等奖。作为高校哲学专业使用的教材，主要是黄楠森主编的《马克思主义哲学史》（1998 年由高等教育出版社出版），这是由教育部委托组织编写的比较全面系统、较高理论水平的好教材，它在集中了国内 20 多位有关学者的见解和意见的基础上，经多次易稿完成的。

　　我国的马克思主义哲学史的教学活动和科研成果，起到了它应有的作用和积极影响。首先，对充实和完善马克思主义哲学原理的教学和研究给予了有力的帮助，推动了认真学习和研究马克思主义的元典，提示了注意克服和防止对哲学原理的简单化和片面化的倾向。其次，推动和加深了对马克思主义哲学史内涵的研究，拓宽了研究领域，将马克思、恩格斯的同时代人及其学生的哲学思想纳入其中，同样将与列宁同时代的普列汉诺夫、布哈林等人的哲学思想也放进马克思主义哲学史的总体中。特别要指出的，在把马克思主义哲学中国化中新的理论和方法列入马克思主义哲学史的重要内容的同时，对于西方马克思主义哲学也作了应有的研究和论述，使马克思主义哲学史的完整性更为合理。再次，由于开展了马克思主义哲学史的教学和研究工作，促使了马克思哲学的研究者改进思维方式，提高研究方法，这方面的影响和作用更为深远。最重要的影响和作用，是对于马克思主义哲学中国化的新发展研究，给了极为重要的深刻启迪。这种"新发展研究"对中国社会主义现代化建设事业，是有巨大作用的。

二、简论马克思主义哲学科学性和意识形态性的一致

　　当前，在积极宣讲和阐明必须坚持马克思主义在意识形态中的指导地位，在指导思想上不能搞多元化之际，却在暗处出现重复西方哲学家对马克思主义哲学诘难的陈词老调。他们把马克思主义哲学意识形态性和科学性对立起来，认为马克思主义哲学不淡化其意识形态性，不仅没有科学性，而且也不能称之为真正的哲学。他们中有人甚至向部分青年学生说，马克思主义只是意识形态，而不是科学的理论。这是十分有害的错误论调。因此，在理论上阐明马克思主义哲学科学性和意识形态性的一致问题，对于澄清理论是非，清除错误论调的有关影响，是必要的。

（一）怎样理解马克思主义哲学的科学性

马克思主义哲学的科学性问题，是西方较多不同哲学学派对马克思主义哲学诘难和挑衅的一个重要问题。我们说，马克思主义哲学是科学的世界观和方法论，这里所说的"科学"的内涵主要是：（1）马克思主义哲学作为一种哲学观是科学的、正确的，它是关于人类社会、自然和人类思维的最一般规律的科学，是"时代精神的精华"之"真正哲学"。（2）它作为哲学理论是科学的，"它给人们提供了决不同任何迷信、任何反动势力、任何为资产阶级压迫所作的辩护相妥协的完整的世界观"①。（3）它是实践的哲学，是能动地、正确地认识世界和改造世界的哲学，它作为世界观的理论"不是教义，而是方法。它提供的不是现成的教条，而是进一步研究的出发点和供这种研究**使用**的方法"②。不是按照黑格学派的方式构造的令人发呆的"绝对精神"。除此之外，对马克思主义哲学科学性的任何要求都是不对的。对马克思主义哲学诘难的人根据他们信奉的哲学原则，企图否定和消解马克思主义哲学的科学性的这些基本内涵，是非常错误的。

从历史的辩证的观点看，消解哲学观的科学性及哲学的科学性是十分困难的。（1）如恩格斯所言，随着各实证科学的发展，会有更多的学科从哲学中分化独立出来。但是，这是一个历史的过程，在恩格斯的时代，尚有逻辑学和思维领域没有从哲学中分离，今天，虽然认知科学、逻辑学、心理学、生理学等有了长足的发展，但是，毕竟还留下了形而上学这个哲学独立的领域，这是一个永远属于哲学的领域，然而它又是科学发展的最重要的臂膀。马克思主义哲学的科学性是包括形而上学方法论的意义在内的，这一点和当代科学从分析化走向综合化、走向与形而上学联合的方向是完全一致的。（2）以自然科学的科学性来规范哲学的科学性也是行不通的，特别是以古典自然科学的单一性决定、因果相当性、确定对称性、演化必然性、对立二元论为尺度，不仅不能规范哲学的科学性，甚至连自然

---

① 《列宁选集》第 2 卷，人民出版社 1995 年版，第 309 页。
② 《马克思恩格斯全集》第 4 卷，人民出版社 1995 年版，第 742—743 页。

界的许多现象都不能解释。在当代，一方面自然科学发生了重大的转型，以非线性自然科学为主导的"老三论"和"新六论"等越来越多地将主体因素融入科学认识情景中，更多地诉诸形而上学，更多地突出了科学的主体性、可变性和非单一性。另一方面，以这种狭隘的科学性为基础的科学哲学、分析哲学等科学主义的失败和向历史主义、新历史主义的"退却"等情况，也充分说明科学不是从哲学中求得分化和独立，而是力争和哲学及形而上学联姻，这些无疑是对马克思主义哲学的哲学观和科学性的有力佐证。但这种科学的规定仍然是狭隘的科学观，它对哲学和社会科学的科学性来说，只是具有形式的意义，而不具有实质性的意义。因为，对社会现象来说，自然科学的方法反而可能是不科学的。而马克思主义哲学提出了逻辑与历史一致的原则才能将二元对立的局面联系起来，马克思主义哲学创始人正是从这个意义上来说，他们只承认一门科学，即"历史科学"，实际上也就是唯物史观。因为它体现了"自然"的"历史"过程，而具有兼容社会和自然二者对立性质的意义，因而才具有最普适的科学意义，才体现了"大"科学的性质。（3）正如没有一种"统一"的自然科学一样，自然科学直到今天仍然只是局部真理的体现，要想实现将所有自然科学"一体化"的目标仍然困难重重，而哲学特别是马克思主义哲学则不同，作为一种注重后思、反思、联系、综合的马克思主义哲学，它的一个重要的功能，就是立足于当代各实证科学的各自独立的、专门的、具体的、差异的特性之后，根据它们已经显示出来的各种共性、普遍性来形成一种兼容各实证科学的、具有更大的普适意义的"最一般规律"，这是跨学科研究和任何边缘科学都无法做到的。当然，从当代马克思主义哲学的立场看，我们也决不应当局限于将哲学特别是马克思主义哲学仅仅作科学的理解，也要突出马克思主义哲学中具有许多人文科学的个性文化特性的东西。随着科学主义思潮带来的许多负面影响，密切关注人类与外部世界的关系，如何使人类能和睦相处，如何使人类社会进一步走向合理、公平、正义、发展，如何弘扬人类的精神本性，如何使人类能更好地健康持久生存与发展等问题，都要求哲学走出狭隘的科学圈子，而这正是马克思主义哲学的应有之义。因而，马克思主义哲学必须具有它的意识形态性。

（二）坚持马克思主义哲学的意识形态性

与上述诘难相关，对马克思主义哲学意识形态的诘难与挑衅历来是西方哲学对马克思主义哲学进行攻击的重要方面，特别是在 20 世纪 80 年代中后期，随着"冷战"局面的结束和苏东社会主义阵营的解体，这方面的问题就异常突出。

马克思主义哲学有没有意识形态性这并不是问题，恩格斯认为："科学越是毫无顾忌和大公无私，它就越符合工人的利益和愿望，在劳动发展史中找到了理解全部社会史的锁钥的新派别，一开始就主要面向工人阶级的，并且从工人阶级那里得到了同情，这种同情，它在官方科学那里是没有寻找也没有期望过的。"① 马克思主义哲学的意识形态性是否像某些西方哲学认为的那样"妨碍"了客观性、公正性和科学性呢？回答是否定的。

马克思主义哲学的意识形态性首先表现为一种唯物主义，这是由马克思主义哲学的意识形态的党性原则决定的。列宁指出："唯物主义和唯心主义按其实质来说，是两个斗争着的党派。"② 尽管任何科学特别是社会科学都达不到价值中立性，都会受到党性的影响，但是，接受什么样的哲学世界观的影响，却会对认识的客观性和公正性产生关键性的重要影响。从这个意义上说，马克思主义哲学的意识形态性不过是更加强化了实事求是的唯物主义方向，因此，也就坚持了科学性的前提和客观性的公正的方向，这一点决不会随着现时代特点的变化和当代科学的发展而发生改变，它永远是一切科学和客观认识的基础和前提。

马克思主义哲学的意识形态也将社会科学的科学性表现了出来。我们已经论述过，在当代尽管是全球化的发展，但是多极、多元的经济、政治和文化的差异仍普遍存在和发展。特别是在社会科学中，一方面，科学认识对于认识情景和环境的依赖性大大加强，如对认识工具、认识方法、认识主体等的依赖性更加突出，同时，实践检验的标准也相当程度地依赖于检验者的共同看法；另一方面，就是在具有自我意识并自由活动的人的历

---

① 《马克思恩格斯选集》第 4 卷，人民出版社 1995 年版，第 258 页。
② 《列宁选集》第 2 卷，人民出版社 1995 年版，第 240 页。

史活动中，根据"大势所趋，人心所向"的"公意"的"普遍性"以认同者和具有共识者的多寡来确定科学、客观、普遍、公正的方向。可以说，西方关于"人文科学"、"社会科学"、"自然科学"的"统一"的思想，只有在这个基础上才是可能的。这也是马克思主义哲学"关于自然科学和关于人的科学是同一门科学"的思想的重要基础和前提。

但是，由于社会是划分为不同的利益群体的，所以，任何人看问题都会站在一定的立场上，所谓纯真的客观公正只具有理论上的可能性，而在实际上是根本做不到。所以，马克思主义哲学才指出，完全代表全人类这个观念就和资产阶级的"自由"、"平等"、"博爱"、"普遍人权"的概念一样是虚妄的和虚伪的。马克思主义哲学正是基于这一立场，指出了空想社会主义以为自己完全代表了全人类利益的想法是乌托邦的，不现实的。马克思主义哲学则不同，公开申明自己是站在无产阶级的立场上的，他们明确指出："哲学把无产阶级当做自己的物质武器，同样，无产阶级也把哲学当做自己的精神武器。"① 马克思和恩格斯认为，代表无产阶级，也就是代表了全人类最大多数人的利益，因而也就代表了"大势所趋，人心所向"的社会总体发展方向，从而也就代表了社会的客观性的、公平性的、普遍性的和科学性的方向，实质上也就代表了全人类的利益。这一点，随着当代科学、文化的迅猛发展不仅没有改变，反而进一步加强了。

此外，还要指出无产阶级不只是一个受苦受难的阶级，他们还是新的生产力的代表。这样，一方面，根据马克思主义哲学的唯物史观，代表无产阶级就代表人类社会发展的总体方向，因而，自然也就代表了人类正义和进步的力量，代表了人类一切最美好的理想，因此，也就代表了人类社会发展的客观的方向。因为当代无产阶级它们本身就是一切最先进的科学技术的主体或载体，不仅天天同高科技打交道，而且也同一切最先进的管理水平、生活方式、生产方式紧密联系着，凡此种种都表明，代表无产阶级的马克思主义哲学的意识形态的立场代表了一种科学的方向，关怀着人类社会发展的美好未来。因为，马克思主义哲学为人类美好前景的实现，

---

① 《马克思恩格斯选集》第 1 卷，人民出版社 1995 年版，第 15 页。

它要求将社会的发展、生态的开发与保护、人的全面发展与进步等方面统筹协调起来，作综合发展。在当代，随着科学主义的失败及其带来的许多社会问题，已经有越来越多的人开始关注这些问题。因此，我们说，有些人关于弱化或淡化马克思主义哲学意识形态的话题，是十分有害的错误论调。如果弱化或淡化马克思主义哲学意识形态，反而有可能犯片面性或主观性的错误，马克思主义哲学当然不能也没有理由放弃具有明显科学优势的意识形态。现在有一种十分流行的观点认为，在当代，随着全球化的大发展，国际关系越来越具有相关性，意识形态已经在世界和全球范围内淡化或弱化了。从表面上和形式上看，情况好像确实如此。然而，实际上，问题并不这么简单，一方面，包括 20 世纪 80—90 年代发生的苏联、东欧社会主义国家制度被颠覆的重大历史事件在内，当代国际关系中发生多种相互关系中的许多事件，根本不是意识形态"淡化"或"消亡"的产物，恰恰相反，在许多方面它们正是意识形态强化的产物（如所谓橙色革命和平演变）。是资本主义大国在淡化意识形态的幌子下，强力推行他们的意识形态战略的结果。美国和许多西方国家无疑是现有的政治和经济秩序的既得利益者，为了在世界经济、政治和文化发展上继续保持它们的优势，以实现它们对广大发展中国家的非平等的关系，它们不惜利用一切手段特别是意识形态手段来干预乃至控制广大发展中国家的进步与发展。客观地说，现有的国际政治秩序和国际经济秩序本身就是发达资本主义国家意识形态的产物。因此，在这种形势下对马克思主义哲学的意识形态性，不仅不能弱化、淡化，而且还要自觉地坚持和加强其意识形态的功能，积极而广泛地传播给广大人民，揭穿"西方哲学非意识形态化"的虚伪性。

（三）马克思主义哲学的社会功能是否定不了的

从我们对马克思主义哲学意识形态的淡化、弱化的观点分析中，不难发现，以马克思主义哲学非意识形态化，是他们否定马克思主义哲学的世界观功能的一种手段，实际上也是否定马克思主义哲学对社会实践指导作用的一种表现，是对马克思主义哲学社会功能的否定。在否定马克思主义哲学社会功能中，有两种观点很容易混淆视听。

第一种观点，是以实用主义哲学取代马克思主义哲学的实践性，把马克思主义哲学直接归之于"功利主义"中，这是错误的观点。马克思主义哲学的实践性和实用主义有着性质上的根本区别。首先，马克思主义哲学的实践作用不是直接的，而是通过一系列的不同层面的具体情况、事件或现象的中介实现的。在许多情况下，不是"立竿见影"式的、急功近利的。其次，实用主义强调的是"立即有用性"，并以有用性作为检验（衡量）一切的标准。实用主义者詹姆士把真理和有用直接等同起来。他说："真的就是有用的，有用的就是真的……'它是有用的，因为它是真的'，或者说，'它是真的，因为它是有用的'，这两句话的意思是一致的。"①马克思主义哲学实践观也讲有用性，但它讲的有用性是和科学性相统一的，而且是以科学性为前提的，因为有用的特别是"急功近利"的有用性，不一定是真正科学的和完全正确的。马克思主义哲学所说的实践是一个综合概念，它既是一个历史观的概念，也是一个认识论的概念，是历史观和认识论相统一的概念。因而只有这样的实践概念才能真正将有用性和科学性结合起来，融为一体。再次，在检验标准的尺度上，马克思主义哲学与实用主义也是根本不相同的。马克思主义哲学坚持实践是检验尺度的标准，突出实践的内在性和客观性，而实用主义则坚持功能性标准，强调对结果的外在效用性，突出的是外在性和主观性。

　　第二种观点，一方面认为马克思主义哲学根本没有实用性，如果有也是破坏方面的实用性，他们举出"阶级斗争论"、"暴力革命论"、"彻底大批判论"等，这是对马克思主义哲学实践性的一种非常肤浅的错误观点。另一方面，他们将马克思哲学原理和这些原理的实际运用中发生的偏差和错误问题混在一起。他们认为，20 世纪 80 年代以后，苏联、东欧社会主义国家的覆灭，是运用马克思主义基本理论指导的结果，这是错误的见解。事实上，这些社会主义国家的失败和覆灭的重要原因之一，恰恰是这些国家的领导层偏离甚至抛弃了马克思主义基本理论的正确指导造成的。这一重要原因，也为反对共产主义的资产阶级时事评论家都看到了，他们说，苏联集团的失败，并不是因为马克思主义的社会主义多了，资本

---

① ［美］詹姆士：《实用主义》，陈羽纶、孙瑞禾译，商务印书馆 1979 年版，第 104 页。

主义的少了。而是这些国家的领导人抛弃了 20 世纪 50 年代以来的社会主义，搞特权和脱离人民百姓的结果。尽管西方某些哲学家竭力否定马克思主义哲学的社会功能，但历史事实的存在，是任何人以任何理论都无法抹杀和否定掉的。

以上分析深刻表明：西方某些哲学家们，他们企图通过淡化马克思主义哲学的意识形态性，进一步否定马克思主义哲学的社会功能的根本目的，就是为他们的哲学和其他哲学流派争夺起作用的领地。因为，任何哲学都是为它那个时代、那个具体的社会而存在的，都要服务于那个时代和那个社会，这个秘密早已为黑格尔说明了，黑格尔在《法哲学原理》的"序言"中说："哲学具有公众的即与公众有关的存在，它主要是或者纯粹是为国家服务的。""哲学的任务在于理解存在的东西，因为存在的东西就是理性。就个人来说，每个人都是他那时代的产儿，哲学也是这样，它是被把握在思想中的它的时代。妄想一种哲学可以超出它那个时代，这与妄想个人可以跳出他的时代，跳出罗陀斯岛，是同样愚蠢的。"① 关于这一点，马克思主义哲学不过表达得更鲜明、更具体罢了。为什么还要受到诘难呢？

三、批判制造"马克思哲学思想恩格斯化"谬论②

（一）弘扬传承恩格斯的伟大共产主义精神和高尚品格

在纪念恩格斯逝世 120 周年之际，我们要弘扬和传承他的伟大共产主义精神和高尚品格，维护和发展他的马克思主义的业绩，以坚定我们的马克思主义理论信仰。马克思主义学说的创立和发展是马克思和恩格斯的共同事业，历史事实深刻表明：恩格斯在马克思主义发展史上享有崇高的历

① ［德］黑格尔：《法哲学原理》，范扬、张企泰译，商务印书馆 1979 年版，第 8、12 页。
② 本文写于 2015 年。收录于《全国马克思主义论坛丛书》（第 11 辑），重庆出版社 2016 年版。

史地位，他对马克思主义的创立和发展所做的宏伟建树，特别是使社会主义从空想到科学的发展，所作的理论活动和突出贡献，已载入史册，是任何人也难以否定的。艾琳娜在为祝贺恩格斯70寿辰的文章中说："马克思和恩格斯是'两位生活和创造紧密交织着的人'。"李卜克内西则说："恩格斯同马克思一起创立了科学社会主义理论。他与马克思有如一个巨人与另一个巨人，是不能分开的。"① 完全可以说，没有马克思，恩格斯就不会被载入史册，同样，没有恩格斯，马克思就不可能完成其业绩。正如马克思在《资本论》第一卷即将出版时，以十分真诚感激的语词致信恩格斯说："亲爱的弗雷德：这本书的最后一个印张刚刚校完……序言也已校完并于昨日寄回。这样，这一卷就完成了。其所以能够如此，我只有感谢你！没有你为我作的牺牲，我是决不可能完成这三卷书的巨大工作的。我满怀感激的心情拥抱你！……我的亲爱的、忠实的朋友，祝你好。"② 特别是在马克思决定献身于政治经济学研究时，恩格斯对他起了决定性影响。恩格斯的《国民经济学批判大纲》推动了马克思对于政治经济学的研究，促进了马克思经济学观点的形成和发展，启迪他认识到必须从资本主义制度的基本矛盾出发进行研究和批判。在马克思早期的《巴黎笔记》和《1844年经济学哲学手稿》均涉及《民国经济学批判大纲》中的基本思想。不仅如此，马克思在其成熟的著作中也是非常赞扬这部著作，是"批判经济学范畴的天才大纲"，在《资本论》第一卷中多次引用这一著作。所以梅林说，最初在经济科学方面"恩格斯是给予者，马克思是接受者"，就科学社会主义的经济基础来说，恩格斯没有完成一切工作，但是"最先完成了许多主要的工作"③，其中使社会主义"从空想到科学"的发展这项重要工作，就是恩格斯最先完成的。同样，在哲学领域和自然科学方面，恩格斯作出了独特的突出贡献。1864年7月4日，马克思致恩格斯信中说："你知道，首先，我对一切事物的理解是迟缓的，其次，我总是踏

① 《恩格斯逝世之际》，斯人译，北京出版社1985年版，第148页。
② 《马克思恩格斯全集》第31卷，人民出版社1972年版，第328—329页。
③ ［德］弗·梅林：《马克思传》，罗稷南译，人民出版社1965年版，第124页。

着你的脚印走。所以最近我可能要认真研究解剖学和生理学。"① 其实，这里不只包括马克思将要学习恩格斯研究自然科学的精神，也应包括他当时和以前学习恩格斯研究经济学的精神。不然，怎能说"总是"踏着恩格斯的脚印走？但是，恩格斯是十分谦逊的，并专门作了说明："我不否认，我和马克思共同工作40年，在这以前和这个期间，我在一定程度上独立地参加了这一理论的创立，特别是对这一理论的阐发。但是，绝大部分基本指导思想、尤其是对这些指导思想的最后的明确表述，都是属于马克思的。我所提供的，马克思没有我也能够做到，至多有几个专门的领域除外。至于马克思所做到的，我却做不到。马克思比我们大家都站得高些，看得远些，观察得多些和快些。马克思是天才，我们至多是能手。没有马克思，我们的理论远不会是现在这个样子。所以，这个理论用他的名字命名是理所当然的。"② 为此，恩格斯总是把自己置于马克思身后的"拉第二小提琴"的位置。

在马克思逝世后，恩格斯的这种高尚谦逊的品德，更加令人崇敬和感动。1890年恩格斯70岁寿辰之际，全世界社会主义者为他举行隆重的祝寿活动时，他在致《柏林人民报》、《法国工人党委员会》、匈牙利《工人纪事周报》和《人民言论》编辑部，以及致威廉·李卜克内西等人的信中一再说："以11月28日如此关怀地想念到我的老朋友和新朋友们表示我真诚的感谢。"并强调说："没有谁比我更清楚地知道"，"你们和其他许多人在这一天给予我的荣誉的绝大部分"，是"马克思播种的光荣和荣誉"。"因此，请允许我把它作为荣誉的花环奉献在马克思的墓前。"并进一步表示："我为了今后无愧于他而能做的一切，我都将做到。"③ 恩格斯的愿望和誓言，在他生前完全实现了。直到他临终前，还像往常一样，计划着做许多事，在他身患绝症恶化之际，于1895年7月23日，他还满怀希望地致信小劳拉说，明天将去伦敦手术，"看来我脖子上的这块土豆地终于到了紧要关头，脓肿处可以切开，那样就舒服了，终于等到了！漫长

---

① 《马克思恩格斯全集》第30卷，人民出版社1975年版，第410页。
② 《马克思恩格斯文集》第4卷，人民出版社2009年版，第296—297页。
③ 《马克思恩格斯文集》第22卷，人民出版社1965年版，第100—104页。

的道路有希望走到转弯处了"①。信中还谈了当时的有关政治事件和工人运动的问题，让人感觉不到他在受着极端恶化的病魔所折磨。但是谁也未料到，这竟是他生前的最后一封亲笔信。7月21日，为恩格斯治病的医生说，他的病情已经发展到十分危险的程度，随时都能突然死亡。可是恩格斯却充满了希望康复的信心。7月24日，他在阿德勒陪同下从伊斯特勒恩回到伦敦家中，他还能自己料理身边的琐事。几天之后，就不能自理了，到8月5日晚10时30分，恩格斯就与世长辞了，国际无产阶级事业遭受到了不可弥补的巨大损失。今天我们纪念他逝世120周年，要弘扬和承继他伟大的共产主义精神和为维护和发展马克思主义学说的与时俱进的开拓创新思想，学习他高尚的谦逊品德。为此，我们要正确地深刻研读他的著作和论断，反对曲解他的著述，批判给他抹黑的错误行径。

（二）批判制造"马克思哲学思想恩格斯化"的谬论

历史事实表明：马克思和恩格斯半个世纪的共同工作，互相理解，原则一致，情投意合，同心同德，为工人阶级的解放事业携手战斗的结合，就形成了一种真正情深意笃的亲密关系。正如马克思在致恩格斯的信中所说："我诚心告诉你……这时唯一能使我挺起身来的，就是我意识到我们俩人从事着一个合伙的事业，而我则把自己的时间用于这个事业的理论方面和党的方面。""亲爱的朋友，在所有一切情况下比任何时候更感觉到，我们之间存在的这种友谊是何等的幸福。你要知道，我对任何关系都没有作过这么高的评价。"② 马克思和恩格斯无论在公开场合，还是在他们的著作中，原则相同，步调如一。他们两人写的每一行字，只要未经另一个事先审阅认可或者在主要思想上取得一致意见，是不会发表的。从而这个就成了另一个的合作者，而他们两人同样都是大师。所以，列宁说："要正确评价马克思的观点，无疑必须熟悉他最亲密的同志和合作者弗里德里希·恩格斯的著作。不研读恩格斯的全部著作，就不可能理解马克思主

---

① 《马克思恩格斯全集》第39卷，人民出版社1975年版，第476页。
② 《马克思恩格斯全集》第31卷，人民出版社1972年版，第135、185页。

义，也不可能完整地阐述马克思主义。"因此，"把马克思和恩格斯两个人的名字作为现代社会主义奠基人的名字并列在一起是很公正的"。① 这样的历史事实，却被有的研究者所无视，他们追随现代西方的马克思和恩格斯"对立论"，提出马克思"从劳动研究哲学本体"，所以，是"劳动本体论"，恩格斯是"从物质或自然研究哲学本体"，故是"物质本体论"，并说恩格斯在《自然辩证法》和《路德维希·费尔巴哈和德国古典哲学终结》两书中，强调"劳动具有派生性质，物质或自然才具有本原性质"，马克思"研究的思路正好相反"，"自然或物质是劳动的产物"，是"人化自然"，"自然或物质从属于劳动而不是相反"。这种有意的捏造，完全是西方学者诺曼·莱文的马克思"从人出发"，恩格斯"从物出发"的"对立论"之仿造，因为，劳动是人的劳动，马克思"从劳动研究哲学本体"，自然也就是"从人出发"了。对这种所谓"马克思哲学思想恩格斯化"的依据和分析，完全是对马克思和恩格斯思想观点的曲解和主观的加工演绎。

　　首先，我们要问：马克思在哪部著作中是从劳动研究哲学本体问题的？能说马克思的《资本论》研究是从劳动出发吗？回答是不能的。马克思的政治经济学的研究对象也不是从劳动出发。那么，是否能说在《1844 年经济学哲学手稿》中，马克思是"从劳动出发研究哲学本体"？能得出"自然或物质是劳动的产物"，"自然或物质从属于劳动"的结论吗？是不可能的。马克思在肯定黑格尔把具有创造性质的劳动看作是人的本质规定的同时，指出黑格尔和古典经济学家一样，只看劳动的积极方面，没有看到劳动在资本主义私有制度下的消极方面，即异化劳动。马克思从四个方面分析和阐明了异化劳动及其与私有财产的关系，根本看不出马克思是"从劳动研究哲学本体"的印痕。相反，其中马克思却反复阐明自然界优先于劳动的问题。他说："没有**自然界**，没有**感性的外部世界**，工人什么也不能创造。自然界是工人的劳动得以实现、工人的劳动在其中活动、工人的劳动从中生产出和借以生产出自己的产品和

① 《列宁专题文集》（论马克思主义），人民出版社 2009 年版，第 50、80 页。

材料。""整个自然界——首先作为人的直接的生活资料，其次作为人的生命活动的对象（材料）和工具——变成人的**无机的身体**。人靠自然界**生活**……所谓人的肉体生活和精神生活同自然界相联系，不外是说自然界同自身相联系，因为人是自然界的一部分。"① 马克思在这里，不仅根本没有所谓"自然或物质是劳动的产物"，"自然或物质从属于劳动"的思想，而且和恩格斯在《劳动在从猿到人的转变中的作用》中的思想观点是完全一致的。恩格斯说："政治经济学家说：劳动是一切财富的源泉。其实，劳动和自然界在一起才是一切财富的源泉，自然界为劳动提供材料，劳动把材料转变为财富。"② 特别是在马克思和恩格斯合作的《德意志意识形态》中，他们提出的实践的唯物主义，认为存在着不以人的意志为转移的物质世界，并指出："只要这样按照事物的真实面目及其产生情况来理解事物，任何深奥的哲学问题——后面将对这一点作更清楚的说明——都可以十分简单地归结为某种经验的事实。"在他们阐述实践对周围世界的重大作用时，强调指出："在这种情况下，外部自然界的优先地位仍然会保持着。"③ 所谓"优先地位"即外部自然界存在是不依赖于人和人的实践的。这里要强调指出，《德意志意识形态》是马克思和恩格斯合作的成果。他们早期提出的"实践的唯物主义"和晚年恩格斯关于物质和意识关系的思想是一致的，他们坚持的哲学唯物主义观点是一贯的，不过早期是针对旧唯物主义，就侧重实践的意义；晚年是针对唯心主义和杜林的不彻底的唯物主义，恩格斯就侧重物质世界的客观存在，以物质是第一性的、意识是派生的论断明确地回答了唯心主义。因此，不能把马克思和恩格斯的哲学观武断地分割为"劳动本体论"和"物质本体论"。这是违背事实的荒谬观点。有的研究者还以《反杜林论》的有关内容，说明马克思和恩格斯对马克思主义理论体系的理解是不相同的。这完全是武断的猜测，在没有认真阅读过马克思和恩格斯及致他人关于杜林和《反杜林论》的 38 封信（1868 年 10 封、

---

① 《马克思恩格斯文集》第 1 卷，人民出版社 2009 年版，第 158、161 页。
② 《马克思恩格斯文集》第 9 卷，人民出版社 2009 年版，第 550 页。
③ 《马克思恩格斯文集》第 1 卷，人民出版社 2009 年版，第 528、529 页。

1876 年 8 封、1877 年 13 封、1878 年 6 封、1879 年 1 封），特别是不事
先研读马克思的《评杜林〈国民经济学批判史〉》，就没有资格对《反
杜林论》进行言说与评论。

其次，"马克思哲学思想恩格斯化"的制造者，以嘲讽的语气诘难恩
格斯关于自然辩证法的思想，并以对马克思回复恩格斯的信作剪头截尾的
手法，摘出其中的一句为我所用的话（即"我不能冒昧地发表自己的意
见"），就武断地认为，这句话就表明马克思不支持、不同意恩格斯《自
然辩证法》的研究和关于辩证法的观点。人所共知，关于是否承认自然辩
证法问题，也是西方"对立论"者对恩格斯诘难的一个主要问题。历史事
实告诉我们，研究和建设科学的自然辩证法是恩格斯的一大贡献。他的未
完成的著作《自然辩证法》，系统论述了存在于自然界中的客观辩证法。
他说："所谓的客观辩证法是在整个自然界起支配作用的，而所谓的主观
辩证法，即辩证的思维，不过是在自然界中到处发生作用的、对立中的运
动的反映。"① 马克思关于辩证法的主要思想和恩格斯的这个思想是一致
的。马克思一再申明自己的辩证法是唯物主义的。他说："我的辩证法，
从根本上来说，不仅和黑格尔的辩证方法不同，而且和它截然相反。在黑
格尔看来，思维过程，是现实事物的创造主，而现实事物只是思维过程的
外部表现。我的看法则相反，观念的东西不外是移入人头脑并在人的头脑
中改造过的物质的东西而已。"② 这里"观念的东西"指辩证思维方法，
即主观辩证法；"物质的东西"指客观存在辩证法，即客观辩证法。不仅
如此，恩格斯对自然辩证法的研究，马克思不仅完全知道，而且是十分赞
赏。就以被"马克思哲学思想恩格斯化"者剪头截尾的马克思致恩格斯回
信，就能说明马克思对恩格斯的支持和赞赏。这信的开头说："刚刚收到
你的来信，使我非常高兴。但是，我没有时间对此进行认真思考，并和
'权威们'商量，所以我不敢冒昧地发表自己的意见。"③ 当时，马克思真
诚友好地说这些话，因为"我在这里向穆尔讲了一件我私下为之忙了好久

① 《马克思恩格斯文集》第 9 卷，人民出版社 2009 年版，第 470 页。
② 《马克思恩格斯文集》第 5 卷，人民出版社 2000 年版，第 22 页。
③ 《马克思恩格斯全集》第 33 卷，人民出版社 1973 年版，第 86—87 页。

的事"。故"没有时间对此进行认真思考","不敢冒昧地发表自己的意见"。但信的结尾却说:"肖莱马读了你的信以后说,他基本上完全同意你的看法,但暂不发表更详细的意见。"① 马克思的这封信内容很多,其基本主导思想是同穆尔商谈他"为之忙了很久的事",并且马上要和"穆尔一起"外出。根本没有"恩格斯化"者所断言的意思。事实上,肖莱马在恩格斯信上写了一些赞同的旁批。如对恩格斯在信中说"自然科学的对象是运动的物质、物体"部分,肖莱马在页边上写着"很好,这也是我个人的意见"。再如有的边页旁批:"完全正确"、"这是最根本的"② 等。这完全可以表明马克思对恩格斯的自然辩证法研究,是持"认真"支持和十分赞赏的态度。恩格斯的《反杜林论》中有许多关于自然辩证法和辩证法的三大规律的阐述,马克思不仅对此书十分赞赏,而且对其中关于自然界的辩证规律阐述也是明确肯定的。如果说马克思否定自然辩证法,并与恩格斯相对立,那是违背事实的。

再次,"马克思哲学思想恩格斯化"的制造者断言,恩格斯的《卡尔·马克思〈政治经济学批判〉第一分册》是"马克思哲学思想恩格斯化的过程由此起步,此后原生态马克思主义哲学的发展改变了方向"。这种曲解原著的学风,既可悲又令人气愤。同时也暴露了这位先生未读过恩格斯写的关于《资本论》第一卷的其他"书评"③。如果读过,就不会发表这种狂言。恩格斯的这篇书评,既是应马克思的要求写的,又是按照马克思要求的主要内容写的,特别是恩格斯写成后交给马克思审定的,怎能断言"马克思哲学思想恩格斯化由此起步"呢?不过,在这位先生看来,因为它"第一次使用'唯物主义历史观'的提法。恩格斯在此及后来以这一提法为标识,不断充实和系统化其内容,使它成为恩格斯化马克思主义哲学的一半内容,即狭义历史唯物主义……"这种荒谬的论断,实为罕见。首先要问下这位先生:"原生态马克思主义哲学"是什么样的?恩格

---

① 《马克思恩格斯全集》第 33 卷,人民出版社 1973 年版,第 89 页。
② 见《马克思恩格斯文集》第 10 卷,人民出版社 2009 年版,第 385—389 页。
③ 见《马克思恩格斯全集》第 21 卷,人民出版社 2003 年版,第 304—318、335—340、359—370、426—450 页。

斯晚年书信中为什么一再出现历史唯物主义的说法？人所共知，马克思和恩格斯的每一部著作、通讯和重要论断都是有十分具体的历史背景、历史条件和论说语境的，不是为著作而著作，更不是在说空话。恩格斯在这篇评论著作中，"第一次使用'唯物主义历史观'"，是由当时的具体情况决定的。只要不抱曲解原意的态度，而真正地阅读下这部著作就可理解第一次使用唯物主义历史观提法的原因①：第一，马克思对资产阶级经济的批判"绝不是对经济学的个别章节"，也"绝不是对经济学的某些争论问题作独立的研究"，而是对全面的批判，包括其理论基础和方法论原则和全部经济学文献的批判。因为政治经济学的原理不是永恒有效的真理，它是一门历史科学。政治经济学这门历史科学的理论和方法，在马克思的唯物主义历史观创立之前均未正确解决，而资产阶级经济学家却采用的是"沃尔弗式的形而上学"。这种传统的、平庸的、缺乏历史联系的，自相矛盾的形而上学的唯心主义方法，把资本主义说成没有历史的永恒存在。因此，必须以唯物主义历史观彻底批判和改造资产阶级经济学及其理论和方法。第二，1848 年以来随着资本主义经济的强大发展，新的自然科学唯物主义也发展了，其中拥有丰富的自然科学的材料，特别是化学和生物学的材料。实际上，这种唯物主义是毕希纳所代表的庸俗唯物主义，丝毫没有历史感。因此，必须强调唯物主义历史观的方法论。第三，唯物主义历史观及其方法论，是马克思通过批判改造黑格尔的唯心主义辩证法建立起来的。恩格斯认为，马克思在政治经济学批判研究中成功运用唯物主义历史观，是以借鉴批判黑格尔唯心主义辩证法为前提的。所以，马克思于1858 年 1 月 16 日致恩格斯的信中说，黑格尔的《逻辑学》在"材料加工的方法上帮了我很大的忙"②。但是，"黑格尔的方法以其现有的形式是完全不能用的"，必须予以唯物主义的改造。因为，"它实质上是唯心的，而这里要求发展一种比以前所有世界观都更加唯物的世界观。它是从纯思维出发的，而这里必须从最过硬的事实出发"③。由此可见，恩格斯首次提出

---

① 见《马克思恩格斯文集》第 2 卷，人民出版社 2009 年版，第 600—606 页。
② 《马克思恩格斯文集》第 10 卷，人民出版社 2009 年版，第 143 页。
③ 《马克思恩格斯文集》第 2 卷，人民出版社 2009 年版，第 604 页。

和使用"唯物主义历史观"这个术语，而不使用唯物史观，是与以上论述的对象与具体问题密切相关的。正如他在批判英国唯物主义时首次说明"历史唯物主义"的含义①和他晚年批判"经济唯物主义"时，而反复使用"历史唯物主义"，而不使用"唯物主义历史观"那样，都是由于论说的对象和具体问题的具体情况密切相关的。不能脱离一定的语境作武断曲解和主观推演，要如实地理解其原意。把"唯物主义历史观"硬说成是"狭义历史唯物主义"，广义历史唯物主义是何含义？近几年有些人追随着西方的"历史唯物主义重建"说法，企图通过对历史唯物主义的"分析"和"新解"，来否定恩格斯在创立和发展马克思主义哲学的应有贡献，误导人们对马克思主义理论信仰的动摇，是非常有害的错误。其实，"唯物主义历史观"、"唯物史观"和"历史唯物主义"的实质和内涵是一致，都是指马克思最先发现的社会历史发展规律的根本观点。"这种观点认为，一切重要历史事件的终极原因和伟大动力是社会经济发展，是生产方式和交换方法的改变，是由此产生的社会之划分为不同的阶级，是这些阶级彼此之间的斗争。"②马克思和恩格斯从来未说过"狭义历史唯物主义"和广义历史唯物主义的问题，而是有些人自作聪明的乱造，强加于马克思和恩格斯，是非常错误的。

（三）恩格斯在马克思逝世后 12 年的主要工作

1883 年 3 月 14 日马克思逝世，恩格斯怀着十分沉痛的心情，承担起马克思生前与他共同从事的光辉的共产主义事业。在马克思逝世后的 12 年间，年过花甲的恩格斯既要抓紧时间整理马克思遗留下来的手稿，出版《资本论》第二、第三卷，又要指导国际共产主义运动，接待诸多来访者，书信回答各国社会主义活动家提出的问题，还要密切关注研究时代的新发展和资本主义向垄断过渡带来的新变化、新形势和新问题，以完善和发展马克思主义理论。因而就要为马克思和他的有关著作撰写"再版前言"、"序言"、"导言"、"序言补充"和"脚注"等，在这十分广泛和繁重的

---

① 《马克思恩格斯文集》第 3 卷，人民出版社 2009 年版，第 508—509 页。
② 《马克思恩格斯文集》第 3 卷，人民出版社 2009 年版，第 508—509 页。

工作中，恩格斯像青年人那样朝气蓬勃，忘我工作。正如恩格斯本人所说："我将以我还余下的有限岁月，和我还保有全部精力，一如既往地完全献给我为之服务已近五十年的伟大事业——国际无产阶级的事业。"① 这是终生矢志不移的钢铁誓言，也是他生命不息、战斗不止的革命生涯的真实写照。关于恩格斯生前最后 12 年的主要工作是十分丰富的，因篇幅有限，我们只好略加阐述。

第一，恩格斯把整理、编辑出版《资本论》第二、第三卷，作为自己"压倒一切的任务"。这在本书的第四章中已作了详述。此处从略。

第二，恩格斯为完善和发展马克思主义基本理论，进行了多方面的艰辛工作。恩格斯在整理编辑出版《资本论》第二、第三卷的同时，密切关注社会经济、政治和社会意识形态等方面的新发展、新变化，并依据对这种新发展和新变化的研究，对马克思主义某些已有的理论观点，进行了补充、完善，为此对他和马克思的有关著作增写了"再版前言"、"序言"、"序言补充"、"导言"和"脚注"，特别是在致他人复信中，对马克思主义基本理论进行完善性论述和阐明。概括地说，主要是两大方面的研究和阐述。一是恩格斯针对 19 世纪 80 年代以后欧美各国相继建立的工人阶级政党，强调指出，工人阶级政党及社会主义活动者，在理论上，首先要树立正确的马克思主义观，旗帜鲜明地反对教条主义。恩格斯和马克思一样，一贯反对以教条主义的态度对待他和马克思的著作和理论，强调要有严肃的科学态度和坚持理论与实际相结合的原则。他针对 19 世纪 80—90 年代欧美各国工人阶级政党出现的对待马克思主义教条主义化的倾向，把马克思主义看作是背诵的教条和应付一切的公式，以及德国"青年派"和"左"的教条主义把唯物主义历史观庸俗化的错误，进行了尖锐批判。他强调马克思主义是发展着的理论，不是一成不变的凝固的教义。他说："我们的理论是发展的理论，而不是必须背得烂熟并机械地加以重复的教条。"他批评"德国人一点不懂得把他们的理论变成能推动美国群众的杠杆……而用学理主义和教条主义的态度去对待它，认为只要把它背得烂

① 《马克思恩格斯全集》第 22 卷，人民出版社 1965 年版，第 309—310 页。

熟，就足以满足一切需要，对他们来说，这是教条，而不是行动的指南"①。他"希望美国人一开始行动"，就实事求是地考虑"运动的实际出发点"。抛开德国的特点，必须完全脱去外国的服装，成为真正的彻底美国化的党。恩格斯在批评德国"青年派"时说："如果不把唯物主义方法当做研究历史的指南，而把它当作现成的公式，按照它来剪裁各种历史事实，那末它就会转变为自己的对立物。""我们的历史观首先是进行研究工作的指南，并不是按照黑格尔学派的方式构造体系的杠杆。"② 因为，马克思主义是为阐明和论证无产阶级的历史地位和历史使命而建立起来的科学理论，它植根于无产阶级社会实践中，随着社会实践的发展而不断发展着的活的理论。同时，恩格斯认为，包括他和马克思在内的人们的认识，都是受时代和科学文化发展状况的制约的，都具有一定的历史局限性的。他说："我们只能在我们时代的条件下去认识，而且**这些条件达到什么程度，我们就认识到什么程度。**"③ 由此可见，恩格斯关于树立正确的马克思主义观，反对教条主义，坚持从"运动的实际出发点"，把唯物主义方法当做研究历史的指南等论述，具有重要的理论意义和极为现实的实践意义。纵观国际共产主义运动发展史，特别是 20 世纪下半叶以来的社会主义实践发展的成败的历史，充分说明树立正确的马克思主义观，坚持从时代发展的特征和本国发展的实际情况出发的原则，把马克思主义这个发展着的活的理论作为实践的向导和方法，社会主义实践就能蓬勃发展，就能取得惊世的成功，反之则遭到失败的局面。这已经为苏联、东欧社会主义实践的失败和中国特色社会主义实践取得震惊世界的成就所证实。

二是恩格斯依据欧美资本主义由自由竞争向垄断过渡，为资本主义经济带来普遍繁荣和稳定发展的同时，欧美主要资本主义各国在政治上实行了以普选制为基础的民主议会制，为工人阶级政党带来合法斗争方式的新情况，恩格斯明确提出，工人阶级政党和社会主义活动家，在开展反对资本主义斗争中，要坚持科学的策略原则。为此，他在 1895 年 2—3 月间为

---

① 《马克思恩格斯文集》第 10 卷，人民出版社 2009 年版，第 562、557 页。
② 《马克思恩格斯文集》第 10 卷，人民出版社 2009 年版，第 583、587 页。
③ 《马克思恩格斯文集》第 9 卷，人民出版社 2009 年版，第 494 页。

马克思的《1848 至 1850 年的法兰西阶级斗争》一书写了《导言》。这是一篇阐述德国社会民主党关于革命策略的重要政论文章，恩格斯在总结 1848 年革命经验和 1871 年巴黎公社失败教训的基础上，其中强调了和平的合法斗争策略积极的现实价值。因为社会经济政治形势的新发展和军事武器很大的改进，"实行突然袭击的时代，由自觉的少数人带领着不自觉的群众实现革命的时代，已经过去"。同时，德国的工人阶级在议会选举中显示出的力量在日益增长和扩大。因此，他说："我们的主要任务就是不停地促使这种力量增长到超出现行统治制度的控制能力……而是要把它好好地保存到决战的那一天"①。就是说，德国社会民主党的斗争策略，应利用普选制，采取合法的议会斗争，宣传群众，发动和团结农民、中小资产阶级，积聚和组织力量，为最后决战作好准备。这里表明，恩格斯在强调采取合法的议会斗争策略的同时，不要丢掉最后决战的暴力斗争策略。因为，恩格斯对资本主义普选制是持两面看待的。在当时德国的实际情况看，社会民主党应重视参加普选制是有利的；同时也应看到，普选制不管有多少方面的好处，但对社会民主党来说，它主要是"一把衡量我们的行动是否适度的独一无二的尺子，使我们既可以避免不适当的畏缩，又可避免不适时的英勇"②，不要过分看它的意义。因为，"不定哪一天，德国资产者及其政府将对旁观日益高涨的社会主义高潮感到厌倦；他们将诉诸非法行为，诉诸暴力行为"。他们会"先开枪的"③。这里充分说明，晚年的恩格斯和早年创作《共产党宣言》的恩格斯一样，始终认为在夺权的关键时刻，统治者定会采取暴力手段来镇压革命者、颠覆者的。工人阶级政党是不能放弃暴力革命的策略原则。特别是当时的德国存在着采取武装暴力夺取政权的极大可能，因为德国的社会主义的主要力量决不在于选民的人数，而在于德国军队将越来越受社会主义的影响。

恩格斯的这篇《导言》发表之后，在国际共产主义运动史上引起极大的影响，并引起长期的争论。恩格斯逝世后不久，第二国际机会主义者伯

---

① 《马克思恩格斯文集》第 4 卷，人民出版社 2009 年版，第 549、551 页。
② 《马克思恩格斯文集》第 4 卷，人民出版社 2009 年版，第 545 页。
③ 《马克思恩格斯文集》第 4 卷，人民出版社 2009 年版，第 430 页。

恩斯坦对《导言》作了恶意曲解，把恩格斯说成放弃了暴力革命的策略原则，主张走合法和平过渡的改良主义路线，这种恶意曲解，理所当然地受到第二国际的左派倍倍尔、李卜克内西、卢森堡、普列汉诺夫等人的批判。后来，列宁对伯恩斯坦篡改《导言》，背叛马克思主义的改良主义路线，进行了全面系统的彻底批判。然而，前些年国内却有人步伯恩斯坦的后尘，以研究马克思、恩格斯著作的权威面孔出现，肆意曲解《导言》中的思想，对晚年恩格斯予以歪曲和抹黑，把恩格斯说成是"民主社会主义者"，是"和平长入社会主义的倡导者"，这是十分错误的，也是十分险恶的，理应受到严厉批判。

四、论"原原本本学习和研读经典著作"之要义

习近平同志担任中央领导工作以来，曾多次强调指出，党的干部特别是高级领导干部，要原原本本学习和研读经典著作。早在 2011 年 5 月 13 日出席中央党校开学典礼时就曾指出："马克思主义经典著作蕴含和集中体现着马克思主义基本原理，是马克思主义理论的本源和基础。"到 2013 年 12 月 3 日，他在中央政治局第十一次集体学习时，又十分明确地强调指出："原原本本学习和研读经典著作，努力把马克思主义哲学作为自己的看家本领，坚定理论信念，坚持正确政治方向，提高战略思维能力、综合决策能力、驾驭全局能力，团结带领人民不断书写改革开放历史新篇章。"① 这里，强调"原原本本学习和研读经典著作"，其含义深刻，意义久远。

（一）"原原本本"的首项要义：历史地、完整地、系统而具体地研读经典著作

要真正领悟和理解经典著作蕴含着"马克思主义理论的本原和基础"，

---

① 习近平在中央政治局第十一次集体学习时《讲话》，载《光明日报》2013 年 12 月 5 日第 1 版。

必须持历史地、完整地、忠实于经典著作的态度，这也是"原原本本"的内在要求。因为，经典作家不是为著作而著作，也不是为制造某种理论体系而构造一种绝对真理性的教条公式，而是为了从理论上论证和阐明工人阶级的历史地位和历史使命。工人阶级及其政党的先进历史地位，决定了其历史使命，就是要研究和克服为资本主义制度所造成的极端不公正、不平等，以及种种阻碍人类社会健康发展的"异化"问题。正如马克思所说："我们的任务是要揭露旧世界，并为建立一个新世界而积极工作。""新思潮的优点就恰恰在于我们不想教条式地预料未来，而只是希望在批判旧世界中发现新世界……所以，我不主张我们竖起任何教条主义的旗帜。相反地，我们应当尽量帮助教条主义者认清他们自己的原理的意义。"[①] 这里，深刻表明，经典作家创立理论的意义，在于武装工人阶级掌握改造旧世界、建立新世界的科学理论。所以，他们的著作都是从维护工人阶级根本利益的立场出发，针对当时面临的社会基本矛盾和思想理论原则问题，从理论上予以分析和阐明，揭示出社会基本矛盾的性质和产生的根源，以及对人类社会历史发展造成的灾难，并依据历史发展的趋势，指出消除社会基本矛盾的条件、途径和方法，并对错误的思想理论问题予以批驳与澄清。对此，我们举出马克思和恩格斯合作的第一部著作《神圣家族》略作说明。

马克思、恩格斯的《神圣家族》，针对布鲁诺·鲍威尔一伙青年黑格尔派在《文学总汇报》中，把整个德国思辨哲学的全部谰言推进到极端的荒谬理论。对此，马克思、恩格斯进行了深刻的批判。他们指出，布鲁诺·鲍威尔一伙把"自我意识"绝对化，认为"自我意识"是唯一的存在，是绝对的主体。揭露他们从抽象的"自我意识"推论出现实事物、改变现存社会制度的唯心史观，批判他们放弃工人阶级物质的经济利益，要求停止对资本主义社会制度的斗争，转向纯理论斗争的荒唐主张。马克思在批判布鲁诺·鲍威尔的"自我意识"和对费尔巴哈及其唯物主义"征讨"中，创造性地明确指出"物质生产力是历史的发源地"科学命题。指

---

① 《马克思恩格斯全集》第 1 卷，人民出版社 1956 年版，第 414、416 页。

出鲍威尔把自我意识看成是历史的发源地，就不能科学地说明人类历史的起源问题。因为，它把历史同自然科学和工业分开、把人对自然的理论关系和实践关系排除于历史运动之外，就不可能科学说明历史时期。在马克思、恩格斯看来，人与自然的理论关系和实践关系是考察历史起源的前提，历史同自然科学和工业的关系，表明了人类历史就是人类实践的历史，因为自然科学和工业都是人类实践的产物。同时，马克思、恩格斯还着重批判了鲍威尔否定人民群众历史作用的唯心史观，指出鲍威尔认为的群众是自我意识的真正敌人、是历史发展的阻力的观点，是对社会历史现实的歪曲和颠倒，必须从理论和现实两方面予以批判。马克思、恩格斯在批判中，明确提出了人民群众是历史的创造者这一科学命题。

　　这样，物质生产力是历史的发源地、人民群众是历史的创造者这两个科学命题，都显示了历史唯物主义的基本内容，即历史唯物主义基本理论的本原和基础问题。物质生产力是历史的发源地，表明是历史存在与发展的基础，是历史唯物主义的起点，它主要是对历史客体的科学说明；人民群众是历史的创造者，表明了物质生产力怎样成为历史存在和发展的基础问题，它主要是对历史主体的科学说明，二者彰显了历史唯物主义基本理论的本源和基础。由此深刻表明，坚持历史地、完整系统的研读态度与方法，即原原本本研读经典著作，才能够理解和掌握其中"蕴含和集中体现着马克思主义基本原理的本原和基础"。如同恩格斯致约瑟夫·布洛赫信中所说："我请您根据原著来研究这个理论，而不要根据第二手材料来进行研究。"同时，原原本本研读经典著作，即坚持历史的、完整系统的研读态度与方法，既是经典著作的内在要求，又是避免和防止对经典著作片面性的解读或误读的有力工具。

　　恩格斯在为《资本论》第三卷写的"序言"中曾说："一个人如果想研究科学问题，首先要学会按照作者写作的原样去阅读自己要加以利用的著作，并且首先不要读出原著中没有的东西。"① 这就是说，对经典著作不能片面性地研读，要忠实于原著的思想内容。可是，在马克思主义发展史

----

① 《马克思恩格斯文集》第 7 卷，人民出版社 2009 年版，第 26 页。

上，却不是完全这样的，曾存在对经典著作采取机会主义和教条主义的片面化解读的时期，而且产生了不良的影响。第二国际的伯恩斯坦等对经典著作采取机会主义的解读，把历史唯物主义原理曲解为经济唯物主义，受到恩格斯的深刻批判。斯大林时期对经典著作采取教条主义的解读，把马克思主义哲学理论，予以简单化、条条化，特别是把唯物辩证法的对立统一规律和否定之否定规律予以抹杀和否定，是十分错误的。现代西方出现的人道主义的马克思主义、科学主义的马克思主义、马克思、恩格斯对立论等错误理论，都是建立在对经典著作的肢解和误读之上的。综上所述，正反两方面充分表明，"原原本本研读经典著作"的首项要义，就是坚持历史的、完整系统的、忠实于原著的态度与方法，反对机会主义、教条主义和实用主义的肢解和误读。

（二）"原原本本"的基本要义：牢固掌握马克思主义基本理论、提高思维能力

当前，强调原原本本研读经典著作，是中国特色社会主义现代化建设实践发展的要求，不是为研读而研读。当下，中国特色社会主义现代化建设处于重要关键时刻，既要在2020年全面建成小康社会，又要为顺利实现两个"一百年"准备好各项条件。但是，与这种史无前例的双重历史任务存在的同时，还有许多纷杂的社会矛盾和思想理论问题，特别是国际间的矛盾问题，需要很好地予以化解与克服。所以，习近平同志在强调原原本本研读经典著作时，还明确提出党的干部特别是高级领导干部要有全局意识、大局意识和政治意识，要提高战略思维、历史思维、辩证思维和创新思维。但是，要牢固树立起这些意识，提高这些思维能力，就要原原本本研读经典著作，这是必修课。因为，每部经典著作，都体现着经典作家面临问题时，总是站在时代的高度，以历史的辩证视角，予以分析、研究和阐明，以对工人阶级及其政党予以理论指导和思想武装。如马克思的早期著作《〈黑格尔法哲学批判〉导言》，在阐述关于德国社会革命性的批判与改造时，其主要批判对象是反映资本主义制度的黑格尔哲学，对"低于历史水平"的德国制度的批判与改造，是站在高于资本主义时代的批判，是很有意义的。"因为德国现状是旧制度的**公开的完成**，而旧制度是

现代国家的隐蔽的缺陷。"马克思在对比了德国和法国进行革命的实情后，站在时代的高度，以未来的眼光作出结论："德国唯一**实际**可能的解放是以宣布人是人的最高本质**这个**理论为立足点的解放……**彻底的**德国不从**根本上**进行革命，就不可能完成革命。"①

　　经典著作不仅体现经典作家站在时代的高度，以历史的、辩证思维的方法分析、研究和阐明面临的重大课题；而且更为重要的体现，是以科学理论指导和武装工人阶级及其政党。这里，关于这一特点，我们拟举出恩格斯的一段话，加以说明。恩格斯在《〈德国农民战争〉1870 年第二版序言补充》中，依据当时的欧洲工人运动的发展，其中心转向了德国，恩格斯通过对德国工人同欧洲其他各国工人分析比较，认为德国工人有两个优越之处，占据有利的地位，工人运动的发展，就使得德国工人处于无产阶级斗争的前列。恩格斯指出："形势究竟容许他们把这种光荣地位占据多久，现在还无法预先断言的。但是，只要他们还占据这个地位，我们就希望他们能履行在这个地位所应有的职责。要做到这一点，就必须在斗争和鼓动的各个方面都加倍努力。特别是领袖们有责任越来越透彻地理解种种理论问题，越来越多地摆脱那些属于旧世界观的传统言辞的影响，而时时刻刻地注意到：社会主义自从成为科学以来，就要求人们把它当做科学来对待，就是说，要求人们去研究它。必须以高度的热情把由此获得的日益明确的意识传播到工人群众中去，必须不断增强党组织和工会组织的团结。"② 这里，我们做这样长的引证，除具体表明经典著作体现着以科学理论指导、武装工人阶级及其政党的特点，还深刻启示我们认识到，工人阶级政党的实践活动，一刻也不能脱离科学理论的学习和研究，而且还要时时更新思维观念，特别是在客观形势发生转变时期，更要加强科学理论的学习和研究，以使工人阶级及其政党对客观形势发展变化时，具有清醒的认识和应对能力。也就是说，理论上清醒，政治上才能坚定。从而表明，原原本本学习和研读经典著作，不是为学习而学习，也不是为研读而研读，而是从经典著作中学习和掌握到其中的基本理论，提高思维能力。正

---

① 《马克思恩格斯文集》第 1 卷，人民出版社 2009 年版，第 7、18 页。
② 《马克思恩格斯文集》第 2 卷，人民出版社 2009 年版，第 218、219 页。

如习近平同志所指出："要原原本本学习和研读经典著作，努力把马克思主义哲学作为自己的看家本领，坚定理想信念，坚持正确政治方向，提高战略思维能力、综合决策能力、驾驭全局能力，团结带领人民不断书写改革开放历史新篇章。"① 这里，要强调指出两点，一是马克思主义哲学是科学的世界观和方法论，它深刻揭示了客观世界特别是人类社会发展的一般规律，在当今时代依然有着强大生命力，依然是中国共产党的理论基础，依然是指导我们党和国家各项事业发展和前进的强大思想武器。"即使在当今西方社会，马克思主义仍然具有重要影响力……实践也证明，无论时代如何变迁、科学如何进步，马克思主义依然显示出科学思想的威力，依然占据着真理和道义的制高点……坚持以马克思主义为指导，首先要解决真懂真信的问题。"② 就是说，学习和研读经典著作，首要的是坚定马克思主义理论信仰，牢牢掌握住这个强大思想理论武器。对此，习近平同志在中央政治局第二十六次集体学习时讲得更为具体："要立根固本"，"我们共产党人的根本，就是对马克思主义的信仰，就是对共产主义和社会主义的信念，对党和人民的忠诚。立根固本，就是坚定这份信仰、坚定这份信念、坚定这份忠诚"。③ 二是学习和研读经典著作，要着重研究和掌握其中的方法。这既是马克思主义哲学理论本质的要求，也是方法本身意义的要求。恩格斯曾多次强调指出："马克思的整个世界观不是教义，而是方法。""如果不把唯物主义方法当做研究历史的指南，而把它当做现成的公式，按照它来剪裁各种历史事实，那它就会转变为自己的对立物。"④ 这里深刻揭示了方法是理论体系的灵魂，是用来指导研究历史事实的工具。方法之所以重要，不在其本身，而在于运用它可以作出一些新的论断或新的结论，以推动现实实践的前进；同时，方法还是改正原有论断或结论中不适用现实实践发展需求的成分。由此，使我们进一步认识到，习近平同志

---

① 习近平在中央政治局第十一次集体学习时《讲话》，载《光明日报》2013年12月5日第1版。

② 习近平：《在哲学社会科学工作座谈会上的讲话》，载《光明日报》2016年5月19日。

③ 习近平：《党员、干部都要按照"三严三实"要求鞭策自己》，见《十八大以来重要文献选编》（中），中央文献出版社2016年版，第675—676页。

④ 《马克思恩格斯文集》第10卷，人民出版社2009年版，第691、583页。

提出，要党的领导干部学习毛泽东当年为中央写的决定《关于领导方法的若干问题》，是有深刻的重要意义。事实上，在习近平同志的系列重要讲话中，既提出了治国理政的新理论、新思想和新战略，又贯穿着马克思主义的思想方法和工作方法，深刻体现了马克思主义中国化的新发展，很值得我们深入领悟和学习研究。

（三）"原原本本"的根本要义：以理论创新推进马克思主义中国化新发展

原原本本学习和研读经典著作的根本要义，或者说根本目的，在于理论创新。一方面，依据现时代实践发展的新要求，对马克思主义基本理论作进一步完善、丰富、发展与创新；另一方面，在研读和运用马克思主义基本理论中，推进马克思主义中国化新发展。习近平总书记在庆祝中国共产党成立 95 周年大会上的讲话中说："坚持不忘初心、继续前进，就要坚持马克思主义的指导地位，坚持把马克思主义基本原理同当代实际和时代特点紧密结合起来，推进理论创新、实践创新，不断把马克思主义中国化推向前进。"[1] 应当说，这是对原原本本学习和研读经典著作根本要义的极好诠释，现时代发展中出现的诸多现象和特征，是为经典作家所处的时代所没有过的。所以，对经典著作不能以教条主义的态度研读，要依据新的实践经验，对经典著作中某些理念、论断和某些原理，予以完善、发展和创新。这既是现时代实践发展的要求，也是马克思主义理论本质属性的体现。恩格斯在批判对待马克思主义教条主义化时，指出："德国人一点不懂得……这种理论，而用学理主义和教条主义的态度去对待它，认为只要把它背得烂熟，就足以满足一切需要。对他们来说，这是教条，而不是行动的指南。"又说："我们的理论是发展着的理论，而不是必须背得烂熟并机械地加以重复的教条。越少从外面把这种理论硬灌输给美国人，而越多由他们通过自己亲身的经验（在德国人的帮助下）去检验它，它就越会深入他们的心坎。"[2] 恩格斯不仅反对别人以教条主义的态度对待他和马克思

---

① 习近平：《在庆祝中国共产党成立 95 周年大会上的讲话》，载新华网 2016 年 7 月 1 日（http://www.xinhuanet.com/politics/2016 – 07/01/c – 1119150660.htm）。

② 《马克思恩格斯文集》第 10 卷，人民出版社 2009 年版，第 557、562 页。

的著作和理论，而且总是根据实践的发展来修改或补充他和马克思已作出的结论。恩格斯和马克思一样，每一次从社会政治舞台退回书斋或对新情况、新问题作理论探索时，总是依据实践的新发展，概括出新的思想观点和新的论断，按照新的社会实践发展的进程，来修订或补充原先的观点和结论。因为，恩格斯认为，包括他和马克思在内人们的认识，都是受时代和科学文化发展情况的制约，都是具有一定的历史局限性。所以，他说："我们只能在我们时代的条件下去认识，而且**这些条件达到什么程度，我们就认识到什么程度。**"① 现时代发展的新情况、新特点，与马克思、恩格斯所处的时代相比，是翻天覆地的变化，人类社会发展所面临的问题更繁多、更复杂、更难化解，无论在社会经济、政治、文化、科学、信息、生态等领域的新发展、新情况，以及带来的新问题，都是前所未有过的。因此，当前原原本本学习和研读经典著作，必须以创新精神为主导，加强理论武装，提高思维能力，以应对新情况、新问题。习近平同志《在哲学社会科学工作座谈会上的讲话》，为我们指导出了方向和具体思路。他说："马克思主义具有与时俱进的理论品质。新形势下，坚持马克思主义，最重要的是坚持马克思主义基本原理和贯穿其中的立场、观点、方法。这是马克思主义的精髓和活的灵魂。马克思主义是随着时代、实践、科学发展而不断发展的开放的理论体系，它并没有结束真理，而是开辟了通向真理的道路……把坚持马克思主义和发展马克思主义统一起来，结合新的实践不断作出新的理论创造，这是马克思主义永葆生机活力的奥妙所在。"这里十分明确地指出了，当下学习和研读经典著作的重心，不是对其中的论断、结论或某些原理的阐释和说明，而是在新的实践应用中对其中的某些论断、结论和原理的完善、发展和创新，创新既是马克思主义发展的永恒主题，更是马克思主义永葆生机活力的源泉。纵观马克思主义中国化的历史进程，马克思主义在中国之所以不断地获得新发展、社会主义社会制度之所以在中国的实现，并取得震惊世人的巨大成就，而且对当代世界发展的进程产生了积极的影响和作用，就在于中国共产党始终坚持理论与实际

---

① 《马克思恩格斯文集》第9卷，人民出版社2009年版，第494页。

相结合的马克思主义原则，把马克思主义基本原理同中国实际国情和时代发展的特点紧密结合起来，在实践中推进了马克思主义新发展，为马克思主义基本理论增添了新内容。毛泽东思想是马克思主义中国化的首要硕果，是马克思主义基本原理在中国的巨大飞跃，中国特色社会主义理论体系建立，是马克思主义基本原理在中国的又一次巨大飞跃。特别是党的十八大以来，习近平总书记系列重要讲话对党和国家工作全局所作的全面系统论述，涵盖广泛、内容丰富、思想深刻，是具有系统性的科学体系，充分体现了在理论和实践上的伟大创造。如为实现"两个一百年"奋斗目标、实现中华民族伟大复兴中国梦，提出制定推进国家治理体系和治理能力现代化、发展社会主义市场经济、"四个全面"战略布局、实施"五大"发展理念、统筹五位一体的建设、推进"一带一路"、建设人类命运共同体等等重要内容，都是具有原创性、时代性的新思想、新理念和新论断，深化了我们党对执政规律、社会主义建设规律和人类社会发展规律的认识，升华了马克思主义发展新境界，增添了中国特色社会主义理论体系新成果，是马克思主义中国化最新发展。纵观其系列重要讲话理论蕴含的最大特点：是在对马克思主义基本原理作整体性的融会贯通的基础上，以综合性、系统性方法逻辑地运用于有关国内国际两个大局的实践中，是真正将马克思主义基本原理的立场、观点、方法与现实实践紧密结合起来的典范。例如，"四个全面"战略布局的提出，是依据我国社会发展进程历史阶段的客观实情，把全面建成小康社会作为战略目标，就在于它既承担着第一个一百年的梦想实现，又同时指向中华民族伟大复兴的广阔未来。"四个全面"理论蕴含是丰富的，既有生产力和生产关系的问题、经济基础和上层建筑相互协调发展的问题，也有社会与自然、人与自然相互适应的关系问题，还有上层建筑内部诸领域的相互关系问题。特别是"四个全面"中贯穿着丰富的辩证法思想。"全面"就包含着社会建设和生态建设相对称，软实力和硬实力相匹配，先发展地区与后发展地区统筹共进，法治与人文的和谐，等等，都是辩证的对立统一的关系。从而要求我们要以战略思维、历史思维、辩证思维和创新思维，对"四个全面"进行深刻理解和掌握。从"四个全面"

的内涵及其蕴含理论的指向看，"四个全面"既是当前和今后相当长时期的战略布局，也是社会主义现代化建设实践的理论基础和方法论原则。习近平同志提出的"五大发展理念"的理论蕴含，不仅是对唯物史观和科学社会主义学说基本原理的丰富、发展和创新，同时也是对马克思主义政治经济学理论的补充和更新，更是马克思主义发展观的最新成果。从而进一步表明，原原本本学习和研读经典著作的根本要义，或根本目的，就是对其中的基本原理在实践中进一步完善、丰富、发展和创新，把马克思主义中国化推进新境界。

附录

"有些地方还有待进一步完善"①
——记武汉大学哲学学院教授朱传棨

《中国社会科学报》记者　明海英

本应是安享晚年的年纪，可他在离休后坚持发挥余热，不仅参加研讨会、发表 40 余篇论文成果，还出版了《面向新世纪的马克思主义哲学》、《恩格斯哲学思想研究论稿》等著作。日前，记者采访了这位笔耕不辍的 88 岁老人、武汉大学哲学学院教授朱传棨。

讲授马克思主义哲学史

朱传棨早年参加革命。在革命干校时，学习了新民主主义论、马列主义基础等，打下了理论基础。1950 年入山东大学历史系学习期间，选修了逻辑学和政治经济学。课下，他自发研读了翦伯赞的《历史哲学教程》、侯外庐的《中国思想通史》等理论性著作，培养了对学术的浓厚兴趣。1953 年大学毕业后，朱传棨考取了北京大学哲学系研究生。

1956 年研究生毕业时，由于有本科学习历史学的背景，又系统学习了马克思主义哲学，朱传棨留在了北京大学中国哲学教研室，在冯友兰、周辅成、任继愈三位名师指导下进修中国哲学。

1958 年秋，受时任武汉大学校长李达邀请，朱传棨来到武汉大学哲学

---

① 原载《中国社会科学报》2016 年 8 月 29 日"大家印象"栏。

系任教。1960 年，从中国哲学教研室转到马克思主义哲学教研室。朱传棨是当时中国较早从事马克思主义哲学史研究的学者之一，并开设了马克思主义哲学史课程。不仅哲学系 77 级、78 级本科生和 79 级研究生听这门新课，中文系、历史系、外文系甚至理科专业的学生都慕名前来听课。

反对曲解马克思主义哲学

学术研究中，朱传棨既坚持基本理论，又开拓求新，在《中国社会科学》、《哲学研究》、《马克思主义研究》等刊物上发表论文 60 余篇，其著作《马克思主义哲学史纲》获国家教委优秀教材二等奖。

朱传棨一贯反对曲解马克思主义哲学。1983 年以来，在反思《马克思主义哲学原理》教科书内容中的简单化、教条化、片面化的讨论中，他针对马克思主义"过时论"、"多元论"的观点，和企图把马克思主义哲学消融于存在主义、结构主义哲学之中的思想倾向，发表了《改革的哲学和哲学的改革》等文章，深刻论证了马克思主义哲学在本质上就是批判的、改革的哲学。

"马克思主义哲学的发展，主要是植根于社会实践和科学的新发展。它适应社会实践的需要而产生，又在指导实践、批判旧世界的过程中，实现自己的发展和完善化。"朱传棨说，马克思和恩格斯每一次开展社会政治斗争后，每一次遇到新情况、新问题进行理论探索时，都是依据实践的新发展，总结概括出新的思想观点和论断，或者根据科学发展的新成就，做出新的理论概括，然后实事求是地修改、取代、或完善已有的结论和判断，以致对自己原有论断作出严肃的自我批判。"当前进行的马克思主义哲学教科书改革，必须坚持在马克思主义基本理论的指导下，通过总结和概括社会主义实践、科学技术发展中的新情况、新成就，丰富和发展马克思主义哲学。"朱传棨说道。

比较研究马克思恩格斯思想

"马克思主义学说，虽然以马克思的名字命名，但它并不是马克思一个人创立的，它是马克思和恩格斯共同创立的。"朱传棨说，有学者把马克思和恩格斯作"一体化"研究，其中又着重于马克思的哲学思想研究；又有西方学者提出恩格斯哲学不仅与马克思哲学不一致，而且违背了马克思哲学的原则，这在 20 世纪 70 年代以后定型为马克思和恩格斯"对立论"。但在朱传棨看来，这两种观点都没有把恩格斯哲学作为一个相对独立的对象加以研究——"一体化"把恩格斯置于从属地位，而忽视了对恩格斯哲学的研究；"对立论"又以马克思和恩格斯的哲学分歧为由，拒斥对恩格斯哲学思想的研究，致使恩格斯哲学思想的研究难以开展。

因此，1985 年后，朱传棨把研究重点转向"马克思恩格斯哲学思想比较研究"。在此后的两年里，他查阅当时苏联学者 20 年间关于恩格斯研究的近 40 部作品，写成了《苏联哲学界近 20 年对恩格斯哲学思想研究评述》一文，在《哲学研究》发表后，受到海内外同行的高度好评。朱传棨多次在全国学术研讨会上批判马克思恩格斯哲学思想"对立论"，2002 年发表的《马克思恩格斯思想异同论纲》被中国人民大学复印报刊资料全文转载。

对于马克思、恩格斯的比较研究，朱传棨提出的"差异性"观点。"我们不否认马克思和恩格斯之间存在着差异。他们之间在阅历和气质、志趣和特长、思维方式和研究的侧重面等，都存在明显差异。但他们之间的共同性则是基础性的和本质性的方面，他们共同构筑了宏伟的马克思主义哲学丰碑，共同推动了无产阶级革命事业的发展。"朱传棨主张从这种区别出发，走向对恩格斯哲学的肯定性研究。

朱传棨以"差异性"方法论原则，考察了恩格斯对于唯物史观创立、对于辩证唯物主义系统化和体系化、对于坚持马克思主义哲学开放性的独特贡献，论证了恩格斯在马克思主义哲学发展史上享有与马克思相同的历史地位。基于前期研究，他离休后于 2012 年出版的《恩格斯哲学思想研究论稿》，荣获 2015 年湖北省政府社科优秀成果二等奖。然而，在采访时，朱传棨仍然谦虚地表示，"由于时间仓促，有些地方还有待进一步完善。"并向记者透露，他计划围绕恩格斯的自然观继续进行研究和完善。

索　引

人　名

专业词汇

（本索引词条由杜永明编制）